U0355735

YISHU JIERU XIANGCUN JIANSHE

艺术

介入乡村建设

陈娟——著

苏州大学出版社
Soochow University Press

图书在版编目（CIP）数据

艺术介入乡村建设 / 陈娟著. -- 苏州 : 苏州大学出版社, 2024. 11. -- ISBN 978-7-5672-5005-5

Ⅰ. F320.3

中国国家版本馆 CIP 数据核字第 2025AG0074 号

书　　名： 艺术介入乡村建设
YISHU JIERU XIANGCUN JIANSHE

著　　者： 陈　娟
策划编辑： 刘　海
责任编辑： 刘　海
装帧设计： 刘　俊

出版发行： 苏州大学出版社（Soochow University Press）
社　　址： 苏州市十梓街 1 号　**邮编：** 215006
印　　刷： 苏州工业园区美柯乐制版印务有限责任公司
网　　址： www. sudapress. com
E-mail：Liuwang@ suda. edu. cn　　QQ：64826224
邮购热线： 0512-67480030
销售热线： 0512-67481020

开　　本： 718 mm×1 000 mm　1/16　**印张：** 15　**字数：** 246 千
版　　次： 2024 年 11 月第 1 版
印　　次： 2024 年 11 月第 1 次印刷
书　　号： ISBN 978-7-5672-5005-5
定　　价： 78. 00 元

图书若有印装错误，本社负责调换
苏州大学出版社营销部　电话：0512-67481020
苏州大学出版社邮箱　sdcbs@ suda. edu. cn

序

乡村作为人类文明的重要发源地，承载着丰富的历史文化资源与民族记忆。自古以来，乡村便是文人墨客笔下的诗与远方，是艺术创作的灵感源泉。乡村的宁静与淳朴、田野的芬芳与生机，无不激发着艺术家的创作热情。然而，随着现代化浪潮的不断推进，一些乡村地区逐渐被边缘化，面临着空心化、趋同化、文化流失等一系列问题。在这样的背景下，艺术介入乡村建设，不仅是对乡村文化的传承与创新，更是对乡村未来发展的深度思考与探索。

艺术，是人类情感的表达与精神的寄托。它以独特的魅力和价值，为乡村建设提供了丰富的素材与灵感。通过艺术的介入，乡村的文化内涵得以深入挖掘与展现，乡村的美丽和魅力得以广泛传播与传承。艺术的力量，能够唤醒乡村居民的文化自觉与文化自信，激发他们参与乡村建设的热情与创造力。同时，艺术还能为乡村产业的发展提供新的动力与机遇，推动乡村经济的繁荣与振兴。

一直以来，乡村建设都是国家重点关注的领域。早在2005年10月，党的十六届五中全会就提出要按照“生产发展、生活宽裕、乡风文明、村容整洁、管理民主”的目标和要求建设社会主义新农村。随着改革开放的不断深入，2017年10月，党的十九大报告指出："我国社会主要矛盾已经转化为人民日益增长的美好生活需要和不平衡不充分的发展之间的矛盾。"全面建设社会主义现代化国家，最艰巨最繁重的任务仍然在农村。农业、农村、农民问题是关系国计民生的根本性问题，坚持农业农村优先发展，必须始终把解决好"三农"问题作为全党工作的重中之重。习近平总书记在党的二十大报告中指出，要"加快建设农业强国，扎实推动乡村产业、人才、文化、生态、组织振兴"。这不仅为乡村振兴提出了方向和目标，也凸显了乡村建设在当前国家战略布局中的关键地位。

习近平总书记强调："要提升乡村产业发展水平、乡村建设水平、乡村治理水平，强化农民增收举措，推进乡村全面振兴不断取得实质性进展、阶段性成果。"国家历来高度重视乡村振兴事业，围绕农村发展的核心议题，持续推动农村全面小康与农业农村现代化的进程。为此，国家提出了一系列重大战略举措，如建设美丽宜居乡村、全面实施乡村振兴战略等，以加强农村基础设施建设，改善农村人居环境，积极推动农村产业的转型升级。然而，随着乡村建设的持续推进，乡村空心化、传统价值观淡化、乡土文化断层、乡村建设趋同化等问题在一些乡村暴露出来，一味简单模仿城市发展模式的问题尤为明显，没有结合乡村实际的自然、人文条件，导致乡村大量资源被闲置或错配。在此背景下，不管是政策制定者还是规划设计参与人员，都应该在尊重多元差异性、地方性、民族性及生命尊严的价值体系的前提下，不是单纯对乡村地理空间进行简单改造，而是构建一种能够带动不同身份、不同年龄段社会群体共同参与的力量，由多种主体参与，整合政治、经济、文化等多种因素注入乡村未来发展，统筹建设乡村文化共同体。

乡村振兴战略作为新时代中国农村发展的总抓手，不仅关乎农业现代化的推进，更是全面建设社会主义现代化国家的重要举措。乡村环境活力的提升，能够增强农民的幸福感和归属感，不仅是对农村自然景观的美化和优化，更是对乡村社会经济发展活力的激发。艺术介入作为一种创新性手段，为乡村环境活力的提升提供了新的路径和可能。艺术介入乡村建设，意味着将艺术的创造性思维和表现形式融入乡村环境的改造与优化，不仅能够提升乡村的外在美，更能够深化乡村的内在文化，促进乡村文化的传承与创新，增强乡村文化的吸引力和影响力。

建设繁荣富裕、文明美丽的现代化农村，不仅是解决当前发展不平衡不充分问题的关键，更是满足人民日益增长的美好生活需要的必由之路。加速推进乡村建设，需要逐步改造农村的生产生活场景，着力提升乡村居民的生活质量。在此过程中，应遵循“高起点规划、高水平设计、高标准建设”的原则，围绕“产业兴旺、生态宜居、乡风文明、治理有效、生活富裕”的建设目标开展工作。而要实现这一目标，艺术的介入尤为重要。特别是在地（自然资源）、景（景观资源）、人（人力资源）、文（文化资源）、产（产业资源）等各方面的有机融合中，艺术的介入和引导可以更有效地整合资源，推动乡村建设高质量发展。

新时代乡村建设承载着鲜明的时代特征，它不仅是“两个一百年”奋斗目标的重要组成部分，更代表着农村现代化、乡风文明化、村民富裕化的美好愿景。这一壮丽蓝图既是广大农民的深切期待，也是我们肩负的艰巨而自豪的使命，必须努力将其变为现实。在此进程中，艺术审美发挥着不可或缺的作用。作为一种高级的、独特的人类审美形态，艺术审美能够有效指导我们在社会实践中的行动，帮助我们按照既定的逻辑、推理与设计，构建出符合我们理想的美丽乡村。实践已经证明，艺术能够通过直观且感人的符号深入人心，其独特的情感介入方式更能激发公众的热情与共鸣。相较于其他学科的专业人士，艺术家的创作与行动往往更容易获得民众的认同与支持。因此，将艺术审美作为乡村建设的定位标准，就如同为这一伟大事业插上了腾飞的翅膀，不仅能释放出艺术审美在推动经济社会发展中的巨大潜能，更能展现其无限的魅力，引领我们共同绘就美丽乡村的壮丽画卷。

近年来，艺术工作者陆续下沉到乡村基层，开启了多种形式的特色艺术乡村建设，如山西的“许村计划”、安徽的“碧山计划”等。艺术介入乡村文化体系和生产消费体系，对于唤醒和培育新时代乡村的文化自信，以及重估、修复和弘扬乡村的社会秩序、信仰体系与乡村价值，将产生重大而深远的影响，有利于推动人与自然、城市与乡村、艺术与生活的有机融合，是乡村建设新的方法和路径。

随着艺术介入乡村建设的持续推进，艺术家的重要性日益凸显。他们引领的艺术介入乡村建设活动，已然成为促进乡村文化振兴的核心驱动力。特别是艺术家工作室，其不仅是艺术家创作与生活的空间，更是探索如何为乡村建设注入创新活力的研究中心。对艺术家工作室在乡村建设中的具体功能和作用进行深入探究，对于强化艺术介入乡村建设的实效性、激活乡村内生发展动力、增强文化产业对乡村振兴的推动作用，具有深远的理论与实践价值。从这个角度来看，艺术介入乡村建设不仅是一个理念上的构想，更代表着探索城乡协调发展与社会创新模式的具体实践方向。在此框架内，艺术不再是乡村发展的旁观者，而是推动乡村进步的重要力量。艺术与乡村的有机融合，不仅是为了服务乡村，更是为了助力乡村，以达到乡村全面振兴的终极目标。为了实现这一目标，需要深入思考和实施创新性策略，促进艺术与乡村的同步繁荣。

近年来，国内当代艺术介入乡村建设的项目层出不穷，在艺术介入乡村建设的实践中，涌现出了许多成功的案例与经验。从浙江的花田模式到上海的新南村模式，从苏州的阳澄湖模式到南京的窦村模式，这些案例不仅展示了艺术介入乡村建设的多样性与创新性，也为其他地区提供了宝贵的经验与借鉴。然而，当下对艺术介入乡村建设的研究大部分集中在对艺术介入乡村建设个案的介绍和比较研究上，缺乏对艺术介入乡村建设实践路径的系统分析。基于此，本书的作者陈娟遵循理论联系实际的原则，从艺术的视角审视其在乡村建设中所发挥的作用，将乡村作为乡土艺术博物馆予以重视，通过对艺术介入乡村建设发展历程的回顾、现实案例的分析等，将艺术介入乡村建设的实践过程作为研究对象，试图探索出一条适合我国国情的艺术介入乡村建设的路径。

是为序。

郭新茹

2024 年 10 月

目　录

第一章　乡村建设的源起

乡村建设理念源远流长。在中国，以农耕文明为基石的乡村社会历经了千年的沉淀。在漫长的封建时代，中国拥有高度发达的农业产业和完备的农业形态，以农业大国的姿态屹立于世界之林。乡村作为古代中国社会的基本构成单元与社会治理的核心，不仅承载着古代中国的政治、经济、文化活动，更在意识形态层面占据中心地位，乡土文化深植其中，成为中华民族生生不息的根基。历史上许多朝代的统治者对乡村建设予以充分重视，并逐步建立起了一套与时代发展相契合的乡村管理体系。例如，西周时期的乡遂制度、秦汉时期的乡亭制度、唐代的乡里制度，以及宋代至清代的保甲制度等，均体现了乡村治理的精细化和制度化。这些制度不仅确保了税赋的合理分配、兵役和劳役的征派，还有效地协助政府仲裁纠纷，从而增强了政府对乡村社会的掌控力。一些在中国传统农业社会中形成的管理体制，如井田制、乡官制、里长制、保甲制及宗族乡绅制等，不仅保障了乡村社会的有序运转，更在世界乡村管理史上独树一帜，彰显了中国封建社会的独特性和持久性，成为中国封建社会能够长期存在并发展的重要支撑因素。

近代以来，西方列强以其强大的国力和先进的科技，对中国的农业文明造成了前所未有的冲击。特别是 20 世纪初，影响逐渐蔓延到中国大部分乡村，传统的小农经济走向解体，导致中国大部分乡村长期处于混乱状态。长期的混乱使中国的乡村日益破败，乡村土地的分散、高利贷的盘剥、混乱的税制使农民日益贫困。当时的中国在本质上是"文化功能失调"的，中国传统文化不能适应时代的步伐，不能很好地发挥其调节社会制度、社会关系和社会秩序的功能，最终导致了中国旧有社会结构的崩溃和解体。同时，中国传统社会是城乡一体的，是以乡村为本、以乡村为重的，但中国传统的农耕文明无法抵御西方工业文明的猛烈冲击，结果导致

“因为抵不住的压迫，羡慕他的文明，遂改变自己去学他以求应付他；结果学他未成，反把自己的乡村破坏了”，而且“既是物质的衰落也是精神的衰落，是经济的破产也是文化的破产”。在传统乡村文明遭到破坏、中国文化深受震动的情况下，梁漱溟认为，在乡村建设运动之前，必须从根本上改造当时中国的文化，只有“改造新文化”才能解决中国的问题，而新文化的创造必须从乡村开始。20 世纪二三十年代，中国知识分子面对乡村的退化和农民生活的困难，毅然决定到乡村去开展建设运动，这也是一场乡村互助互济运动，乡村建设的潮流在中国大地上兴起。

乡村建设这一伟大工程，不仅承载着源远流长的理念传承，自近代以来，更成为仁人志士进行实践探索的重要领域。作为人类生存不可或缺的依托，乡村有着传统文化的深厚底蕴，是文化根脉延续与传承的载体。在推动中华民族伟大复兴的历史进程中，乡村具有无可替代的重要价值。从逻辑与历史的角度来看，乡村的存续对于人类文明的连续性和多样性至关重要。无论是农业文明、工业文明、城市文明，还是新兴的信息文明，乡村都为其提供了源源不断的创新与发展动力，是各种文明的源头活水。在当今时代背景下，加强乡村建设不仅是消除“贫穷陷阱”、巩固脱贫攻坚成果的现实需要，更是实现乡村振兴、推动共同富裕、实现中华民族伟大复兴的必由之路。

一、关于乡村

“乡村”是一个综合而复杂的概念，其内涵不仅包括地理范畴，还涉及社会、文化、经济等多个维度。费孝通先生在《乡土中国》一书中深刻阐述了乡村作为一个独特的社会组织结构的本质特征，其核心观点在于，乡村是由村落作为基本单元所构成的社会实体。相较于城市社会，乡村社会展现出截然不同的组织形态。在这一社会构架中，地缘关系与亲缘关系占据着举足轻重的地位，它们共同编织了一个由相邻村落紧密相连的有机网络。这种网络不仅在物质资源的分配与再分配过程中发挥关键作用，更在精神层面促成了共同体意识与文化归属感的形成。乡村的社会网络以亲缘关系为基石，家族在此社会结构中具有显著的影响力，对乡村社会生活的方方面面，包括决策制定和资源管理，都有深远的影响。然而，需要明确的是，乡村与城市并非孤立存在，而是作为一对矛盾的统一体，共同构成了地域性社会组织形式的两端。从地理维度来看，乡村不仅指涉一个特定的空间范围，更涵盖了广阔的农村地区及其附属的农田。农业活动在乡村社会中处于核心地位，它既是农民生计的直接来源，也是乡村经济状况的晴雨表。更为重要的是，农业活动深刻体现了乡村与自然环境之间和谐共生的关系，这与城市社会以工业和服务业为主导的产业结构形成鲜明对比，进一步凸显了乡村作为独特社会形态的鲜明特色。在文化层面，乡村承载着丰富多彩的传统文化遗产，包括独特的风俗习惯、富有乡土气息的文学艺术作品等。这些文化元素不仅构成了乡村社会的文化根基，更在塑造乡村独特社会氛围的同时，承载着对历史的深刻回溯与延续。

因此，“乡村”不仅是一个地理和社会概念，更是一个充满历史厚重感和文化生命力的多维存在。随着城市化的推进，乡村社会正在经历着深刻的变革。城市化的影响不仅体现在经济结构的变化上，还表现在社会组织、文化认同和生活方式等多方面的调整上。深入研究乡村社会不仅有助于我们全面理解中国社会结构的多样性特征，而且能为推进乡村可持续发展战略提供重要的理论支撑和实践洞察。

（一）什么是乡村

“乡村”一词是指城市以外的地域范围，尤其是指城市建成区以外的地区。“乡村”不仅是一个地理概念，也是一个空间地域系统，与作为独立产业部门的农业有着本质的区别。“乡村”在《辞源》一书中被解释为主要从事农业、人口分布较城镇分散的地方。而美国学者维伯莱认为，“乡村”这个词指的是一个国家的某些地区，它们显示出目前或最近的过去中为土地的粗放利用所支配的清楚迹象。

乡村的特点不仅体现在其土地利用方式上，也体现在其独特的生活方式和社会文化中。不同国家和地区对“乡村”的定义与界定可能会有所不同。在中国，乡村通常是指农村居民聚居的地方，在这里，农田、村庄和乡镇相互交错，组成了美丽的乡村风景。农民在这里从事农业生产，如种植粮食、果树和蔬菜，并传承和保护丰富的农耕文化。在丰收季节，乡村会充满丰收的喜悦和农民的欢声笑语。同时，乡村也是旅游观光的热门目的地，吸引着大量的城市居民前往感受乡村的宁静和淳朴。（图 1-1）在国际上，乡村的发展也展现出了多样性。比如，澳大利亚的乡村以广袤的牧场和农田闻名，是农业养殖业和生态旅游的重要基地。欧洲的乡村则以其历史悠久的村庄、古堡和农田风光而著名，如法国的普罗旺斯和英国的乡村风情等。总之，“乡村”不仅是城市以外的土地，更是一个充满活力和特色的地理概念。它承载着农业生产、乡村社会和乡村文化发展的责任，既是人们回归自然、追求宁静的理想家园，也是外界探索和体验乡村风情的绝佳场所。无论是在国内还是在国际上，乡村的发展都应当得到充分的重视，以确保其持续繁荣和可持续发展。

图 1-1　游客前往江苏南京溧水晶桥镇石山下村旅游观光（作者自摄）

作为一个有机整体，乡村的确是一个复杂的系统，涉及生态、经济、社会等多个方面，而且每个方面都包含着多个层次和许多因素。乡村并不单单指代集体经济、田园风光和传统生活方式，它还包括生态环境的保护、农业生产的可持续发展、社会公平的实现等。当我们定义“乡村”时，不能仅从一个方面出发，而应该从综合的角度考虑。例如，在生态方面，“乡村”的定义应该涵盖土地利用、生物多样性保护、水资源管理等多个层面，以确保乡村的生态环境能够持续、健康发展。在经济方面，“乡村”的定义应该包括农业、农村产业、乡村旅游等多个层面，而且要提倡创新，以促进乡村经济的全面发展。在社会方面，“乡村”的定义应该注重公平与公正，为乡村居民提供良好的教育、医疗、社会保障等公共服务，同时保护和传承乡村文化。要对“乡村”进行客观合理的定义，就要考虑到乡村的实际情况和特点。例如，对于地处山区的乡村而言，重点可能是发展特色农业和生态旅游，保护水土资源，提高农民的生活水平等；对于地处沿海的乡村而言，重点可能是发展渔业和海洋旅游，保护海洋生态环境，增加就业机会等。综合的定义能够更好地指导相关决策和政策的制定，避免陷入极端化的窠臼。综上所述，“乡村”的定义应该是一个全面而丰富的描述，既考虑到生态、经济、社会等多个方面，又在具体实践中根据不同乡村的特点进行具体细化。只有这样，我们才能更好地认识和理解乡村，为乡村的可持续发展提供有效的指导和支持。

乡村的概念内涵因地域差异而各不相同。以我国为例。对于我国一些地区来说，乡村可能是指那些保留传统农业生产方式和社会结构的地方。在这些乡村中，农民依然占据主导地位，农田和农作物仍然是经济生活的基础。然而，随着城市化的推进，一些乡村开始面临转型，发展出了农业旅游、乡村民宿等以乡村自然风貌和传统文化为主题的产业，吸引了大量的城市人前往观光休闲。而在西方国家，“乡村”的定义又有所不同。对于一些发达国家来说，乡村不仅是农业生产和农村居民的聚居地，还包括一系列的社区设施和服务资源。在这些乡村中，人们可以享受到优美的自然环境，以及高质量的教育、优良的医疗服务等现代化的生活条件。因此，我们应该摒弃传统的城市和乡村的二元对立观念，理解并尊重不同国家和地区对乡村的多样性定义。只有这样，才能更好地认识和保护乡村的独特价值，促进城乡融合发展。

1. 从生态资源角度理解乡村

从生态空间的角度来看，“乡村”不仅是指居民数量相对较少的地域，更代表着与人口密集区域相对隔离的居住区域。尽管乡村与城市之间绝对的隔离状态并不常见，但二者在发展水平上普遍存在显著的落差。发展相对滞后的乡村，其与外界的联系也往往相对薄弱，进而形成一种相对的隔绝状态。也就是说，乡村在很大程度上是受到城市影响较小的地区。若以空间人口规模为衡量标准，乡村地区通常具有较低的人口密度，却拥有相对丰富的自然环境资源。相较于城市，乡村的人口分布显得更为分散。乡村与城市在人口密度、居住空间布局、经济活动结构等诸多方面均存在显著差异。在乡村，农业活动占据了主导地位。同时，乡村也保留了更多的自然景观与生态系统。

在这一理解框架下，“乡村”被视作一个生态概念，不仅揭示了人口在地理空间上的独特分布模式，更进一步探究了乡村所独有的生态状况、资源禀赋及环境特质。此种综合视角极大地促进了我们对“乡村”这一概念的深入认识，进而为其可持续发展提供了坚实的理论基础。有观点将乡村视为自然生态系统的重要组成部分，特别强调了其在自然环境和生态价值方面的重要性。具体而言，乡村生态系统涵盖农田、林地、水域及植被等核心自然元素，乡村常展现出高度的生物多样性与较完整的生态功能。(图 1-2) 从这一视角出发，乡村作为生态概念的核心在于其生态保护和可持续发展的潜力。相较于城市而言，乡村通常拥有更为丰富的土地资源，这为农业与林业的繁荣提供了有力的支持。同时，乡村的水资源储备也相对充足，且分布更为均衡，这无疑给农业灌溉及居民生活用水带来了极大的便利。此外，乡村的高植被覆盖率意味着其拥有更为完整和稳定的自然生态系统，这不仅为生态环境保护奠定了坚实的基础，也为生态旅游的开发提供了得天独厚的条件。值得注意的是，乡村的生态环境质量普遍较高，其空气质量和水质通常维持在较高水平，且工业排放和土壤污染相对较少，这为进一步的生态建设创造了有利条件。在资源相对稀缺的背景下，乡村面临的环境压力相对较小，这使得其生态资源显得尤为珍贵，对推动乡村的生态化转型具有深远意义。更为重要的是，乡村蕴藏着丰富的生物资源。这样的乡村孕育了众多独特的野生动植物种群，共同构建了多彩的生态景观与生物多样性宝库。这些宝贵资源不仅为乡村生态旅游和生态农业的发展提供了坚实支撑，更使乡村成为生物多样性保护工作的关键区域。综上所述，乡村在生态、资源、环境及生物多样性等多个层面均展现出其独特的价值和潜力。

图 1-2　江苏南京江宁龙乡・双范的青龙泉（作者自摄）

图 1-3 广东江门新会崖门镇京梅村一角（作者自摄）

有学者从人文生态的角度审视乡村，他们着重强调乡村的社会结构与文化要素。在这一视角下，乡村的社会关系、文化传承及独特的生活方式是乡村这一人文生态系统的重要组成部分。进一步讲，乡村作为生态概念在这一理解中凸显了乡村社区的互助精神、文化传承的深度及社会融合的广度等多方面的意义。（图 1-3）此外，随着乡村现代化步伐的加快，有学者提出了“乡村—城市连续体”这一新概念，以强调乡村与城市之间动态而紧密的关系。这些学者认为，乡村与城市在经济、社会、生态等多个层面存在着深刻的相互影响与持续的交流。这一理念不仅揭示了乡村与城市之间的内在联系，更进一步强调了乡村在可持续发展与生态环境保护方面的重要地位。综上所述，从人文生态的视角出发，乡村不仅是自然与社会的交汇点，更是文化传承与生态保护的关键区域。同时，在乡村现代化的进程中，其与城市之间的交流与融合也为乡村的未来发展注入了新的活力与可能性。

总体而言，对于作为生态概念的乡村，存在多元化的视角与解读。学者们可能从自然环境、社会关系或“乡村—城市连续体”等不同的角度来剖析乡村的生态特质。然而，无论从何种角度出发，上述观点都不可否认地强调了生态保护、可持续发展及文化传承在乡村的核心重要性。乡村天然具备优越的自然条件，不仅自然资源丰富，而且生态环境质量上乘。在实施乡村建设与乡村振兴战略的过程中，必须充分利用并凸显乡村的生态资源优势，进一步加大对生态环境的保护力度，积极推动农业生产方式朝着更为生态化、绿色化的方向演进。

2. 从社会文化角度理解乡村

乡村文化在中国社会的多元发展中占据着重要的地位，它既是历史的沉淀，又是当代社会变革的活力源泉。“乡村”的概念不仅涵盖地理范畴，更是生活方式、社会组织形式和文化传统的综合体现。在社会文化层面，乡村文化表现出独有的特征，主要体现在人际关系、生活方式、文化传承等方面，以及与城市文化的差异等。

图 1-4　江苏南京江宁东山街道佘村村民文化中心（作者自摄）

首先，乡村文化的独特性表现为人际关系的深厚和社会网络的紧密。乡村社会结构建立在亲缘和社群关系之上，形成了一个庞大的、相对封闭的社区。由于中国传统的生活模式都是以家庭为单位，所以这种社会结构更为紧密和稳定。在这样的社会结构中，人与人之间的关系具有独特的特点。孩子们在村庄中成长，每个孩子都是在邻里亲朋的眼前长大；对于孩子们来说，周围的人也是自己从小就熟悉的面孔——这种“熟悉”的社会构建了一个亲密无陌生人的社会环境。（图 1-4）因此，乡村的居民过着相对简单、传统、自给自足且亲密的生活，与自然和谐相处。这种生活方式与城市快节奏、疏离感较强的生活方式形成了鲜明的对比。这也使得乡村成为一个独特的社会环境，人们在这里共同生活、分享彼此的喜怒哀乐，并形成了亲密而深刻的群体认同。相比之下，城市社会更注重个体独立和异质性，人际关系更为疏离，社会网络相对松散。

其次，对传统生活方式的坚守是乡村文化的一大特征。乡村的生活方式通常较为传统，注重农业生产和手工艺的传承。这种传统生活方式不仅是对土地的依赖，更是对传统农耕文化的延续。在这种生活方式下的乡村，农业生产不仅是经济支柱，更是一种生活方式。人们在农耕中感受季节更替，依赖土地的丰收，形成了与自然和谐相处的生态观念。这种生活方式与农业生产之间不仅是经济上的联系，更包含了对大自然的敬畏和感恩，乡村因此成为传统农耕文化得以传承的沃土。在这样的生活方式中，乡村的居民通过世代相传的方式，将农耕技艺、手工艺和生活智慧传承给后代。（图 1-5）这种传承不仅是知识和技能的传承，也是文化身份和家族价值观的传承。

图 1-5 地方农耕技艺汇编类图书（作者自摄）

通过这样的生活方式，乡村社区形成了一个大家庭的模式，人们在这个大家庭中共同生活、共同劳作，形成了紧密而深厚的社群关系。对传统生活方式的坚守还使乡村居民形成了一种独特的时间观念和生活态度。与之相对，城市生活更强调现代化和多元文化，生活更加忙碌和快节奏。乡村居民更加宁静、从容，更能体会到生活的韵味。这种从容不迫的生活方式不仅是一种反城市化的选择，更有着对人与自然、人与社区之间关系的理性思考。

最后，乡村在文化传承方面扮演着至关重要的角色，其特殊性在于乡村具有相对独立的地域性，乡村居民与外界接触相对较少。这种相对封闭的环境使得乡村文化的传承更为保守而深刻，扎根于本地土壤，融入了乡村居民的日常生活、价值观念和社会习俗。乡村文化传承的保守性表现在对本地特色的重视。乡村社区通过世代相传的方式，将独特的本土文化元素传承下来，如传统的节庆、宗教信仰、民俗习惯等。这种保守性不仅是对传统的尊重，更是对本土文化的深刻理解和传承，乡村因此成为本地特色文化的守护者。乡村文化传承的深刻性体现在对历史记忆的珍视。乡村作为历史的见证者，承载着丰富的历史积淀。通过口耳相传、文献记载和文化实践，乡村社区保存了许多历史传说、传统故事和先辈的智慧。这种深刻的历史传承不仅让乡村居民更好地认识自己的根源，也为后代提供了丰富的文化遗产，形成了对过去的敬畏和对未来的启迪。在今天文化多元

图 1-6　江苏镇江句容华阳街道山芋地村的民间花灯（作者自摄）

化和全球化的影响下，乡村文化的传承显得尤为宝贵。这种相对独立的文化传承方式不仅使乡村成为传统文化的坚实堡垒，同时也为社会提供了多元文化共存的可能性。在这个过程中，乡村既是传统文化的守护者，也是文化创新的实验场。(图 1-6)

总而言之，乡村文化与城市文化之间存在着明显的差异。城市社会更为开放，注重多元文化的交流与融合，生活方式更加现代化和丰富多样；而乡村则以其宁静而传统的生活方式、深厚的人际关系和对本土文化的坚守而独具特色。这种城乡文化差异体现在社会结构、生活方式、文化传承和经济发展等多个方面，构成了中国社会文化的多元面貌。

3. 从经济发展角度理解乡村

乡村通常指的是相对城市而言的农村地区。乡村经济是指这些地区的经济活动和产业体系。乡村经济发展的核心是农业农村经济的发展。农业是乡村经济的基础，种植业、养殖业、渔业等农业产业的发展对乡村经济的增长和农民收入的提高具有关键作用。乡村拥有丰富的自然资源和人力资源，这两种资源是乡村经济发展的重要支撑。在农业生产方面，可以进一步强调农业产业的多样化发展，包括粮食、蔬菜、水果、畜牧业、水产业等的发展，以实现乡村经济的多元化和可持续性发展。此外，还可以探讨如何引导农民应用现代化农业技术，提高农业生产的效率和质量，加强农业供给侧结构性改革，以满足市场需求，提高农产品的附加值，从而推动乡村经济的持续增长。还可以探讨如何加强对农业劳动力的培训和技能提升，以提高农民的生产能力和素质，使农业逐步实现从劳动密集型向技术密集型、服务密集型转变，为乡村经济发展注入新的活力。

乡村经济发展还包括非农产业，如农村工业、乡村旅游、农村电商等的发展，这些非农产业的发展可以为农民提供就业机会，增加农民收入，推动乡村经济的多元化发展。在农村工业方面，可以进一步探讨如何发展农村小型工业和农村企业，促进农村产业结构的升级和转型，提高农民的就业率，同时推动农村经济的良性发展。此外，还可以详细研究和推广乡村电商的发展模式，包括电商平台的建设、农特产品和手工艺品的推广销售、农产品物流配送，以及电商带动农村经济发展的实际案例和经验等。许多乡村拥有独特的风景和传统文化，吸引了众多游客前来观光旅游。乡村旅游的发展可以带动当地餐饮、住宿、交通等的发展，帮助当地经济蓬勃发展。

在乡村旅游方面，可以深入探讨如何挖掘乡村特色资源，打造乡村休闲度假、农家生活体验、民俗文化展示等旅游产品，推动乡村旅游与农业生产、民俗文化的融合发展，实现乡村经济与旅游业的互促互动，推动乡村全面振兴。

在乡村振兴的过程中，基础设施和公共服务的改善也是关键因素。例如，在基础设施方面，可以深入探讨如何加强农村交通网络建设，包括道路改造、村庄通达、公交设施建设等，以缩小城乡交通基础设施的差距，便利农村居民的出行和物资的运输。还可以探讨如何进行农村水利设施建设，包括水库、灌溉渠道等基础设施建设，以提高农田灌溉效率，提高农作物产量，进一步推动农村经济的发展。教育、医疗、社会保障等公共服务的提升也至关重要。可以详细研究如何加大农村教育资源投入，改善农村学校条件，提高教育质量，促进乡村教育均衡发展。同时，也可以深入探讨如何完善乡村医疗卫生体系，提高乡村医疗水平，保障农民基本医疗需求，并加强社会保障体系建设，提升乡村居民的社会保障水平，提升乡村居民的获得感和幸福感。以上诸多方面的改善能够提高乡村的生产力水平和居民的生活质量，为乡村经济的发展创造有利条件。乡村的经济发展也有利于促进城乡一体化的发展，实现区域经济的全面均衡发展。

综上所述，乡村作为一个有机整体，其概念需要综合各个方面的因素来进行界定，而不应仅局限于某一方面的视角。只有综合考虑基础设施和公共服务改善及产业发展等诸多方面，才能全面推动乡村振兴战略的实施，实现乡村经济的可持续发展。

（二）国内外对“乡村”概念的差异化理解

地形地貌、经济情况、发展政策和生态环境等多方面因素的差异，决定了不同国家和地区对“乡村”概念的定义存在多样性。这些因素相互交织，叠加影响着对“乡村”概念的认知和定义，使得“乡村”这一概念的内涵和外延在全球范围内呈现出多元化和复杂性。文化、历史、社会发展阶段等因素也对“乡村”的定义产生影响，使得乡村在不同地域与文化背景下呈现出独特的面貌和特点。

1. 地形地貌差异

国外与中国的地形地貌存在差异。国外乡村可能更多地包括广阔的农田、森林、湖泊和山脉等自然景观。例如，北欧国家的乡村可能是广阔的草原和森林，而南欧国家的乡村可能是山区或海滨地带。相比之下，中国的乡村可能具有更多的山地、平原和河流等地形地貌。因此，国外对于“乡村”的定义更强调自然景观和农业特色，而中国可能还会考虑城乡融合和产业结构等因素。

2. 经济情况差异

国外与中国的经济情况也存在差异。国外一些发达国家的乡村可能经济发展更加先进，农业生产和服务业的比重相对较高。欧洲一些国家的乡村可能具有先进的农业生产技术、高品质的农产品和农业旅游等发展特色。而中国的乡村经济相对落后，以农业为主导，农村劳动力大量外出务工。相比之下，中国的乡村可能还存在发展不平衡、农村产业结构不合理等问题。因此，国外的“乡村”定义可能更多关注农业发展和农村经济多元化，而中国则更强调农村经济结构调整和农村产业升级。

3. 发展政策差异

国外和中国的乡村发展政策也会存在差异。国外一些发达国家的政府重视乡村发展，提供资源和政策支持，鼓励乡村的经济、社会和环境可持续发展。而中国政府的政策可能更多集中在城市化和城乡一体化，甚至以推动农村劳动力向城市流动为主要目标。例如，北欧一些国家鼓励在乡村发展绿色产业如生态旅游等，而中国在乡村振兴战略中注重农村土地制度改革、农村产业帮扶、乡村旅游等。因此，国外对“乡村”的定义可能更加注重乡村自身的特色与发展，而中国的“乡村”定义则可能更多与城市的相对关系相关。

4. 生态环境差异

一些发达国家注重自然资源的保护和可持续利用，重视生态旅游和绿色产业发展，这些国家的乡村可能存在较高的生态价值或生物多样性。在中国，由于资源利用和环境污染等压力，乡村的生态环境保护和恢复也面临一定的挑战。因此，国外的“乡村”定义可能更强调生态环境的保护和乡村的生态功能，而中国的“乡村”定义则更加注重生态环境的恢复和保护。

一些发达国家，由于城市化进程相对早发，对“乡村”这一概念往往有着较为严格和明确的定义。这些国家通常会参考人口密度、土地利用、产业结构、基础设施等指标来划定城市和乡村的界限。相比之下，中国可能对“乡村”的定义更加灵活，考虑到乡村特殊的经济、社会和生态条件，中国更注重参考农业生产、乡村经济发展、农村社会保障等因素来划定城市与乡村的界限。在不同国家和地区，政府和研究机构也会根据自身的国情和发展需求来制定相应的乡村发展政策。对“乡村”的定义和分类可以作为决策的依据，以实现符合当地实际情况的发展目标。因此，了解国外对“乡村”的定义，可以为我国的乡村发展提供有益的启示和参考。

在探讨“乡村”的定义时，我们应避免受到固有概念的限制。采用极端化的传统乡村视角来解读现今的实际情况，无疑会导致理念上的困境。这种以归一法进行的简单套用，其局限性是显而易见的。“乡村”不是用一个简单定义就能全面描述的，它是一个复杂且含有多个维度内涵的概念。如果从多个角度对乡村进行剖析，我们会发现各种问题层出不穷，这进一步印证了“乡村”这一概念的复杂性和模糊性。界定“乡村”这一概念的难点主要体现在以下四个方面：首先，乡村的发展是一个动态演变的过程，这增加了对其定义的难度；其次，乡村的各个构成要素之间缺乏整合性，这使得乡村的整体形象更加难以捉摸；再次，乡村与城市之间存在着相对性，这种相对性使得乡村与城市的边界变得模糊；最后，由于上述三大特性的共同作用，乡村与城市之间形成了一个连续的、难以明确划分的过渡地带。上述难点共同构成了界定“乡村”这一概念的复杂性，也反映了“乡村”概念内涵的丰富性和多样性。因此，在研究和理解乡村时，我们应采用更为开放和多元的视角，以充分把握其动态性、多样性和复杂性。

二、什么是乡村建设

乡村建设是指在乡村进行综合性的发展与改造，以提升乡村的整体环境和乡村居民的生活质量。乡村建设是一个综合性、多维度的系统工程，涵盖生态宜居、产业结构调整、文化传承和社会治理四大关键领域。从生态宜居层面而言，乡村建设致力于保护和改善乡村自然环境，通过科学合理的规划与布局，实现人与自然的和谐共生，打造清新、舒适、绿色的居住环境；在产业结构调整层面，乡村建设着眼于提升乡村经济的竞争力和可持续性，通过引导传统产业转型升级、发展现代农业和乡村旅游等新兴产业，为乡村发展注入新的活力；在文化传承层面，乡村建设重视乡土文化的挖掘与保护，通过弘扬优秀传统文化、推广民间艺术、完善文化活动设施，增强乡村社会的文化凝聚力和归属感；在社会治理层面，乡村建设力求创新社会治理模式，强化村民自治，推动法治、德治与自治相结合，构建和谐稳定的乡村社会秩序。这四个方面相互支撑、相互促进，共同构成了乡村建设的丰富内涵，体现了新时代乡村发展的全面性和协调性。

（一）生态宜居与乡村建设

在乡村振兴战略的大背景下，生态宜居成为乡村建设的重要目标。生态宜居乡村建设，首先强调的是生态环境的保护与优化，这不仅是对乡村自然环境的维护，更包括对整个乡村生态系统的修复和提升，政府在这一过程中发挥着关键作用，即通过制定严格的环保政策，确保乡村的青山绿水得以长久保留。生态宜居乡村建设还涵盖了乡村基础设施的完善。政府通过投入大量资源，改善乡村的道路、水利、电力等基础设施，为乡村居民提供便捷、舒适的生活环境。这不仅提高了乡村居民的生活质量，也为乡村的可持续发展奠定了坚实基础。公共服务水平的提升也是生态宜居乡村建设的重要组成部分，政府通过在乡村普及和优化教育、医疗、文化等公共服务，让乡村居民享受到与城市居民同等的服务，从而进一步提升乡村的宜居性。(图 1-7) 从生态宜居的视角来看，我国乡村建设体现出四个特点。

1. 政府主导，规划先行

在生态宜居乡村建设中，政府发挥着主导作用，政府通过制订科学合理的规划，确保乡村建设的有序进行。这种规划先行的方式，不仅避免了盲目建设带来的资源浪费，还确保了乡村建设的可持续性和长远效益。

2. 生态优先，绿色发展

生态宜居乡村建设始终坚持生态优先的原则。政府在推动乡村经济发展的同时，始终将生态保护放在首位，大力发展绿色产业，促进乡村经济与生态环境的和谐发展。

3. 设施完善，服务均等

政府通过加大投入，不断完善乡村的基础设施，推动公共服务的均等化，这使得乡村居民能够享受到与城市居民相当的公共服务，进一步提升了乡村的吸引力和宜居性。

4. 社区参与，共建共享

政府在推动生态宜居乡村建设的过程中，积极引导和鼓励乡村社区的参与，以社区共建和村民自治等多种方式，在增强乡村居民归属感和责任感的同时，促进乡村社会的和谐稳定。

图 1-7　浙江湖州安吉天荒坪镇余村党群服务中心（作者自摄）

从生态宜居的视角审视，乡村建设不仅关乎自然环境的保护与优化，更关乎乡村居民生活质量的综合提升。政府在这一进程中扮演着举足轻重的角色，政府通过政策导向、资源配置、社区参与等多元化手段，有力推动了乡村建设的生态化与宜居化。此举不仅有利于实现乡村振兴的宏伟蓝图，更为构建和谐社会、促进城乡协调发展打下了坚实基础。展望未来，政府在乡村建设中的主导作用应得到进一步强化，以引领乡村向更加生态、宜居发展。

（二）产业结构调整与乡村建设

在中国式现代化的进程中，乡村建设不仅关乎农业农村现代化，更是国家整体发展战略的重要组成部分。从产业结构调整的视角来看，乡村建设不仅关系到产业结构的优化升级，更关系到乡村社会经济文化的全面振兴。当下，传统的农业生产模式正在向现代农业转型，在这一过程中，以技术创新为内核的新质生产力成为农业发展的新动力。乡村建设不再是简单的农业生产，而是融合了第二、第三产业的发展理念，推动着农业现代化与农村多元化经济的同步发展。（图 1-8）这种内涵的拓展，不仅强调农业生产效率的提升，更强调农业产业链的完善和农产品附加值的提高。在乡村建设的进程中，乡村的面貌日新月异。

图 1-8　江苏南京江宁横溪街道山景村中草药文化小镇产业基地规划图（作者自摄）

1. 乡村的产业结构日趋多元

当下的中国乡村，传统的以种植业为主的农业结构正在向农、林、牧、渔全面发展转变，同时，乡村旅游业、农村电商等新兴产业也在蓬勃兴起。这种多元化的产业结构，不仅增强了乡村经济的抗风险能力，也为农民提供了更多的就业途径和增收渠道。

2. 产业链不断拓展延伸

伴随着现代农业的快速发展，从农产品的加工、储运和销售到农副产品的开发，以及小镇青年创新创业生态圈的营造，农村产业的链条正在不断被拓展和延伸。

3. 科技创新的引领

在产业结构调整的推动下，科技和创新成为乡村建设的新引擎。智慧农业、精准农业等高科技农业形态正在逐步推广，无人机、物联网等现代科技手段也被广泛应用于农业生产和管理，极大地提高了农业的智能化和现代化水平。

4. 可持续发展理念的融入

乡村建设在产业结构调整中越来越注重生态环境的保护和资源的可持续利用，绿色发展、循环经济等理念正在乡村建设中得到实践，这不仅有利于提升农业生产的可持续性，也为乡村的未来发展奠定了坚实的基础。此外，乡村建设的产业调整还带动了乡村人口结构的优化。随着新兴产业的发展，越来越多的年轻人选择回到乡村创业和生活，这不仅缓解了城市的人口压力，也为乡村建设带来了新的发展机遇。

综上所述，从产业结构调整的视角看，乡村建设的内涵已经远远超出了传统农业的范畴，它正向着更加多元、现代、科技和可持续的方向发展。在此过程中，乡村建设的特点也日益鲜明，多元化、产业链延伸、科技创新和可持续发展成为其显著的标签。随着产业结构调整的持续深入推进，未来中国的乡村将更加繁荣和充满活力。

（三）文化传承与乡村建设

乡村文化不仅是农耕文明的载体，更是中华民族传统文化的根基。乡村建设的文化传承内涵主要体现在对乡土文化的保护和发扬上。乡土文化，是指在乡村地域范围内，以农民为主体，反映乡村生活、生产方式和乡土风情的一种文化形态。它既包括乡村的物质文化遗产，如古建筑、古村落、传统手工艺等，也包括乡村的非物质文化遗产，如乡规民约、节庆活动、民间故事等。在乡村建设过程中，一方面，要通过对古建筑、古村落的修复和保护，让乡村特别是古村落的文化历史记忆得以延续（图 1-9）；另

图 1-9　江苏南京江宁湘熟街道杨柳村民居群文物保护单位标志碑（作者自摄）

一方面，要传承、创新传统节庆文化和传统手工艺，让乡村的文化体验场景、文化生活空间更加多元多样，在提升乡村居民归属感和认同感的基础上，吸引外来游客，促进乡村旅游的高质量发展。

1. 乡村建设中文化传承的特点

在乡村建设过程中，文化传承呈现出以下特点。

（1）地域性与民族性。中国地域辽阔，不同地区的乡村有着各自独特的文化背景和文化传承方式。在文化传承上，乡村建设必须尊重地域性和民族性的特点，因地制宜，因民族而异，制定符合当地实际的文化传承策略。例如，在西南地区，可以依托丰富的民族文化和自然景观发展乡村旅游；而在江南水乡，则可以围绕水乡文化和古建筑打造特色文化小镇。（图 1-10）

（2）活态性与生活性。乡村文化的传承不是僵化的保护，而是要在不断变化的社会环境中保持其活态性和生活性。这就要求我们在乡村建设中，不仅要保护好传统文化元素，还要让它们融入村民的日常生活，使之成为乡村生活的一部分。比如，通过组织传统节庆活动、手工艺制作等方式，让村民在日常生活中亲身体验和传承乡土文化。（图 1-11）

图 1-10　江南水乡一景（作者自摄）

图 1-11　江南某村村民剪纸活动（作者自摄）

（3）创新性与可持续性。在传承乡村文化的同时，要注重文化创新，通过与现代文化的融合，催生文化新业态、新模式、新场景，使乡村文化更具吸引力和生命力。此外，乡村建设还应坚持可持续发展的理念，确保文化传承与乡村的生态保护、经济发展相协调，实现乡村社会的全面进步。

2. 乡村建设中文化传承的社会价值

需要特别指出的是，除了上述的地域性、民族性、活态性、生活性、创新性和可持续性特点外，乡村建设中的文化传承还有着深远的社会价值。

（1）乡村建设中的文化传承是连接过去和未来的桥梁。在快速城市化和现代化的进程中，许多传统乡村文化和风俗逐渐被遗忘。乡村建设的文化传承工作唤醒了这些渐趋消失的文化记忆，并将其传承给下一代。这不仅是对历史的尊重，也是对未来的承诺和责任。

（2）乡村文化的传承有助于增强社区的凝聚力和乡村居民的归属感。随着城市化进程的加速，在很多乡村，年轻人外流和人口老龄化问题日益凸显，城乡二元结构加剧，而承载村民集体记忆的庙会、手工艺品等载体，可以通过情感的联结快速将乡村居民凝聚在一起，增强其对乡村的认同感与归属感。

（3）文化是新质生产力。通过对乡村文化的创造性转化和创新性发展，可以开发设计出富有地方特色的文化产品和文旅服务，在传承乡村文化的同时，拓展农民收入来源。

综上所述，从文化传承的视角来看，乡村建设不仅是对物质空间的改造和提升，更是对乡村文化的继承和发扬。在乡村建设过程中，必须深入挖掘乡村的文化资源，保护并传承好宝贵的乡村文化遗产，同时结合现代理念和科技手段，推动乡村文化的创新发展，为乡村振兴注入强大的动力，让乡村建设焕发出新的生机与活力。

（四）社会治理与乡村建设

在推进国家治理体系和治理能力现代化的进程中，乡村建设作为社会治理的重要组成部分，如何通过优化乡村治理结构、提升乡村治理能力实现乡村社会的和谐稳定与持续发展，是我们必须思考的问题。

1. 社会治理视角下乡村建设的内容

社会治理视角下的乡村建设主要有以下三个方面内容。

（1）构建和谐的乡村社会关系。乡村建设致力于构建和谐的乡村社会关系，包括村民之间的关系、村民与村级组织的关系、乡村与外部社会的关系。通过建立健全乡村治理机制，促进各方利益的协调与平衡，营造和谐稳定的乡村社会环境。

（2）提升乡村治理能力。乡村建设注重提升乡村治理能力，包括决策能力、执行能力、监督能力等。通过加强村级组织的建设，提高村干部的素质和能力，确保乡村治理的高效运转，以有效应对乡村发展过程中可能出现的各种挑战。

（3）优化乡村治理结构。优化乡村治理结构，意味着要调整乡村中的权力分配，确保各方利益的均衡和对权力的制约，提升决策的公正性和透明度。优化乡村治理结构要求完善村级组织、农民合作社、农业社会化服务组织等多元主体的建设，并促进它们之间的协同合作。优化治理结构要求不断创新村民自治制度、土地管理制度、公共服务供给制度等，以适应乡村社会的新变化和新需求。同时，要确保制度的规范执行，提高治理的法治化水平。

2. 社会治理视角下乡村建设的特点

在社会治理的视角下，乡村建设呈现出四个显著特点。

（1）多元共治。乡村建设强调多元共治的理念，即政府、企业、社会组织、村民等多方共同参与乡村治理。这种多元共治的模式有助于汇聚各方智慧和力量，形成乡村建设的合力。

（2）民主决策。乡村建设注重民主决策的过程，确保村民的知情权、参与权、表达权和监督权，通过召开村民大会、村民代表大会等形式，广泛征求村民意见，实现决策的科学化和民主化。

（3）法治保障。乡村建设坚持以法治为保障，推动乡村治理的法治化进程。通过加强普法宣传，提高村民的法治意识，确保乡村社会的和谐稳定。

（4）信息化支撑。随着信息技术的发展，乡村建设越来越注重信息化支撑，通过建设乡村信息化平台，实现信息共享、政务公开、服务便捷等目标，提高乡村治理的效率和透明度。

从社会治理的视角来看，乡村建设是一项系统工程，涉及乡村社会关系、治理能力、经济发展和公共服务等多个方面。构建和谐的乡村社会关系、提升乡村治理能力、促进乡村经济发展和完善乡村公共服务体系等措施，有助于推动乡村社会的全面进步和发展。同时，乡村建设还呈现出多元共治、民主决策、法治保障和信息化支撑等特点，这些特点共同构成了社会治理视角下乡村建设的独特风貌。(图 1-12)

图 1-12　江苏南京江宁横溪街道山景村墙绘（作者自摄）

三、中国乡村建设的发展历程

乡村已存在了数千年，自有人类聚落那天开始，乡村便自然产生了。然而“乡村建设”这个词是近代才产生的，它是指人们依据一定的理论或价值观念，对在文化、产业和风貌上呈现衰败趋势的乡村进行的以系统复兴为目的的改造和建设活动。梳理中国的乡村建设过程会发现，中国早期的乡村建设以扫除文盲、振兴农业为主，因此，在中华人民共和国成立以后相当长的一段时间里，乡村建设活动主要是为了进行政治改造和农业经济发展。改革开放以来，中国乡村建设进入农业生产改革和乡镇企业发展的经济建设阶段，涌现出大批的经济学者和“三农”专家，建立农村基本经济制度、改革农产品流通体制、进行农业农村经济结构战略性调整、统筹城乡经济社会发展、全面深化农村改革等成为这一时期乡村建设的主要内容。进入 21 世纪以来，越来越多的乡镇规划设计单位介入并开始了以规划师、建筑师为主导的乡村建设时代。这一过程受到了政治、经济、文化等的多重影响，使得乡村建设在逐步试错的过程中趋向良性发展。

（一）20 世纪初的乡村建设

20 世纪初是中国社会转型的关键期。这一时期，中国传统的农业结构在西方列强的冲击下逐渐解体，而新的社会形态尚不稳固，受战争影响，农民生活困苦，农村生产落后，乡村社会秩序混乱，乡村文明断层，乡村的衰落与贫困问题日益凸显。面对内忧外患的复杂形势，许多知识分子和教育家开始探索乡村建设的路径。他们认识到文盲问题对乡村发展的阻碍，于是积极推动扫盲运动和乡村教育改革。他们积极在各地设立乡村学校，通过夜校、识字班等形式，努力提高乡村居民的文化水平和素质，推广普及教育，帮助农民更好地了解世界和掌握知识技能。此外，他们还通过建立乡村自治组织、推广乡村民主等方式，提升农民的政治参与度和社会责任感。

著名教育家晏阳初是其中的代表人物之一，他提出了“科学教育、民族精神”的理念，并发起了乡村教育运动，组织中华平民教育促进会（以下简称“平教会”），倡导通过教育和科学的方法来改善乡村社会。这一运动起源于20世纪初，旨在提高农村地区的教育水平，并为农民子弟提供更多的教育机会。1929年，晏阳初全家移居河北定县（今河北省定州市），并将平教会总会迁移至此。同时，晏阳初先后号召数百余人次的知识分子下乡任教，掀起了“博士下乡”运动。他所提出的平民教育的核心在于“民惟邦本，本固邦宁”，主张通过文艺、生计、卫生、公民四大教育来实现全民教育，造就“新民”。他所组织的定县实验取得了很好的社会效应和示范作用，还得到了当时国民政府的鼓励和国际组织的援助。但定县实验也存在一些弊端，主要问题在于其仅从现象，即旧时中国农民的“愚”“贫”“弱”“私”四大病症入手，但没有揭示出这四大病症的真正成因。

与晏阳初同时期的梁漱溟在1937年出版的《乡村建设理论》中指出，乡村建设运动是由于近年来的乡村破坏而激起来的救济乡村运动，实际上是乡村自救运动，是起于中国社会积极建设之要求。梁漱溟的乡村建设理论着力于以文化复兴为目标，以农业引发工业为策略，以重新构造乡村组织为方法，目的是实现乡村的“自救”。梁漱溟认为自己提出的乡农学校不同于晏阳初的平教会，指出北方的平民学校虽然能关注农民，可是“又忽略了领袖”，认为晏阳初没有在施教者和乡民之间建立有机的联系，使之成为乡村建设的力量。民国初期，为了挽救国运和重建国家，国民政府积极推动乡村建设运动。晏阳初、梁漱溟、陶行知、黄炎培、卢作孚等知识分子、思想家和教育家发现了中国乡村问题对国家发展的重要性，提出了一系列的理论并进行了一系列的实践，以推动乡村建设。国民政府也积极支持乡村建设，并提供资源和政策支持，为乡村的发展做出了一定的努力。

20 世纪初的中国乡村建设运动是一次具有深远意义的社会实践。它不仅提升了农民的文化素养和生产技能，改善了农村的基础设施和生活环境，还推动了农村社会的民主化和法治化进程。这些成就为中国后来的农村发展奠定了坚实的基础。从这一时期的乡村建设中我们可以得出以下启示。首先，教育是促进乡村发展的关键因素。教育可以提高农民的文化素养和生产技能，激发他们的创造力和创新精神，为乡村可持续发展提供持续动力。其次，推广和应用农业技术是提高农业生产效率的重要途径，引入先进的农业技术和装备可以改善生产条件、提高产品产量与质量。最后，在保持稳定与协调方面，乡村社会的治理模式也需要进行创新。通过建立自治组织、推行民主制度，可以增强农民政治参与感和社会责任感，为乡村社会的可持续发展营造良好的环境。

（二）中华人民共和国成立后的乡村建设

在中华人民共和国成立初期，乡村面临着许多挑战，比如薄弱的经济基础、落后的生产设施、农民低下的生活水平等。为了改变这种状况，国家开始大力推进乡村建设，旨在提高农业生产效率、改善农民生活条件、促进乡村社会的全面发展。土地改革是中华人民共和国成立后乡村建设的主要任务。通过实行“耕者有其田”的政策，国家将土地分配给农民，激发了他们从事农业生产的热情。随后，为了进一步提高农业生产效率，国家推动了农业合作运动，组织农民走上集体化道路。在此期间，农业生产合作社等组织形式相继出现，为大规模、集约化发展乡村经济奠定了基础。

长期以来，党和国家高度重视“三农”问题，在中华人民共和国成立初期，农民的生产积极性和生活水平有了较大提升，农村基础设施建设得到了较大发展，乡村面貌发生了很大的变化。而后又进行了大规模的农业发展和农村基础设施建设，通过推动农田水利建设、发展农机化、推广化肥使用等措施，提高了农业生产水平，为农村发展打下了基础，同时也为后来乡村建设的进一步推进提供了经验和借鉴。

从 1978 年开始，中国进入了改革开放时期。这一时期，中国农村经历了一系列的改革和发展，包括农村土地流转、农村产业发展、农民收入增加等。市场经济的推进为乡村经济提供了新的机遇和挑战。在农业生产改革方面，国家逐步推行农村经济体制改革，鼓励农民发展家庭承包经营，引入市场机制，推动农业产业化和现代化发展。一系列改革措施极大地激发了农村经济的活力，提高了农民的收入水平。同时，国家大力推动乡村产业发展，乡镇企业兴起成为农村经济发展的重要引擎，提供了就业机会，带动了农村经济的繁荣。值得一提的是，在这一过程中，众多经济学者和“三农”专家纷纷涌现。他们不仅在经济学理论方面进行了深入研究，还积累了宝贵的实践经验。这些专家与学者致力于深入探索农业经济的持续发展路径、农民收入的稳定增长机制，并致力于研究和解决农村社会面临的各种问题。他们的研究成果为政府决策提供了坚实的科学依据，也为乡村的可持续发展贡献了重要的智慧与指导，是推动中国农业与乡村不断进步的重要力量。

从中华人民共和国成立到 2000 年，中国的乡村建设经历了深刻而广泛的历史变革。这一阶段，国家通过有序推进土地改革和农业合作化运动，显著改善了农业生产关系，为农业生产效率的飞跃奠定了制度基础。基础设施的大规模建设和完善，特别是农业水利和道路交通的改造升级，为农业生产提供了更加便利的条件，进一步提升了农业生产力的水平。在教育改革方面，普及农村教育，提高农民文化素养，不仅优化了农村的劳动力结构，还为农业技术的推广应用提供了智力支持。特别是改革开放后，随着家庭联产承包责任制这一创新制度的实施，赋予了农民更大的自主权和收益权，极大地激发了农民的生产积极性和创造性。与此同时，乡镇企业的迅速崛起，不仅为农村经济注入了新的活力，也成为推动农村工业化、城镇化的重要力量。在农村治理层面，通过强化基层党组织的核心领导作用，深化和推进村级自治实践，有效提高了农村治理的效率和民主化水平。此外，农村合作医疗制度的建立和养老保险等社会保障制度的逐步完善，不仅为农民构建了基本的安全网，还显著增强了农村社会的稳定性和凝聚力。这一系列综合措施的实施，共同促进了农村经济、社会、文化的全面协调发展。总的来说，从中华人民共和国成立至 2000 年的农村建设是一项多层次、多维度的综合工程。通过政策创新、制度改革和基础设施建设的协调推进，农业生产力水平显著提高，农民生活大幅改善，为乡村社会的长期稳定和繁荣发展奠定了坚实基础。

（三）21 世纪以来的乡村建设

中华人民共和国成立之后，中国农村发展进入新阶段，21 世纪以来的乡村建设在上个阶段的基础上做了新的调整和改进。

2008 年初，浙江省安吉县在国内率先提出了建设“中国美丽乡村”的构想，并出台了《安吉县建设“中国美丽乡村”行动纲要》，提出通过 10 年的努力，逐步把安吉所有乡村打造成为“村村优美、家家创业、处处和谐、人人幸福”的“中国美丽乡村”。安吉比较切实采取的第一步措施就是整治环境，在对产业模式、组织结构进行梳理之后提出要做好竹文化、孝文化、昌硕文化的保护和挖掘。自此，中国乡村建设开始了从“农”到“美”的重大转变。乡村建设从“农”到“美”，标志着中国乡村发展理念的转变，这一转变强调了农村环境的美化、农村经济的多元化、农民生活的提升和农村生态环境的保护，推动乡村建设进入了一个新的阶段。广东、海南、北京、青岛等省市也纷纷开展美丽乡村建设，加强乡村环境整治、推进乡村旅游等，以改善农村面貌，提高农民收入和生活质量。

乡村建设从“农”到“美”的转变，强调乡村的生态环境修复、文化传承、旅游开发和乡村既有特色的保留。各地各级政府通过提升农村环境质量和农民生活品质，促进乡村整体性发展，实现了城乡一体化发展。“中国美丽乡村”建设注重改善乡村的自然景观、人文景观和建筑风貌，提升农村形象，吸引游客来乡村旅游。这不仅促进了农村经济的多元发展，也提高了农民的收入水平。此外，“中国美丽乡村”建设还重视保护乡村的生态环境，促进生态农业和循环农业的发展，提高农产品的质量及农业可持续发展的能力。

2018 年 9 月，中共中央、国务院印发《乡村振兴战略规划（2018—2022 年）》，要求以推动乡村振兴为重点任务，实施乡村振兴战略。乡村振兴战略旨在从改善农村基础设施、提高农业生产效益、促进乡村产业转型升级等方面推动乡村全面振兴。美丽乡村建设的背景主要是我国农村变革与发展的新情况和新要求。随着党和政府对农村及农民问题的高度关注与政策支持，我国农村改革和发展进入了一个新的阶段。乡村经济的转型升级、乡村生态环境的保护与修复、村庄文化的挖掘和传承等成为当前乡村建设的重要议题。而乡村振兴则是党和政府在此背景下提出的一项重要任务。

总的来说，21 世纪以来，中国的乡村建设取得了显著成就，不仅改善了农村的基础设施和居住环境，还促进了农村经济的多元化发展，提高了农民的生活水平，为实现乡村振兴和农业农村现代化奠定了坚实的基础。

四、乡村振兴与乡村建设

（一）当代乡村建设相关政策解读

自“十三五”规划实施以来，国家部委针对乡村建设推出了一系列重要政策，旨在推动乡村经济的持续发展，提升农民生活水平，加强乡村社会治理。这些政策不仅体现了国家对乡村问题的高度重视，也展示了我国在实现乡村振兴战略方面的坚定决心和明确方向。

1. 政策背景与逻辑框架

“十三五”时期是我国全面建成小康社会的决胜阶段，也是推进农业现代化、加快社会主义新农村建设的关键时期。在这一背景下，国家部委出台的相关乡村政策，主要围绕农业现代化、农村经济发展、乡村社会治理等核心议题展开。这些政策的逻辑框架清晰，即以农业供给侧结构性改革为主线，通过优化农业产业结构、提升农业科技创新能力、完善农村基础设施、加强乡村社会治理等措施，全面推进乡村振兴。例如，2017 年颁布的《中共中央、国务院关于深入推进农业供给侧结构性改革 加快培育农业农村发展新动能的若干意见》《关于推进农业供给侧结构性改革的实施意见》明确提出要“以优化供给、提质增效、农民增收为目标”，“着力培育新动能、打造新业态、扶持新主体、拓宽新渠道，加快推进农业转型升级，加快农业现代化建设”。2021 年 11 月 12 日，国务院印发《“十四五”推进农业农村现代化规划》。该规划指出，“十四五”时期，我国开启全面建设社会主义现代化国家新征程，为加快农业农村现代化带来了难得的机遇。该规划发布后，政策导向更加明确，即全面实施乡村振兴战略，进一步加大对农业的支持保护力度，加快发展多样化生产方式，调动更多资源要素向农村集聚，为农业农村现代化提供坚实保障。在此背景下，国内超大规模市场优势不断显现，新的发展模式不断涌现，扩大内需成为战略基础，农村多元价值发展催生出新的消费需求，为推进农业农村现代化拓展了空间。到 2025 年，国家全面实施乡村振兴战略，农业农村现代化取得重大进展，梯次推进有条件的地区率先基本实现农业农村现代化，农村基础设施建设取得新进展，农村生态环境明显改善，乡村治理能力进一步增强，农村居民收入稳步增长。展望 2035 年，乡村全面振兴将取得决定性进展，农业农村现代化将基本实现。

2. 农业现代化与科技创新

为深入贯彻《中华人民共和国国民经济和社会发展第十三个五年规划纲要》的指导方针，全面推进农业现代化，国务院经过精心组织与策划，编制并发布了《全国农业现代化规划（2016—2020 年）》。该规划以加快农业现代化为核心目标，明确了一系列具体且富有逻辑性的政策措施。首先，科技创新是推动农业现代化进程的关键力量，因此，政策着重强调对农业科技研发的投入，大力推广智能农业装备的应用，旨在通过技术手段显著提升农业生产的效率与品质。其次，政策还着重于培育与现代农业发展需求相适应的新型农业经营主体，积极鼓励并支持家庭农场、农民专业合作社等新型组织形式的发展，以适应并引领现代农业的新趋势。政策体系主要以科技创新为基石，通过加强技术引进与应用、优化管理模式，提升农业生产的智能化与精准化水平，进而全面提高我国农业的整体竞争力，确保农业现代化目标的顺利实现。为更好指导“十四五”农业农村科技事业发展，充分发挥科技对全面推进乡村振兴、加快农业农村现代化的支撑引领作用，农业农村部组织编制并印发了《“十四五”全国农业农村科技发展规划》。该规划的内容主要体现在以下五个方面：一是集中，围绕种子和耕地两大方面，集中力量加强基础研究和应用研究，研发关键技术，保障产业安全和自主可控；二是提升，围绕产业技术更新，突出加强先进产业基地和产业链现代化建设的主要科技攻关；三是支持，围绕农业发展、农村建设和提高农民素质的科技需求，加大农业科技创新力量，全力支持乡村振兴行动，支持农业农村绿色生产生活方式发展；四是体系，围绕转变农业农村科技创新体制，突出建设国家农业战略科技力量，加大农业产业科技创新力量，培育壮大企业主体创新力量；五是改革，以统筹改革和机制创新为重点，突出创新研究组织形式，促进产学研紧密结合，改革农业科研机构，构建良好创新生态。

3. 农村经济发展与产业结构调整

在推动农村经济发展层面，相关政策体系着重强调了产业结构的优化与升级。其核心理念在于通过两方面的战略举措来促进农村经济的全面进步。首先，政策倾向于鼓励特色农业与绿色农业的发展。这一策略旨在通过提高农产品的附加值，增强其市场竞争力。特色农业与绿色农业不仅能够满足现代消费者对高品质、健康食品的需求，还能为农产品打开更广阔的市场空间，从而增加农民的经济收益。其次，政策同时支持农村第一、第二、第三产业的深度融合。特别是，政策倾向于推动农产品加工业、休闲农业、乡村旅游等新兴产业的快速发展。这种产业融合模式不仅有助于实现农村经济的多元化，为农民创造更多的收入来源，还能有效提升农村经济的整体抗风险能力，确保经济发展的稳定性与可持续性。例如，《乡村振兴战略规划（2018—2022 年）》便明确提出了上述两方面的发展策略，即通过特色农业与绿色农业的发展，以及农村第一、第二、第三产业的融合，构建一个更为健康、多元和具有抗风险能力的农村经济体系。这一战略规划不仅体现了政策的连贯性与前瞻性，也为我国农村经济的长远发展指明了方向。“十四五”规划强调发展丰富新型乡村经济新业态，即发展县域经济，推进农村第一、第二、第三产业融合发展，延长农业产业链条，发展各具特色的现代乡村富民产业；推动种、养、加结合和产业链再造，提高农产品加工业和农业生产性服务业发展水平，壮大休闲农业、乡村旅游、民宿经济等特色产业；加强农产品仓储保鲜和冷链物流设施建设，健全农村产权交易、商贸流通、检验检测认证等平台和智能标准厂房等设施，引导农村第二、第三产业集聚发展；完善“资源变资产、资金变股金、农民变股东”的利益联结机制，让农民参与创造产业附加值的过程。

4. 乡村社会治理与公共服务提升

在乡村社会治理领域，相关政策着重强调了基层党组织的领导核心作用，并致力于完善村民自治机制。通过持续加强基层党组织建设，确保党的路线、方针、政策能够在乡村层面得到切实有效的执行。同时，通过深化村民自治的实践活动，充分激发和调动村民参与乡村治理的积极性与创造性，形成乡村社会的共商、共建、共享新格局。此外，政策制定中还特别关注了乡村公共服务的优化与提升。具体而言，推动农村教育、医疗卫生、文化体育等公共服务设施全面建设的目的是显著提升农村居民的生活品质和幸福感。一系列政策的逻辑基础在于认识到良好的社会治理与高质量的公共服务是乡村实现持续稳定发展的基石。通过改革乡村治理结构并提升公共服务效能，有望构建一个和谐稳定的乡村社会环境，从而为乡村经济的持续繁荣与发展提供坚实的支撑。例如，2019 年颁布的《关于加强和改进乡村治理的指导意见》便明确强调了基层党组织的领导作用，并对村民自治机制的完善提出了具体要求。而在公共服务方面，2020 年推出的《乡村教育振兴行动计划》则针对性地推动了农村教育事业的发展，体现了政策在提升乡村公共服务水平方面所做的切实努力。这些政策文件的发布与实施，不仅彰显了政策制定的系统性与前瞻性，也为我国乡村社会的全面进步与发展奠定了坚实的基础。

5. 生态环境保护与可持续发展

政策对乡村生态环境保护与可持续发展的重视程度达到了新的高度。为实现乡村生态环境保护与可持续发展的目标，政府采取了多项策略：实施退耕还林项目以恢复林地，开展水土保持工作以减少水土流失，同时加大农业面源污染的防治力度。这些举措的核心目的在于普及绿色农业生产方式，有效保护乡村生态环境，促进农业和生态环境的协调与和谐发展。从更深层次的逻辑角度来看，生态环境不仅是乡村发展的宝贵资源，还是实现农业可持续发展的重要基石。政策旨在通过坚定不移地加强生态环境保护，确保乡村经济能够保持长期稳定的发展态势。此外，一系列的生态保护措施还将有助于显著提升乡村的人居环境质量，为乡村居民创造更为宜居的生活条件。为了具体落实这些生态保护理念，政府在 2021 年颁布了《“十四五”全国农业绿色发展规划》。该规划明确提出了实施退耕还林、水土保持等关键生态工程，以期在减少农业面源污染的同时广泛推广绿色农业生产方式。这一规划的实施，不仅彰显了政府在生态环境保护方面的决心，也为乡村的可持续发展提供了坚实的政策保障。

（二）乡村建设的目标

中华人民共和国成立后的一段时期，环境保护问题并没有得到足够的重视。1973 年，第一次全国环境保护会议的召开标志着环境保护问题真正进入政策领域。在早期，由于工业化与城市化相伴随，城市的环境问题更早凸显，面临的境况也更为严峻。因此，早期的环境保护政策主要是针对工业造成的污染和城市环境治理，对农村环境问题的关注程度相对较低。这导致了城市环境污染逐渐向农村扩张，但相应的环境治理和保护政策并没有得到切实的实施。

随着中国经济社会的快速发展，城乡统筹发展成为共识，这时候，借鉴发达国家的经验、吸取我国早期“先污染后治理”环境治理思路的教训变得尤为重要，农村环境问题逐渐引起普遍关注。这一时期，农村发展进程开始将环境保护纳入范畴，美丽乡村政策的出台可以被视为一个重要的转折点。该政策是国家层面第一次明确将农村的环境治理与生态保护置于核心地位。美丽乡村政策旨在通过改善农村人居环境、提升农村生态品质，推动农村的整体可持续发展。这不仅意味着环境治理从城市向农村拓展，更意味着在农村发展中要更加注重生态文明建设，实现经济、社会、生态的协同发展。

美丽乡村政策的实施包括对农村环境的整体改善，涉及农村建设、农田治理、生态修复等多个方面。通过这一政策的制定和实施，中国政府表达了对农村环境问题的高度关切，明确了农村环境治理在整体国家发展战略中的重要性。这也标志着中国对农村环境保护问题的认识进入了一个新的阶段，有助于更好地实现城乡环境协同治理和可持续发展。

2005 年 10 月，党的十六届五中全会提出了建设社会主义新农村的重大历史任务，并明确了其具体目标是“生产发展、生活宽裕、乡风文明、村容整洁、管理民主”。这次会议从政治、经济、民生、文化、环境五个方面对农村建设提出了要求，从而奠定了后续农村改革的总体基调。此时的乡村环境改善还停留在改善村容村貌阶段。

在“十一五”期间，全国范围内出台了一系列政策，旨在推动社会主义新农村建设，实现生产发展、生活宽裕、生态良好的目标。这一时期，地方政府按照十六届五中全会的要求，制定了改善村容村貌的政策并付诸行动。浙江省安吉县建设“中国美丽乡村”计划与倡议正是在地方实践的基础上逐渐形成的。2008 年，浙江省安吉县在这一背景下率先出台了《安吉县建设“中国美丽乡村”行动纲要》，标志着“美丽乡村”概念正式进入乡村建设的议程。安吉县的美丽乡村建设不仅关注村容村貌的改善，更注重通过农村生态、景观的提升来打造农产品品牌，带动农村生态旅游的发展，从而促进农村经济的发展和农民收入的增加。安吉县的这一实践为全国其他地区的新农村建设提供了新的思路和切入点。时任中央农村工作领导小组办公室主任陈锡文在考察后赞誉安吉县的美丽乡村建设是中国新农村建设的鲜活样板。在“十二五”期间，基于安吉县的建设成果，浙江省制定了《浙江省美丽乡村建设行动计划》。此后，广东、海南、四川、重庆等省市在学习浙江省安吉县经验的基础上先后启动美丽乡村建设工作，并大力推进该工作的进程。这导致各省市纷纷制定了相关规范和技术导则。例如，2016 年重庆市颁布了《重庆市美丽宜居村庄建设导则》。至此，“美丽乡村建设”已成为中国社会主义新农村建设的代名词，在全国范围内全面展开。该建设不仅关注农村的外在形象，更强调生态环境的改善，为农民提供更好的生活条件。一系列举措的成功实施为中国农村的可持续发展奠定了坚实的基础，使美丽乡村成为中国新农村建设的亮丽标志，为更广泛的乡村振兴战略提供了有益的经验。

中共中央、国务院在 2013 年一号文件中明确提出了“努力建设美丽乡村”的要求，标志着美丽乡村建设由地方特色提升为国家政策的重要内容。同年，农业部办公厅发布了《关于开展“美丽乡村”创建活动的意见》，并于 11 月确定了全国范围内 1000 个“美丽乡村”创建试点乡村，为全国美丽乡村建设的推进奠定了基础。美丽乡村建设政策的提出是为了推动农村全面发展，强调从农村经济发展、农业功能拓展、农民素质提升、农业技术推广、乡村建设布局、资源开发利用、生态环境保护、乡村文化建设等多个方面设置美丽乡村建设的目标体系。这意味着美丽乡村建设已经被纳入国家政策框架，成为全国范围内农村发展的战略性任务。在国家层面的推动下，各地区积极响应美丽乡村建设，并涌现出一批国家级试点村庄、省级试点村庄等成功案例。国家级美丽乡村建设标准的出台促使各地也相继制定了相应的标准，使美丽乡村建设在全国范围内如火如荼地展开。这一政策的实施对农村产生了深远的影响，不仅推动了农村的全面发展，还在全国范围内引起了对农村环境、生态、文化等的更多关注。各地通过积极实施美丽乡村建设政策，为乡村注入新的活力，提升了乡村的整体形象，进一步促进了乡村振兴战略的实施。

中共中央办公厅、国务院办公厅在 2022 年 5 月印发的《乡村建设行动实施方案》以习近平新时代中国特色社会主义思想为指导，坚持农业农村优先发展，把乡村建设摆在社会主义现代化建设的重要位置，顺应农民群众对美好生活的向往，以普惠性、基础性、兜底性民生建设为重点，强化规划引领，统筹资源要素，动员各方力量，加强农村基础设施和公共服务体系建设，建立自下而上、村民自治、农民参与的实施机制，既尽力而为又量力而行，求好不求快，干一件成一件，努力让农村具备更好的生活条件，建设宜居、宜业的美丽乡村。目标是到2025年，乡村建设取得实质性进展，农村人居环境持续改善，农村公共基础设施往村覆盖、往户延伸取得积极进展，农村基本公共服务水平稳步提升，农村精神文明建设显著加强，农民获得感、幸福感、安全感进一步增强。《乡村建设行动实施方案》是国家推进乡村振兴战略、改善农村人居环境、提升农民生活质量的重要举措。该方案的实施旨在建设宜居宜业的美丽乡村，促进农村社会经济的全面发展和农民的全面发展。

美丽乡村建设旨在创造宜居、宜业、宜游的乡村环境，提高农村居民生活品质和幸福感，促进农业农村经济的转型升级。与美丽城市建设不同，美丽乡村建设的本质是注重农村美观、宜居、人文价值的塑造，既要发挥资源优势，也要遵循保护与利用的原则，实现以人为本的发展目标，从小镇建设、田园综合体建设、宜居乡村建设等方面入手，推进农业农村绿色发展，增强农村功能和竞争力，实现城乡一体化发展。

（三）乡村振兴战略的政策要义

乡村振兴战略的提出是我国农村发展的一个重要里程碑。从中华人民共和国成立至20世纪80年代，我国的经济发展在向工业倾斜的政策下，在与计划经济相适应的单位制管理体系之下，产生了巨大的城乡差距，最终导致了城乡二元社会结构的存在。20世纪80年代，伴随着户籍管理制度的松动，大量青壮年劳动力离开农村进入城市，“三农”问题逐渐显性化，农业、农民和农村的发展面临巨大的挑战。乡村振兴战略的提出，既是对这一挑战做出的应对，更是我国社会发展进入新时期的总要求。乡村的发展是国家发展的基础，农业、农村和农民的问题将直接影响整个社会的现代化进程。乡村振兴战略的实施，将有力地推动我国城乡融合和城乡一体化的进程，这是新时期我国均衡发展思路的一个重要组成部分。

我国是一个人口众多的大国，农村在发展过程中也存在不少问题，如基础设施建设相对落后、教育水平相对较低等，这些都需要党和国家的政策支持。乡村振兴战略的实施旨在改变我国农业的生产方式，推动农业现代化、提高农业效益，从而实现中华民族伟大复兴的目标。乡村建设是实施乡村振兴战略的重要任务，也是国家现代化建设的重要内容。为实现中华民族伟大复兴的目标，国家颁布了一系列关于乡村振兴的指导文件。

2017 年 10 月 18 日，在中国共产党第十九次全国代表大会报告中，习近平总书记第一次明确提出了要实施乡村振兴战略。习近平总书记在党的十九大报告中提出，新时期中国社会的主要矛盾已经转化为人民日益增长的美好生活需要和不平衡不充分的发展之间的矛盾。坚持农业农村优先发展，按照产业兴旺、生态宜居、乡风文明、治理有效、生活富裕的总要求，建立健全城乡融合发展体制机制和政策体系，加快推进农业农村现代化，成为有效化解乡村社会主要矛盾的必然选择。

2018 年的中央一号文件《中共中央 国务院关于实施乡村振兴战略的意见》对新时代实施乡村振兴战略的重大意义、实施乡村振兴战略的总体要求、提升农业发展质量、培育乡村发展新动能等做了具体阐述。在中国特色社会主义新时代，乡村广阔天地内藏有巨大的发展潜力，拥有难得的发展机遇。有党的领导的政治优势，有社会主义的制度优势，有亿万农民的创造精神，有经济力量的强大支撑，有源远流长的农耕文明，有旺盛的市场需求，我们完全有条件、有能力实施乡村振兴战略。

2021 年，《中共中央 国务院关于全面推进乡村振兴 加快农业农村现代化的意见》正式发布。该文件的指导思想是把乡村建设摆在社会主义现代化建设的重要位置，全面推进乡村产业、人才、文化、生态、组织振兴，充分发挥农业产品供给、生态屏障、文化传承等功能，走中国特色社会主义乡村振兴道路，加快农业农村现代化，加快形成工农互促、城乡互补、协调发展、共同繁荣的新型工农城乡关系，促进农业高质高效、乡村宜居宜业、农民富裕富足，为全面建设社会主义现代化国家开好局、起好步提供有力支撑。

《中共中央 国务院关于做好 2023 年全面推进乡村振兴重点工作的意见》这个综合性的政策文件，指出了 2023 年及未来一段时间内中国“三农”工作的方向和重点。该文件深入贯彻习近平新时代中国特色社会主义思想和党的二十大精神，强调坚持和加强党对“三农”工作的全面领导，并明确提出了农业农村优先发展和城乡融合发展的基本原则。该政策文件的核心目标是确保粮食安全和防止规模性返贫，同时推进乡村发展、乡村建设和乡村治理等重点工作，通过加快建设农业强国和建设宜居宜业和美乡村，提升农村居民的生活质量和幸福感，为全面建设社会主义现代化国家开好局、起好步打下坚实基础。总体而言，这一政策文件体现了我国政府对农业农村发展的高度重视和坚定承诺，旨在通过一系列综合措施推动乡村振兴，实现农业现代化和农村全面发展。

乡村振兴战略的内容体现出党中央已然深刻认识到农村的发展现状，并根据我国社会基本矛盾的变化，致力于弥补农村发展的短板，从国家发展的全局来规划和推进乡村振兴的思路。进入 21 世纪以来，我国农村发生了巨大的变化，特别是 2015 年农业供给侧结构性改革以来的各项改革政策，推动了农业生产的发展、农民生活水平和社会保障水平的提高。乡村振兴战略在早期各项改革的基础上，将农业农村发展过程中的问题整合起来，统筹协调，强化了全局视野。

2018 年，中央一号文件即《中共中央 国务院关于实施乡村振兴战略的意见》规定了实施乡村振兴战略的总体要求和基本原则，结合决胜全面建成小康社会、分两个阶段实现第二个百年奋斗目标的战略，安排了乡村振兴战略的三个阶段及其目标：到 2020 年，基本形成乡村振兴战略的制度框架和政策体系；到 2035 年，乡村振兴取得决定性进展，农业农村现代化基本实现；到 2050 年，乡村全面振兴，农业强、农村美、农民富全面实现。

2018 年 9 月，根据《中共中央 国务院关于实施乡村振兴战略的意见》，特编制印发了《乡村振兴战略规划（2018—2022 年）》。该规划深入贯彻党的十九大和十九届二中、三中全会精神，强调了党对“三农”工作的全面领导，坚持稳中求进工作总基调，牢固树立新发展理念，落实高质量发展要求，紧紧围绕统筹推进“五位一体”总体布局和协调推进“四个全面”战略布局，坚持把解决好“三农”问题作为全党工作重中之重。该规划以农业农村优先发展为原则，按照“产业兴旺、生态宜居、乡风文明、治理有效、生活富裕”的总要求，为统筹城乡发展构建了强有力的体制机制和政策框架。它统筹推进农村经济建设、政治建设、文化建设、社会建设、生态文明建设和党的建设，加快推进乡村治理体系和治理能力现代化，加快推进农业农村现代化，走中国特色社会主义乡村振兴道路。该规划的最终目标是让农业成为有奔头的产业，让农民成为有吸引力的职业，让农村成为安居乐业的美丽家园。该规划围绕全面建成小康社会，兼顾城乡融合发展和优化农村内部发展两个维度，涵盖农业现代化、乡村产业、乡村生态、乡风文明、乡村治理体系、民生和城乡融合等七个方面，吸收了早期乡村改革的美丽乡村环境政策等，形成了乡村振兴的基本体系。不过，乡村振兴战略的政策框架仍在根据社会发展的现实不断演变。

（四）美丽乡村建设与乡村振兴战略

“美丽乡村建设”这一概念最早是在党的十六届五中全会上被提出。会议还指出，我国的新农村建设应当提质、升级，以满足乡村振兴的内在要求。因此，美丽乡村之美，不仅体现在其外在形式上，更体现在其内在发展上。浙江省安吉县在全国率先启动美丽乡村建设，为中国美丽乡村建设提供了指南。（图 1-13）随后，在 2013 年的中央一号文件里，美丽乡村建设的奋斗目标被首次提出。农业部也紧接着跟进，将美丽乡村建设列为其工作重点加以推进，并在 2015 年发布《美丽乡村建设指南》，明确了经济、政治、生态文明、文化和社会协调推进的美丽乡村建设标准。

图 1-13　浙江安吉“中国美丽乡村”标志（作者自摄）

党的十九大报告指出，实施乡村振兴战略是决胜全面建成小康社会、全面建设社会主义现代化国家的重大历史任务，是新时代做好“三农”工作的总抓手。2018 年，中共中央、国务院印发的《乡村振兴战略规划（2018—2022 年）》以习近平总书记关于“三农”工作的重要论述为指导，按照产业兴旺、生态宜居、乡风文明、治理有效、生活富裕的总要求，对实施乡村振兴战略做出了阶段性谋划。该规划 7 次提到“美丽乡村”，明确要求建设生活环境整洁优美、生态系统稳定健康、人与自然和谐共生的生态宜居美丽乡村。为进一步推进生态文明和美丽中国建设，深入贯彻习近平总书记重要指示精神，农业部于2013年启动了“美丽乡村”创建活动。

党的二十大报告强调，要以中国式现代化全面推进中华民族伟大复兴的宏伟蓝图，并明确指出，全面建设社会主义现代化国家最艰巨、最繁重的任务仍然在农村。这反映了政府对“三农”问题的持续重视和对农村发展的坚定承诺。在当前世界正经历百年未有之大变局的复杂形势下，守好“三农”基本盘显得尤为重要。农村不仅是粮食生产的主战场，也是生态文明建设的重要领域，是维护社会稳定和民族团结的关键。因此，加快乡村发展，提升农村综合实力，是实现国家长治久安和持续发展的根本。在这一背景下，艺术介入乡村发展不仅可以提升农村的文化品位和生活品质，还可以为农村经济发展与乡村振兴战略的实施提供新的动力和支持。

此外，乡村振兴战略与美丽乡村建设政策之间有明显的递进关系，乡村振兴战略是对美丽乡村建设政策的扩展和升华。改革开放以来，尤其是党的十八大以来，我国在美丽乡村建设上取得了丰硕的成果和经验。农业部于2014年2月正式对外发布美丽乡村建设十大模式，为全国的美丽乡村建设提供了范本和借鉴。例如，浙江省安吉县率先改革，制定了《安吉县建设“中国美丽乡村”行动纲要》，把生态环境优势变为经济优势，带动生态旅游的发展，此为生态保护型美丽乡村建设模式；江苏省张家港市南丰镇永联村产业优势明显，以“一村一品”“一乡一业”实现农业生产聚集、农业产业链条的延伸，此为产业发展型美丽乡村建设模式；江西省婺源县江湾镇旅游资源丰富，交通便捷，距离城市较近，适合休闲度假，此为休闲旅游型美丽乡村建设模式；等等。

建设美丽乡村是美丽中国建设的重要组成部分，是全面建成小康社会的重要举措，是建设生态文明的新理念指导下农村的一次全面综合变革，是顺应社会发展趋势完善农村建设的新版本。美丽乡村建设既遵循和发展了自然客观规律、市场经济规律和社会发展规律，又在打造美丽山水的同时更加注重生态资源的保护和高效利用，以“生产发展、生活宽裕、乡风文明、村容整洁、管理民主”为目标，实现人与自然的和谐共生。美丽乡村建设注重生态资源保护和高效利用，注重人与自然和谐共生，注重农业发展方式转变，注重农业功能多样性开发，注重农村可持续发展，注重农业文明传承发展。

美丽乡村建设是落实“五位一体”总体布局的重要途径，是落实党的二十大精神的重要举措，是推进生态文明建设的需要，也是推进农村经济协调发展和促进城乡协调发展的有效路径，更是扩大投资渠道和农村发展需要的战略之举。随着我国现代化建设的发展，我国城乡关系日益密切，然而城乡差距依旧较大，因此，建设美丽乡村不仅是农村居民的需要，也是城市居民的需要，更是整个社会的需要。要建设美丽乡村，就要坚持农业农村优先发展，按照“产业兴旺、生态宜居、乡风文明、治理有效、生活富裕”的总要求，建立城乡一体化发展机制和政策导向，加快推进农业农村现代化。

乡村振兴战略对美丽乡村建设给予了肯定与深化，将美丽乡村界定为生态宜居的美丽乡村，体现了以人为本的理念。乡村振兴战略对乡村环境的规定从“绿水青山就是金山银山”的理念出发，要求尊重自然、顺应自然、保护环境，促进农业生态化发展，改善农村人居环境，同时加强生态保护和修复，着力治理农业生产中出现的突出环境问题。从乡村振兴战略的总体来看，生态宜居美丽乡村规划以改善农村环境为重点，将美丽乡村作为乡村振兴的一个方面，是政策的细化和推进。纵观美丽乡村建设政策和乡村振兴战略的内容，它们之间有着明显的继承和递进关系，体现了政策的逐步演变特性。

1. 丰富乡村规划的内涵

美丽乡村建设的乡村规划要着眼于村庄实际，因地制宜、因村制宜。乡村振兴战略是建设美丽乡村的战略，乡村规划要着眼于村庄实际，因地制宜、因村制宜，依法制定城乡统一规划。从局限于村庄本身发展到注重城乡统筹发展的整体框架，这是乡村规划内涵的演变和发展，也是政治思想的演变和发展。

2. 整合村庄建设与公共服务

美丽乡村建设政策既包括村庄建设，也包括公共服务，《乡村振兴战略规划（2018—2022 年）》将二者合为一体，纳入民生保障领域。村庄建设是指农村基础设施建设，包括农村公共服务设施改造，如道路、桥梁、饮水、供电、通信等保障农民日常生活的基础设施，以及农田水利设施、防洪、防风等农业生产设施的改造和建设。公共服务包括医疗卫生、公共教育、文化体育、社会保障、劳动就业、公共安全、便民服务等农村公共服务“软件”。《乡村振兴战略规划（2018—2022年）》在“保障和改善农村民生”部分将农村基础设施建设的“软件”和“硬件”纳入其中，要求继续把农村基础设施建设作为重点工作，特别是要解决农村基础设施缺乏问题，加大对革命老区、民族地区、边疆地区、灾区等乡村地区的支持力度，将农村的交通基础设施建设与城市交通系统设施建设相结合。教育、养老、医疗等公共服务也是民生保障的重要内容，必须建立全民覆盖、普惠共享、城乡一体的基本公共服务体系。此外，《乡村振兴战略规划（2018—2022年）》还将农民就业相关政策纳入农村民生保障框架，为增加农民收入提供了新思路。

3. 生态环境政策演变

美丽乡村政策从污染防治的角度管理农村工农业生产，并通过改善村容村貌优化农村生活环境。该政策的主要内容是防治农业污染、工业污染和生活污染，并逐步推广清洁能源，以减轻后续污染治理的压力。乡村振兴战略则要求持续改善农村人居环境，着力提升村容村貌，建立健全整治长效机制，加强乡村生态保护与修复，健全重要生态系统保护制度，健全生态保护补偿机制，发挥自然资源多重效益。

4. 完善经济发展规划

美丽乡村建设政策从农业、工业、服务业三个方面提出了乡村产业发展的思路和规划，但大多是倡导和鼓励经济发展，并没有区分不同村庄的不同发展机遇，规划比较粗略，没有很详细的经济发展思路。

乡村振兴战略提出了一个更全面的农村经济发展计划，分为“加快农业现代化步伐”和“发展壮大乡村产业”两个部分。农业现代化被视为独立的组成部分，体现了国家对农业发展的重视。粮食安全是国家发展计划之一，质量兴农、农业供给侧结构性改革、藏粮于地、藏粮于技是国家农业发展的重要战略。乡村振兴战略在规划农业现代化发展的背景下，旨在夯实农业生产能力基础、加快农业现代化转型、建立现代农业经营体系、强化农业科技支撑、完善农业支持保护制度，以实现农业发展的总体战略规划。在全国范围内，考虑到不同地区不同的自然地理和气候条件，在东北地区、华北地区、长江中下游地区、华南地区、西北、西南地区、北方农牧交错区、青海西藏等生态脆弱地区，从国家层面确定了不同的农业发展方向和“全国一盘棋”的布局，以充分发挥区域优势，提高农业生产力。此外，为保障国家粮食安全，乡村振兴规划要求赋予农业一定的发展自主权，这也是应对国际局势做出的一项重要决策。

乡村振兴战略要求乡村产业“根植于农业农村”“彰显地域特色”，不盲目跟风。根据乡村产业发展的趋势和方向，提出了“推动农村产业深度融合”“完善紧密型利益联结机制”“激发农村创新创业活力”三点要求。提出要推动农村第一、第二、第三产业交叉发展，以市场需求为导向，结合本地资源，遵循市场规律，利用新科技手段，发展农村新产业新业态。在产业发展过程中，除了利用技术、人才、资金外，还要提高农民的参与度，让农民分享更大的附加值。总的来说，乡村振兴战略以促进农村产业发展和农民增收为目标，制定了以市场为导向、城乡统筹、多方参与、优于美丽乡村建设的农村产业发展框架。

乡村振兴战略结合国家治理现代化的要求，对基层乡村治理体系做出了更加全面的规划，从领导机制、治理体系、乡村关系等方面明确了乡村基层治理体系的内容。党的领导是中国特色社会主义的最本质特征，乡村地方组织建设必须从党组织建设入手，加强党对乡村振兴工作的全面领导；构建自治、法治、德治相结合的治理体制，旨在汇聚现有乡村社会各种力量参与乡村社会治理，为乡村治理各种手段的有机结合提供可能的思路。乡村治理不仅包括村庄，还包括与村庄密切相关的基层政府组织——乡镇。在乡村振兴过程中，乡镇作为最基层政权组织，是乡村治理体系的重要组成部分。作为行政体系的最基层组织，乡镇必须建立高效简洁的治理体系。乡村振兴战略对乡镇的机构设置和管理体制进行了系统规划。

美丽乡村创建的出发点是乡村生态环境的营造，乡村生态环境的改善有利于促进乡村的全面发展和进步。党的十九大作出了实施乡村振兴战略的重大战略决策，乡村振兴战略是统筹农村各项改革的综合发展战略，在原有改革的基础上为开创农村发展新局面指明了方向。从美丽乡村建设到乡村振兴战略，农村社会发展的方方面面都被纳入统一的框架，实现了经济发展、社会文明、生态优化“表里合一”的目标。

第二章　关于艺术介入乡村建设

乡村是重要的农业生产基地，也是传承文化和保护生态的载体。然而，随着城市化进程的加快，许多乡村面临着人口减少、文化衰落、生态退化等问题。在这种情况下，寻求乡村可持续发展的新形式显得尤为重要。艺术在乡村的介入不仅是一种文化现象，也是一种社会创新实践。将艺术作为媒介和工具介入乡村建设，应紧密结合乡村的自然环境、社会文化和经济发展，共同促进乡村的全面振兴。这种介入不单单是文化输入，而是与乡村文化的深度融合，是一种基于尊重乡村原有文化的创新和改进。艺术介入乡村建设的基本逻辑在于通过艺术的力量激发乡村的内在活力，提升乡村的文化品位，促进乡村的经济发展和乡村社会的进步。艺术可以打破城乡之间的文化壁垒，使乡村的文化资源得以被重新发现和整合，形成具有地方特色的文化品牌。同时，艺术介入乡村建设也可以吸引外部关注和投资，为乡村带来更多的发展机会。

在乡村建设中进行艺术介入的优势显而易见。首先，艺术具有独特的魅力和感染力，可以增强乡村的吸引力和凝聚力，促进农村社会的和谐发展。其次，艺术介入乡村建设可以促进乡村文化的创新和发展，为乡村注入新的活力和力量。最后，艺术介入乡村建设还可以促进乡村经济的转型升级，为乡村的可持续发展提供有力支持。艺术介入乡村建设的形式主要有艺术展览、艺术节、艺术教育、艺术创作等，每种形式都有其独特的功能和作用，它们相互补充和促进，共同构成了完整的乡村艺术干预体系。

一、艺术介入乡村建设综述

随着乡村振兴战略的深入推进，艺术介入乡村建设已成为促进乡村全面振兴的重要路径之一。艺术介入乡村建设旨在通过艺术的手段，挖掘乡村的文化资源，激活乡村的内生动力，推动乡村经济、文化、生态的协调发展。本部分基于现有文献，对艺术介入乡村建设的理论背景、实践模式、成效与挑战进行综述，旨在为艺术介入乡村建设提供理论支持和实践指导。

“艺术介入”一词可追溯至当代享有盛誉的美学家阿诺德·贝林特的著作《艺术与介入》。在该书中，贝林特认为，所谓介入指的是欣赏者通过感觉、知觉及个人经验的融入，深入参与艺术作品的审美，从而与作品产生深刻的互动与共鸣。这种介入现象广泛存在于多种类型的活动中。在艺术社会学的专业视角下，艺术最初聚焦于城市社会这一多元而复杂的领域，艺术家们敏锐地察觉并批判性地反思了城市化进程中产生的各种问题。通过其独特的视角和表现媒介，艺术不仅重塑了城市的精神内核，还对其进行了深刻的人文探讨，从而进一步丰富了城市的文化底蕴，增强了其人文关怀的属性。随着中国城乡发展的不断转型，原有的乡土中国格局正逐渐转变为城乡融合的新面貌。在这一过程中，乡村受到城市文化的显著影响，资本下乡和旅游开发的热潮此起彼伏。在这种背景下，艺术介入乡村建设逐渐崭露头角，成为一种新的趋势和现象。艺术介入乡村建设，又称“乡村艺术实践”“乡村艺术参与”，是一种通过艺术实践推动乡村振兴的新型发展模式。艺术介入乡村建设不仅美化了乡村景观，为乡村旅游的蓬勃发展开辟了新路径，而且在社区管理和地方文化传承方面也取得了显著成效。

艺术介入乡村建设，是在全球化和现代化背景下对乡村文化价值的重新认识和挖掘。在乡村面临文化同质化、传统文化流失等问题的情况下，艺术作为一种独特的文化表达方式，为乡村文化的传承与创新提供了新的可能。艺术介入乡村建设强调在尊重乡村自然与文化特色的基础上，通过艺术手段激活乡村文化活力，实现乡村的可持续发展。随着中国乡村振兴战略的深入推进，艺术介入乡村建设作为一种新兴的乡村建设模式，受到了学术界和实践领域的广泛关注。艺术介入乡村建设不仅为乡村环境带来了美学上的提升，而且在促进乡村经济发展、文化遗产保护和社区凝聚力建设等方面展现出独特的价值。艺术介入乡村建设涉及多个学科，如文化人类学、环境设计学、艺术社会学等。这些学科为艺术介入乡村建设提供了丰富的理论基础和研究方法，推动了艺术介入乡村建设实践的深入发展。例如，文化人类学强调对乡村文化的深入理解和尊重，环境设计学关注乡村空间的艺术化改造，艺术社会学则关注艺术在乡村社会的功能与影响，等等。以下分别就艺术介入乡村建设的理论基础、实践模式、成效和面临的挑战试述之。

（一）艺术介入乡村建设的理论基础

艺术介入乡村建设的理论基础主要来源于对乡村文化价值的重新认识和对艺术社会功能的拓展。石玉庆指出，乡村环境艺术是乡村聚居环境的重要组成部分，对整个村落环境的布局、特色的塑造和生态环境起着决定性的作用。黄晓云认为，环境艺术设计在乡村建设中更注重与自然环境的融合和对生态的保护，艺术家们通过巧妙的设计，将乡村自然风光、山水田园等元素融入建筑、景观及公共空间，打造出具有乡土特色的美丽乡村。陈科指出，环境艺术设计在挖掘乡村地域特色、优化乡村环境、彰显乡村历史文化内涵等方面具有独特优势，在特色城市建设中引入环境艺术设计理论，是提升乡村建设整体水平的必由之路。艺术介入乡村建设应从更长远、更宽阔的领域，扎实乡村发展的文化根基，充实丰富乡村居民的精神生活。

1. 对艺术的界定

首先，艺术作为一种审美意识形态，与科学不同，其本质是以人性化的表达方式呈现，通过体验和形象来反映，而非抽象和概念化的方式。不同学科不约而同地将艺术视作各自研究领域的附属物，如哲学和科学认为艺术是人类真理的特殊表现形式，政治学认为艺术是阶级斗争的手段，社会学认为艺术是现实生活的反映，心理学认为艺术是人类心理需求的补偿形式，工艺学认为艺术是一种技能。这些观点忽视了艺术与政治、科学、宗教、道德、法律等的直接对话，实际上艺术是通过美学与它们对话。艺术既是艺术家审美意识的物化和结晶，也是艺术家审美创造力的产物。艺术家并不试图通过艺术表达其他形式的意识，如政治意识、哲学意识和道德意识，这些意识可以有更直接、更准确、更充分、更纯粹的表达，艺术创作是为了表达审美意识。艺术的主要目的是满足人们的审美需求，给人以审美享受。因此，艺术的功能主要是满足人们对身心和谐、自由体验的需要，至少符合一种愉悦原则。艺术以审美为核心，在具有认知、教育和娱乐价值的同时，其主要功能应该是给我们带来审美愉悦。

其次，艺术描绘以人为核心，即以人类社会生活为对象。卢卡奇在

《审美悟性》中指出，审美真理形成一种循环，由对自我和世界的认知构成。人们的渴望“了解自己”将他们引向外部世界，对社会和自然的认知使人们深刻了解其最根本的本质。从描绘人物到描绘社会，再到描绘理想，这种无限循环与互相促进、互相加深不可分割。艺术不仅是一种观念表达方式，而且是一种有形媒介，牵涉到技巧和技艺。它不仅是一种思维深化的过程，也是主动参与生活、追求理想并付诸实践的过程。艺术家不仅是生活的理性观察者和守护者，更是介入生活、创造生活的实践者。因此，艺术是物质和意识的统一，是思想和技艺的统一，是认知和实践的统一。“艺”指的是工艺，“术”指的是方法和途径。艺术可以被理解为在特定道德理念下，通过人为的发现和改变，将人类社会和自然界中最美好的事物生动地再现出来的方式、方法或技巧。然而，这种方式、方法或技巧只有得到大多数人按照当时审美观念的认同，才能被视为艺术。若得不到认同，则不能被称为艺术。艺术是随着时代的发展而变化的，是特定时代的产物。因此，从某种程度上说，艺术可以被看作一种多样而无法统一的概念。在当今世界，虽然人们对艺术有各种各样的看法和论断，但几乎都无法给艺术下一个完整且一致的定义。

第三，发现美、展示美是人类的天性，人在童年时期就逐渐具备了欣赏美的能力。人们通过打扮来创造美，通过布置空间来创造美，通过言谈举止来展示美，通过养成道德来培养美，等等。以上这些都是人类内心善待生活、热爱生活的美好愿望。可以说，每个人都在创造艺术、追求艺术。对艺术的渴望是人类不断进步的重要表现，于是就不可避免地出现了各层次、各类别的艺术群体。艺术可以是大，也可以是小，无论是衣食住行小细节，还是园林建筑等大规模的工程，艺术涵盖了我们生活的方方面面。以影视剧为例，我们欣赏的不仅是剧情，更是一种艺术；演员的表演也是一门艺术；而书法、绘画、摄影、雕塑也是艺术的表现；时装设计和表演亦是艺术的表现；音乐、歌唱、舞蹈同样属于艺术；装潢、装饰也是艺术；文学作品如诗歌和散文同样是艺术的表达方式；文身、美容和美体也是艺术；甚至一道美味佳肴和一碗美味的汤都是艺术——艺术几乎无处不在。艺术凝聚了人们的智慧和辛勤努力，展现了人类对美好事物的向往。

体验和感受艺术的无穷魅力，会给我们带来无与伦比的精神愉悦。因此，理解艺术美的真谛，创造美，培养艺术素养和提升艺术品位，至关重要。那么，我们应该如何培养自己的艺术素养呢？简单地说，一切知识都有助于艺术教育和艺术欣赏能力的发展。由于知识和理解往往是相互联系的，它们从来不是孤立的个体，因此，学习不同类型和层次的知识有助于我们艺术能力的发展，这对艺术家尤为重要。作为艺术家，我们需要不断丰富自己的知识，只有当我们的知识达到一定水平，我们才能更深刻地理解艺术的真正价值，才能创作出更好、更成熟的艺术作品。举个例子来说，意大利文艺复兴时期的莱昂纳多·达·芬奇就是这样一个多才多艺的艺术大师，他不仅是一位杰出的画家，以其作品《蒙娜丽莎》《最后的晚餐》等闻名于世，还是一位学识渊博的科学家，他的研究涉及解剖学、工程学等多个领域。他对于光线、透视等科学原理的研究，不仅让他的绘画技巧有了突破，也对整个艺术史产生了深远的影响。此外，达·芬奇还是一位深思熟虑的文艺理论家和大哲学家，他对艺术的思考和对人类存在的深刻洞察力使他的创作具有更为丰富的内涵。他的诗歌创作、音乐创作，以及对自然界的观察与思考，都为他的艺术作品注入了独特的灵感与创造力。正是因为对多种层面知识的掌握，达·芬奇才成为整个欧洲文艺复兴时期最杰出的代表人物之一。他不仅是一个画家，更是一个拥有广博知识和独特见解的全面艺术家。因此，作为艺术工作者，我们应该不断丰富自身的学识，从不同领域汲取灵感和智慧，从而创作出更具艺术价值和前瞻性的作品。

2. 对“介入”的界定

介入主义是西方创新艺术的传统和信念，介入的核心是艺术与社会的关系问题。从宗教艺术的世俗化到宫廷艺术再到现代艺术，是一个从集体艺术向个人艺术过渡的过程。在这个过程中，艺术逐渐脱离了受众，艺术的功能也从宗教性向世俗性，个人性向集体性、社会性演变。19 世纪中叶，德国音乐家理查德·瓦格纳在《未来的艺术品》一书中指出，他那个时代的艺术家大多是自我主义者，脱离了大众的生活，只为满足富人的奢望而创作。他寻求的未来是，艺术必须从“利己主义走向共产主义”。要实现这一目标，所有的艺术家都必须从两个方面摒弃社会隔离。首先，他们必须克服艺术形式之间的差异，打破媒体之间的壁垒。艺术家必须建立合作关系，将不同媒体的可能性结合起来。其次，这些合作艺术家必须接受非常大胆和主观的主题或立场。他们的才华应该用来表达人民的艺术欲望。要成为一名真正的艺术家，就必须将人视为一个整体。瓦格纳认为人民是公共生活的中心，因此呼吁艺术家与生活融为一体。正是在这种背景下，前卫运动在欧洲兴起，它反对将艺术与生活实践相分离，呼吁艺术与实践统一。

20 世纪初出现了激进的先锋派。意大利的未来派和苏黎世的达达主义者试图摧毁艺术中的个性、作者署名和作者地位。他们故意在公共场所行动或攻击，目的是引起公愤，打破公众被动、默许的态度。未来主义者的主要策略是重建政治与艺术之间的联系，因此他们的重点是在公共场所激起公愤，唤醒潜在的力量，创造集体体验而非个人艺术作品。他们聚集在苏黎世的伏尔泰酒馆，挑动公众，制造混乱。艺术家雨果·鲍尔穿着怪异的衣服，戴着巫师帽，像一个被仪式魔法催眠的孩子一样朗读无厘头的诗歌，他的行为感染并震撼了公众。1921 年，巴黎达达主义艺术家举办“达达之季”，发表了一系列宣言，声称要调动起城市的公众，并组织 100 多名公众冒雨前往圣朱利安教堂。

20 世纪二三十年代的苏联将艺术融入调动群众热情、纪念历史的大型活动，如纪念十月革命的《攻打冬宫》演出就有 8000 名表演者参与，个人主义被消解在了集体性的壮观表演中。到了 60 年代，艺术家的集体活动及偶发艺术、行为艺术、类似事件又在世界范围内复苏，如激浪运动、情景主义国际等。它们都有双重目的：突出不同艺术家的合作和不同艺术媒介的综合。激进派认为艺术与生活没有区别，普通的、常规的、日常行为都应被视为艺术活动，并坚持观众的参与。情景主义国际在其发展的每个阶段都试图将艺术与政治结合起来，寻求通过政治介入实现其批判策略。

20 世纪 60 年代还兴起过体制批判运动，到 80 年代这一运动再次发展起来。而在最近一些年里，这一运动又强劲地被重新定位，并涉足很多问题，如全球化、生态保护等。例如安德里亚·弗拉泽对博物馆的反思，她认为“体制批判”是一种实践，超越了具体的作品，它涉及的不是关于艺术的艺术，而是发生在现场的一种反思性批判关系。事实上，在当代西方艺术中，与艺术使用新技术的互动形式和装置相比，这些介入更多涉及社会层面。引入这种社会艺术形式的目的是通过参与和干预来批评、反思或模拟各种问题与现象，从而使艺术更贴近日常生活。

3. 对艺术介入乡村建设的理解

在当代社会背景下，艺术的实践逐渐从城市走向乡村，呈现出向大众开放的趋势。艺术介入乡村建设不仅可以丰富乡村的文化生活，提升乡村的美学价值，还可以促进乡村社会的交流和凝聚，激发乡村居民的创造力和参与意识。艺术与生活之间的距离在缩小，艺术介入乡村建设成为一种新的艺术实践方式。本书旨在探讨艺术家如何通过艺术手段介入乡村建设，以及这种介入对乡村发展的影响和意义。艺术介入乡村建设可以理解为艺术家利用艺术的手段，以乡村文化或地域特色为切入点，通过举办艺术展览和艺术节、建设与规划艺术公共空间等方式，对乡村建设进行辅助式的干预。这种干预旨在拯救乡村文化、提升乡村整体风貌、引导地区艺术产业发展，从而促进乡村的可持续发展。

艺术介入乡村建设的实践不仅关乎艺术本体和审美，更重要的是以艺术为载体，重建人与人、人与自然、人与神的关系，修复乡村的礼俗秩序和伦理精神。通过激发不同文化实践主体的参与感、积极性和创造力，艺术介入有助于在乡愁中追寻传统文明，续接人们内心深处的敬畏与温暖，探索城乡建设和社区营造的新路径。当下，艺术介入乡村建设的模式多种多样。一些艺术家以废旧的工业区或乡村为创作场域，运用艺术创作理念和技巧对其进行装饰与修整，力图用改变景观的方式化腐朽为神奇。另一些艺术家意识到当地村民的重要性，在创作过程中不断征求当地村民的意见，或者让当地村民参与到艺术创作中，实现对话式的艺术建设。还有一些艺术家借助学院的力量，将乡村作为艺术创作的实验基地，让更多学生参与其中，既达到艺术教学的目的，又为乡村注入年轻的活力。从最初西方应用人类学家的尝试到我国早期知识分子的乡村建设探索，再到国内外艺术家的广泛介入，我们可以看到，尽管艺术介入乡村建设的方式各异，但目的都是为了改善乡村。与之前的政策性参与相比，艺术的介入方式更为柔和，既没有宏大主题的宣泄，也没有社会情绪的挑逗，而是以一种春风化雨般的姿态，为改变乡村提供一种新的可能。

4. 艺术介入乡村建设的理论基础

艺术介入乡村建设的理论基础涵盖了公共艺术、社区艺术、可持续发展、文化振兴和人本主义心理学等多个领域，为艺术家和社区工作者提供了理论支持和实践指导，促进了乡村的文化发展和社会进步。

（1）公共艺术理论。公共艺术理论是艺术介入乡村建设重要的理论基础，在乡村背景下的应用及与乡村振兴的关联等方面，公共艺术理论为艺术介入乡村建设提供了方法论的指导。公共艺术是一种将艺术作品置于公共空间的艺术实践，其目的在于服务公众、促进社会交流和文化共享。公共艺术的特点包括公共性、参与性、互动性和社会性，其中：公共性体现在艺术作品的公共空间展示性和公众可访问性；参与性强调公众在艺术创作和欣赏过程中的积极参与；互动性指艺术作品与公众之间的互动交流；社会性则体现在艺术作品对社会议题的反映和社会关系的构建。在乡村背景下，公共艺术理论支持艺术介入乡村建设，认为艺术可以成为乡村发展的重要工具。公共艺术作品可以作为乡村公共空间的标志性元素，增强乡村居民的文化认同和地方特色。公共艺术介入乡村建设的实践形式丰富多样，包括乡村环境艺术、社区艺术项目、艺术节活动、公共雕塑等。这些艺术实践不仅可以美化乡村环境，还可以作为乡村文化传播的媒介，促进乡村文化的保护和传承。通过艺术家与乡村居民的合作，公共艺术项目可以反映乡村社区的文化特色和乡村居民的生活故事，增强乡村社区的文化自信。公共艺术介入乡村建设还与乡村振兴战略密切相关。乡村振兴不仅需要经济发展和生态保护，还需要文化繁荣和社会和谐。公共艺术作为一种文化实践，可以促进乡村文化的繁荣，提升乡村居民的文化素养和生活品质。同时，公共艺术项目往往具有较强的社区参与性，可以增强乡村社区的凝聚力和活力，促进乡村社会的和谐发展。总之，公共艺术理论为艺术介入乡村建设提供了理论支持和实践指导。公共艺术可以通过在乡村公共空间创作和展示艺术作品增强乡村的文化氛围和美学价值，促进社会交流和文化共享，为乡村振兴和可持续发展作出贡献。

（2）社区艺术理论。社区艺术理论是理解艺术介入乡村建设实践的重要理论基础，它强调艺术活动应与社区的日常生活紧密结合，重视社区居民的参与和体验。社区艺术是一种将艺术创作和展示置于社区背景下的艺术实践，它旨在促进社区成员之间的互动和交流，提升社区的文化氛围和生活质量。在乡村背景下，社区艺术理论支持艺术家与乡村社区合作，共同探索和表达乡村文化，增强社区的凝聚力和乡村居民的文化认同。社区艺术介入乡村建设的实践还能够促进乡村治理的创新。通过艺术家与乡村居民的合作，可以探索更加有效的乡村治理模式，提升乡村治理的民主性和包容性。此外，社区艺术介入乡村建设还与乡村振兴战略密切相关。乡村振兴不仅需要经济发展和生态保护，还需要文化繁荣和社会和谐。社区艺术作为一种文化实践，可以促进乡村文化的繁荣，提升乡村居民的文化素养和生活品质。同时，社区艺术项目往往具有较强的社区参与性，可以增强乡村社区的凝聚力和活力，促进乡村社会的和谐发展。总之，社区艺术理论为艺术介入乡村建设提供了理论支持和实践指导。

（3）可持续发展理论。可持续发展是当前世界的主题之一，它强调经济发展、社会进步和环境保护之间的平衡。艺术介入乡村建设的实践不仅是将艺术作品带入乡村空间，更是一种深入乡村生活、与乡村居民共同创作和体验的过程。艺术家通过与乡村社区的互动，了解乡村的文化背景、社会需求和环境特征，从而创作出富有地方特色和社会意义的艺术作品。从经济角度来看，艺术介入乡村建设可以带动乡村经济的多元化发展。艺术项目如乡村艺术节、手工艺品制作、文化旅游等，不仅可以创造就业机会，增加乡村居民收入，还可以激活乡村经济，吸引外部投资。艺术介入乡村建设还可以帮助乡村开发特色文化产业，如将传统手工艺与现代设计相结合，开发具有地方特色的文化产品，从而提升乡村的经济价值和市场竞争力。从社会角度来看，艺术介入乡村建设对于促进社会和谐与文化认同具有重要作用，可以通过艺术活动的组织与参与，促进不同群体之间的交流与理解。从环境角度来看，艺术介入乡村建设可以促进环境保护和生态文明建设。艺术家可以通过创作与自然环境紧密结合的艺术作品，如地景艺术、环境装置等，提升公众的环境意识，倡导人与自然和谐共生的理念。同时，艺术介入乡村建设还可以支持乡村生态旅游的发展，通过展示乡村的自然风光和生态文化吸引游客，从而促进环境保护和经济发展相结合。

（4）文化振兴理论。文化振兴理论是当代社会发展的重要理论之一，它强调保护和发展地方文化的重要性，认为文化是社会发展的灵魂和动力。在这一理论框架下，艺术介入乡村建设被视为是促进乡村文化振兴的重要方式，它可以作为一种手段，挖掘和展示乡村的文化特色和传统艺术，促进乡村文化的传承和创新。艺术家的乡村建设实践不仅丰富了乡村的文化生活，还增强了乡村居民的文化自信。从文化振兴的角度来看，艺术介入乡村建设可以带动乡村文化的保护和发展，不仅可以保护乡村的文化遗产，还可以挖掘乡村文化的新价值，促进乡村文化的创新和发展。艺术介入乡村建设应被视为一种综合性的文化发展策略，目的是实现乡村文化的振兴和可持续发展，推动乡村走向文化繁荣的未来。

（5）人本主义心理学。人本主义心理学作为心理学的一个重要流派，强调个体的自我实现、个体的创造力，以及个体的主观体验和自主性。在人本主义心理学视角下，艺术介入乡村建设不仅是一种文化活动，更是促进个体心理发展和增强社区凝聚力的重要途径。首先，人本主义心理学认为每个个体都有实现自我潜能的渴望和能力，而艺术介入乡村建设提供了一个平台，让乡村居民能够通过艺术创作和参与表达自己的情感、想法和经历，实现自我表达和自我探索。这种自我表达的过程有助于个体认识自己、理解自己，从而增强自信心和自我价值感。其次，艺术介入乡村建设的过程强调个体的参与和个体创造力的发挥，这与人本主义心理学强调个体的自主性和创造性高度契合。通过参与艺术活动，乡村居民可以发现自己的潜能，培养解决问题和创新的能力，这对于乡村居民的成长和发展具有积极意义。人本主义心理学还强调人际关系的重要性，认为良好的人际关系是个体心理健康的重要基础。这种良好的人际关系和社区支持网络对于乡村居民的心理健康与社会适应具有积极作用。最后，人本主义心理学认为个体的成长和发展是一个持续的过程。艺术介入乡村建设不仅关注乡村居民的即时体验和需求，还致力于促进他们的长期发展。通过持续的艺术教育和文化活动，乡村居民可以不断学习和成长，提升自己的文化素养和生活品质，实现持续的自我发展。综上所述，从人本主义心理学的角度来看，艺术介入乡村建设不仅是一种文化活动，更是个体心理和社会发展的过程。它通过激发乡村居民的创造力和参与意识，增强他们的自信和自我价值感，促进个体的自我实现和社区的和谐发展，为乡村振兴和可持续发展提供了重要的心理与文化支持。

（二）艺术介入乡村建设的实践模式

艺术介入乡村建设的实践模式丰富多样，如艺术节、艺术展览、公共艺术项目等。艺术介入乡村建设能够有效地促进乡村文化的复兴和传播。左靖通过在安徽碧山村的实践，展示了如何将乡村文化资源转化为艺术展览的内容，促进了乡村与城市的文化互动。渠岩在“青田计划”中，通过艺术项目重构当地礼俗秩序，激活了乡村文化的内在活力。刘姝曼通过“青田范式”的案例分析，探讨了艺术介入乡村建设的实践过程和多主体互动行为，认为艺术介入乡村建设是追寻乡村终极意义和精神状态的过程。漆峥在《艺术振兴乡村途径研究》一书中，将多元的艺术创作形式融入乡村发展，体现出了助力乡村振兴的研究目标。

艺术介入乡村建设主要有以下几种模式。

1. 文化创意产业赋能模式

文化创意产业赋能模式是指通过引入创意设计、手工艺、数字文化等产业元素，对乡村文化资源进行挖掘与利用，开发具有地方特色的文化产品，提升乡村文化产品的附加值。这一模式通过市场化运作，将乡村文化资源转化为经济资源，促进了乡村经济的发展。例如，通过设计乡村民宿、开发特色手工艺品、举办乡村文化节等方式，吸引游客体验乡村文化，带动乡村旅游产业的发展。

2. 公共艺术介入模式

公共艺术介入模式是指利用公共艺术的形式，对乡村公共空间进行改造与提升，营造独特的乡村文化氛围。这一模式通过墙面绘画、雕塑装置、景观设计等艺术形式，将乡村文化元素融入乡村空间环境，以提升乡村的整体美感和文化品质。同时，公共艺术还能够激发村民的参与热情，增强乡村社会的凝聚力。

3. 乡村民宿改造模式

乡村民宿改造模式是指结合乡村旅游发展，对乡村民宿进行艺术化改造与提升，通过改善民宿的硬件设施、提升服务质量、营造文化氛围等方式，为游客提供高品质的乡村住宿体验。这种模式不仅提高了游客的满意度，还带动了周边产业的发展，形成了乡村旅游的良性循环。乡村民宿改造模式注重在保留乡村自然风貌的基础上融入现代设计理念和艺术元素，使乡村民宿成为展示乡村文化的新窗口。(图 2-1)

4. 艺术家驻村模式

艺术家驻村模式是指艺术家深入乡村生活，与当地村民共同开展艺术创作和乡村建设实践。这一模式强调艺术家的主体性和创造性，从艺术家的视角、以艺术家的手法，重新解读和表达乡村文化，激发乡村的活力。艺术家驻村模式有助于打破城乡隔阂，促进城乡文化的交流与融合。同时，艺术家的介入也能够为乡村带来新鲜的艺术气息和创新思维，推动乡村文化的创新发展。

图 2-1　江苏苏州昆山锦溪镇计家墩乡村生活共创集群入口（作者自摄）

（三）艺术介入乡村建设的成效

我国乡村众多，不同区域乡村发展水平差异很大，模式各异，有成功的经验，也有失败的教训，目前对艺术介入乡村建设的成效主要集中在以下几方面。

1. 促进了乡村文化的传承与创新

艺术介入乡村建设通过挖掘和传承乡村传统文化，引入现代艺术元素，推动了乡村文化的传承与创新。在艺术介入乡村建设的实践中，乡村文化得到了重新的诠释与表达，形成了具有地方特色的文化景观，不仅增强了村民的文化自信，也为乡村文化的对外传播与交流提供了新的平台。

2. 提升了乡村的环境品质

艺术介入乡村建设通过改造乡村公共空间、乡村民宿等，提升了乡村的环境品质。艺术化的设计使得乡村空间更加美观、舒适，为村民和游客提供了更好的生活与休闲环境。同时，环境品质的提升也增强了乡村的吸引力，促进了乡村旅游的发展。

3. 增强了乡村社会的凝聚力

艺术介入乡村建设不仅是对乡村物质环境的改造，更是对乡村社会关系的重塑。通过艺术介入乡村建设的实践，村民之间、村民与外来者之间的交流与互动增多，乡村社会的凝聚力得到了增强。同时，艺术介入乡村建设还促进了乡村文化的对外传播与交流，提升了乡村的知名度和影响力。

（四）艺术介入乡村建设面临的挑战

艺术介入乡村建设面临的挑战主要体现在以下几方面。

1. 文化同质化与商业化的风险

在艺术介入乡村建设的过程中，如何避免文化同质化与过度商业化是一个重要挑战。过度的商业开发可能导致乡村文化的失真和丧失，影响乡村文化的可持续发展。因此，在艺术介入乡村建设的实践中必须注重文化原真性的保护和传承，平衡经济效益与文化传承的关系。

2. 村民参与度不足的问题

在艺术介入乡村建设的实践中，村民的参与是一个关键因素。然而，村民由于文化素养、艺术修养有限，往往难以充分参与艺术乡建的实践。因此，需要加强村民的艺术教育和培训，提升村民的艺术素养和参与积极性，使村民成为艺术介入乡村建设的主体力量。

3. 艺术家与村民的沟通与合作难题

艺术介入乡村建设在实践中存在着主体性、可持续性及文化真实性等问题。艺术家和乡村居民之间的文化差异、利益冲突，以及其对乡村原有文化的误解，可能影响艺术介入乡村建设的效果和可持续性。在艺术介入乡村建设的实践中，艺术家和村民之间的沟通与合作是一个重要环节。然而，双方由于文化背景、思维方式存在差异，往往沟通不畅、合作困难。因此，需要建立有效的沟通机制，加强双方的交流与合作，促进艺术介入乡村建设的顺利实施。

二、艺术介入乡村建设的基本逻辑

周彦华在《艺术的介入：介入性艺术的审美意义生成机制》一书中认为，艺术的价值不在于康德式的“无功利审美”，而在于是否具有一定的社会效力。这就意味着，艺术由审美的艺术变成伦理的艺术。在这个意义上，介入性艺术是用艺术介入现实生活。从艺术本体语言的建构而言，介入性艺术揭示了新型的艺术语义范式。从其语义范式结构内部来看，艺术家、作品、观众与现场的关系不再是主、客二分的关系，而是一种多元互动的可逆的关系。他（它）们在这个结构中是相互作用、相互关联且地位平等的。

1993 年，泰国艺术家利克利特·提拉瓦尼加在纽约 303 画廊举办了一场名为“无题”的展览，它颠覆了传统的艺术品展览和观看方式，艺术家不再是作品的创作者，而是作品的组织者和协调者，观众的参与则成为作品的一部分。在达达表演艺术中，安东尼·布列东呼吁观众要找到艺术与他们生活的连续性，他认为让艺术上街“将会培植这种艺术与生活的连续性”。他所说的“艺术与生活的连续性”是指将艺术与日常生活融为一体，使艺术成为人们生活的一部分，而不是只有在特定的场所或特定的时间才能体验到的。布列东提出了“让艺术上街”的概念，强调艺术活动应该走出传统的艺术场所，融入人们的工作、社区和日常生活。“上街”后的艺术不再是一种独立的、与日常生活无关的存在，而是与人们生活密切相关的一部分。这种融入与连续性的艺术实践可以发生在各种形式中，如城市公共艺术项目、街头艺术表演、艺术家在社区开展的艺术活动等。这些形式的艺术可以让普通观众在日常的生活环境中接触到艺术，并与之产生互动和共鸣。“让艺术上街”的做法有助于缩小艺术与观众之间的距离，打破传统的艺术场所所带来的“门槛”和“疏离感”。观众可以更加自由地与艺术互动，创造属于自己的艺术体验。同时，将艺术融入日常生活，也有助于唤起观众对自身生活的认同感和情感共鸣，使艺术成为塑造社区文化和身份认同的重要元素。（图 2-2）与未来主义表演不同的是，达达的表演没有明确的政治倾向，也不像构成主义那样宣传任何意识形态，相反，它强调的是参与者的个人体验。达达的这种个体性是通过从个体参与到集体参与体现的。布列东提出的“让艺术上街”理念强调了艺术与生活的连续性和融合性。这种实践方式有助于丰富观众的艺术体验，促进观众对艺术的参与和认同，同时也为城市与社区提供了更加丰富多样的文化氛围和生活方式。

图 2-2 江苏南京江宁横溪街道山景村 2021 年度
美丽庭院建设村民参与情况公示榜（作者自摄）

（一）艺术介入乡村建设的目标

在当下的中国，乡村振兴和乡村建设按照“产业兴旺、生态宜居、乡风文明、治理有效、生活富裕”的总要求实施，离不开艺术的介入。特别是地（自然资源）、景（景观资源）、人（人力资源）、文（文化资源）、产（产业资源）等方面的有机融合，其中的每一个环节都离不开艺术的介入。艺术介入乡村建设有以下两个主要目标。

1. 用艺术审美定位乡村建设

新时期乡村建设有着深刻的时代烙印，是“两个一百年”奋斗目标的重要内容。（图 2-3）农村城市化、乡风文明化、村民富裕化是乡村建设的奋斗目标，也是广大农村期待的壮美画卷，这是一项无比艰巨、自豪而又必须完成的伟大任务。实践证明，艺术以直观的符号直接与人的心灵对话，特定的情感介入比其他学科更能激发社会的灵感，艺术家的作品也更容易得到社会的认可。用艺术审美定位乡村建设，如同给乡村建设插上了腾飞的翅膀，释放出艺术美学促进经济社会发展的巨大潜能和无穷魅力。

图 2-3　江苏宿迁宿城埠子镇艺美肖桥村乡村建设风貌（作者自摄）

2. 用艺术张力拓展乡村发展的空间

新时代美丽乡村的蓝图勾勒和建设是中华民族的千年宏愿与伟大梦想，是人类历史上难以想象的壮举。中国地大物博，人口众多，目前生活在农村的人口还有 6 亿多，这 6 亿多人要过上理想的生活，绝非易事。这就要求乡村发展必须既保留传统农业的兴旺，又加快现代工业的反哺与渗透；既要开发农家乐、观光与旅游农业，又要培育城市精神文明的经验之果；既要发展农村现代交通与群居基础保障工程，又要结合现代农村特点开辟新兴增长点。时代课题既给了我们重任与担当，又给了我们激情与动力，更给了我们兴奋与荣光。艺术张力具有无限的想象空间，它能打破传统、陈规与阻隔，产生全新的聚合力与突破力，在乡村发展的新起点、新使命上产生无可替代的叠加驱动力。

在实践中，艺术介入乡村建设可依据“以尊重自然美、传统美为基本结构，现代美、个性美适度有机结合，最终呈现综合美、诗意美”的建设方针，因村而异，适合“一村一案”。科学研究和全面规划先行，对当地的自然景观、乡村聚落、地域文化、民俗风情等进行适当的定性研究和定量分析，将艺术作为乡村建设的一种新的实践方式，科学合理地通过保护修复、传承活化、恢复重建等方式分类、分层、分期推进。通过遗产保护与修复、传承与活化、整治与重建的分类、分层、分期建设，先行先试，以点带面，以线带面，实现人与自然、艺术与生活、城市与乡村的和谐统一。(图 2-4)

图 2-4　江苏南京浦口永宁青山渔村方案（作者自绘）

（二）艺术介入乡村建设的内涵

乡村在中国社会历史上一直扮演着重要的角色。中国传统社会以农业为主导，乡村是社会经济和文化生活的中心。乡村是传统文化的孵化地和传承者，许多文化元素和传统习俗都源于乡村。梁漱溟的观点强调了乡村对中国社会的重要性，并指出了乡村文化对中国社会的影响力和价值。这一观点提醒我们，应该重视乡村社区的发展和文化传承，通过乡村建设和乡村文化的保护，促进乡村社会的繁荣和发展。同时，还要重视和发掘乡村文化的潜力，通过艺术的介入和乡村文化的再现，为乡村社区带来新的活力。从梁漱溟以礼乐构建新社会组织的思想，到晏阳初开展乡村艺术教育的实践，一大批志士仁人对中国乡村建设做出了艰辛的探索。如晏阳初提出了平民教育与乡村建设理论。晏阳初等经过调查研究和定县实验，找到了适合中国农村特色的治理方略，认为：人民是国家的根本，要建国，先要建民；要强国，先要强民；要富国，先要富民。这就是以教育为工具，推动经济、政治、卫生、文化全面发展的乡村建设理论。

1. 艺术介入可以塑造乡村文化伦理

艺术对于乡村文化伦理具有塑造功能，在长期的发展过程中，中国乡村社会形成了一套维护自身稳定运行的伦理秩序。但是进入现代社会之后，众多外来新鲜的文化理念涌入中国乡村，旧的文化秩序被冲击得走向衰退，而集体认同的新文化秩序短时间内又难以有效形成，由此造成了文化上的撕裂与秩序上的混乱。乡村文化伦理的重构成为维护乡村稳定发展的重要选择。（图 2-5）乡村共同体伦理重构语境是指在乡村社区进行伦理观念的重塑和转变。在传统乡村社区中，伦理观念主要由传统的价值观、道德准则和社会习俗构成，但是随着现代化进程的加速和社会的变迁，乡村伦理面临着挑战和变革。在乡村共同体伦理重构语境下，人们认识到了传统伦理观念的重要性和价值，但同时也面临着传统与现代的冲突和碰撞。因此，乡村社区需要对传统伦理观念重新进行审视，找到适应现代社会的新的价值取向和行为准则。伦理重构的过程是一个注重反思和对话的过程，需要乡村居民群体共同参与和协商。艺术作为一种媒介和表达形式，可以在这个过程中发挥重要作用。如可以帮助乡村居民群体重新认识和珍视自己文化传统中的伦理观念，并通过艺术作品的呈现和交流，对传统的伦理观念进行讨论和思考，等等。

图 2-5　江苏南京江宁湖熟街道钱家渡村村史馆（作者自摄）

在乡村共同体伦理重构语境下，艺术可以通过各种形式的表达激活乡村的礼俗秩序，在艺术与秩序之间建立起文化关联。通过艺术的介入，人们可以从艺术作品的符号、形式及意象中重新发现和理解自己文化传统中的伦理观念，进而对这些观念形成认同并进行传承。乡村共同体伦理重构语境下的艺术介入，是为了唤醒和重塑乡村文化伦理意识，帮助乡村居民群体重新认识、发掘和珍视自己的文化传统。艺术通过表达和交流的方式，促进乡村伦理观念的重塑和转变，进而推动乡村共同体的发展和凝聚力的提升。总体来说，艺术介入乡村建设，对于乡村居民群体而言有着双重含义。

一是通过艺术的表现形式，让乡村居民群体重新认识到乡村传统文化的宝贵，这里的艺术可称为“发现的艺术”。

艺术作为一种符号语言，可以通过绘画、雕塑、建筑等形式来呈现乡村的文化传统和价值观念。艺术家可以运用这些艺术形式来表达和激活乡村的礼俗秩序，通过视觉、听觉等感官的刺激，唤醒乡村居民群体对于自己文化传统的认知和理解。通过发现的艺术，乡村居民群体可以以更加鲜明和直观的方式感受到自己文化传统的内涵和重要性。艺术作品可以通过展览、演出等形式展示乡村的历史故事、神话传说、传统习俗等，让乡村居民群体重新认识和珍视自己所处的文化环境。此外，艺术还可以帮助乡村居民群体理解与传承乡村的伦理观念和道德准则。可以通过艺术形式的表达和演绎，向乡村居民群体传递道德故事、伦理原则等，引导乡村居民群体形成正确的价值判断和行为规范，促进乡村文化伦理意识的形成和传承。通过艺术的视觉、声音和表演等方式，乡村居民群体可以深入了解和体验自己的传统价值观、习俗和礼仪。

艺术作为一种媒介，可以帮助乡村居民群体重新思考和体验自己的身份认同，增强对自身文化的自豪感和认同感。艺术作为表现和传承文化的工具，可以为乡村居民群体提供自我反省和自我认知的平台，促进他们与自身文化传统的连接。发现的艺术还可以促进乡村居民群体对自然环境与自然资源的重视和保护。通过艺术的表现形式，乡村居民可以更加直观地感受到自然的美妙和宝贵，从而激发对环境和生态的关注。这有助于增强人们对乡村环境的保护意识，推动可持续发展的理念在乡村落地生根。艺术介入乡村建设最常用的艺术手段是乡村绘画。艺术家可以运用绘画来呈现乡村的文化传统和价值观念，如绘制乡村风景、古建筑、传统习俗等，以唤起乡村居民群体对自己所处文化环境的认知和理解，激发乡村居民群体对乡村文化的珍视与传承。另一个常用艺术形式是乡村音乐。音乐作为一种媒介，可以通过旋律、节奏和歌词来表达乡村文化的价值观念与情感体验。艺术家可以创作和演唱具有乡村特色的歌曲，歌颂乡村的美丽风景、传统生活方式等。通过音乐的表达，乡村居民群体可以重新认识和珍视自己所处的文化传统，增强对乡村文化的自豪感和认同感。（图 2-6）此外，舞蹈、戏剧等艺术形式也可以在乡村建设中发挥重要作用。通过舞蹈的动作和编排，艺术家可以通过展现乡村的传统节日庆典、传统习俗等，让乡村群体在舞蹈表演中体验乡村文化的独特魅力。而戏剧则可以通过故事情节、角色塑造等，表达乡村的价值观和道德准则，引导乡村居民群体形成正确的价值观念，养成良好的道德行为习惯。

图 2-6　江苏泰州姜堰某村窑场体验馆（作者自摄）

艺术可以通过不同的形式和表现方式，使传统的乡村文化与当代进行对话和融合。艺术家可以通过创意性的表达，在创作中重新诠释乡村文化的内涵和意义，使其与现代社会相联系，并反映当下乡村社区的现实情况。艺术介入乡村建设还能促进乡村文化的传承和创新。通过艺术的表演和展示，可以吸引更多的人参与乡村文化的传承，提升和激发他们对传统知识与技艺的重视程度和学习积极性。同时，艺术的创新性还能为乡村文化注入新的元素和活力，使其更加符合现代社会的需求和审美。艺术介入乡村建设可以为乡村的原生态文化注入现代性的阐述，重新发掘和凸显其独特的价值，摒弃其中的落后和愚昧成分。通过艺术与现代的连接，传统的乡村文化不仅可以焕发出新的活力，还能促进乡村社区的发展。艺术介入乡村建设可以通过创造性的方式改变公众对乡村的认知和态度。艺术作品可以唤起人们对乡村生活与乡村文化的关注和兴趣，让人们重新认识乡村的价值和魅力。这有助于改变乡村的形象，为乡村发展吸引更多资源和关注。

二是艺术介入乡村建设可以将乡村居民群体与民间传统文化连接起来，激发他们对于自己传统文化的自信，凝聚乡村居民群体的情感。这里的艺术可称为“联结的艺术”。如可以通过艺术活动、节庆和表演等形式，促进乡村居民之间的交流和互动，激发其产生共鸣和归属感。艺术可以作为一个纽带，通过共同的艺术体验和创造，将乡村居民群体与乡村的传统文化联系在一起，强化他们的乡土认同感和集体记忆。艺术还可以通过联结乡村与外部资源，促进乡村与城市之间的交流和互动。

2. 艺术介入可以打破城乡二元对立，促进交流与合作

艺术介入乡村建设可以吸引更多的城市居民和外部资源关注乡村事务，将城市的艺术资源带入乡村，或者将乡村的文化呈现给城市观众。这种联结性的艺术实践可以打破城乡二元对立，促进城乡交流与合作，为乡村的发展提供更多的机会和资源。艺术对于乡村建设的重要性在于，它可以通过创造性的表达和审美体验来凝聚人们的情感与精神世界。艺术作品可以激发观众内心深处的情感共鸣，让他们感受到彼此的存在和情感共通点。通过这样的共鸣和联结，乡村居民群体可以建立起新的文化纽带，形成集体意识，为乡村共同体的发展和进步提供坚实的基础。艺术的魅力在于它超越了语言和文化的边界，使人们无须言语就能相互理解和沟通。这种交流可以帮助乡村居民群体与外部世界保持密切的联系，促进城乡之间的交流与合作。通过艺术的联结性实践，乡村居民群体可以与城市艺术家、文化机构、教育机构等合作，共同探索乡村文化的创新与发展。这种跨界合作不仅能够促进乡村艺术的繁荣，还能为乡村的经济发展注入新的活力。

3. 艺术介入可以发掘和重塑乡村文化价值

艺术介入乡村建设可以通过艺术的发现性实践，重新发掘和重塑乡村文化的价值。艺术家可以通过对乡村的观察和思考，将乡村的独特之处和美丽之处呈现给世人。这不仅有助于提升乡村的知名度和吸引力，还可以激发乡村居民对自己乡村文化的认同和自豪感。艺术对于乡村建设的作用是多方面的，它不仅能够凝聚人们的情感和精神世界，形成新的相互连结和集体意识，还能促进城乡交流与合作，重新发掘和重塑乡村文化的价

值，为乡村的稳定运行和可持续发展提供强大的文化支撑。

在艺术介入乡村建设的过程中，艺术主体与客体之间可以通过发现和联结等方式与乡村居民群体建立联系，使乡村社区实现与外部的交流和互动，并逐步构建起维护乡村稳定运行的新的文化伦理。艺术可以提供审美体验、激发情感共鸣，促使人们对乡村予以关注、理解和支持。这种文化伦理的建设可以增强乡村社区的凝聚力和自我发展的动力。艺术的介入不仅可以激发人们对传统文化的认知和珍视，也可以促进乡村群体之间的沟通和互动，为乡村文化的传承和发展注入新的活力。

（三）艺术介入乡村建设的作用

在近百年的乡村建设历程中，艺术一直扮演着重要角色，并与乡村社会形成了多层面的关系。艺术在乡村建设的不同时期扮演着不同的角色，有时以无形的方式影响着乡村社会，有时又以公开的方式介入乡村建设。

首先，作为一种文化表现形式，艺术在促进文化传承和乡村社会发展方面发挥着重要作用。在乡村社会，艺术可以承载丰富的历史和文化信息，帮助人们理解和确定自己的文化身份。艺术作品和表演可以将乡村的历史、传统和价值观念以美学的方式呈现出来，引发人们的情感共鸣，增强社区凝聚力。

其次，艺术可以通过提供文化娱乐和休闲活动，丰富乡村居民的精神生活，改善乡村居民的生活质量。在乡村社区，艺术表演、音乐会、展览等文艺活动不仅可以为乡村居民提供精神享受，也为乡村居民的交流互动提供了机会。艺术活动的开展还可以吸引外界的游客和观众，带动乡村旅游经济的发展和社区的发展。

再次，艺术还可以作为创新和变革的催化剂，促进乡村发展的转型和升级。在乡村振兴的进程中，艺术可以帮助乡村实现从传统农业经济向文化创意、乡村旅游、乡村产业等多元化发展的转变。艺术与科技的融合也可以推动乡村的现代化建设，为乡村发展注入新的动力。

最后，艺术在乡村社会中还具有教育和培训的作用。通过艺术教育和培训项目，乡村居民可以获得艺术素养和创作能力的提升，掌握更多的表达自我和实现自我价值的方式。艺术教育的开展也为乡村青少年提供了更多的发展机会，帮助他们打破传统观念的束缚，培养创新力和创造力。

在近百年的乡村建设中，艺术发挥了多种作用，其特点是地域性、互动性和在地性。它不仅促进了乡村文化的传承和发展，丰富了乡村居民的精神生活，还推动了乡村的转型和乡村的现代化进程，并在教育和培训方面发挥着重要作用。可以说，艺术对乡村社会的发展和乡村居民幸福感的提升有着积极的影响。

（四）乡村主体介入艺术

阿诺德·贝林特在《艺术与介入》一书中提出的审美介入理论，强调欣赏艺术的过程并不仅仅是个人的心理活动，也不是个人独自进行的行为，相反，它是建立在观者与艺术对象之间相互介入的基础之上的，而且观者和艺术对象都积极而包容。贝林特认为，在欣赏艺术的过程中，观者和艺术对象之间形成了一种介入关系：观者通过感知、思考、情感等方式与艺术对象进行互动，艺术对象通过其表现形式和内涵引发观者的共鸣和思考，观者则通过主动的参与和解读赋予艺术对象更深层次的意义。贝林特还指出，审美介入使观者和艺术对象融为一体，形成一个统一的知觉体验。在这种状态下，观者与艺术对象之间不存在明确的界线，而是彼此交织、相互影响。根据贝林特的介入理论，欣赏艺术的过程是观者和艺术对象在审美情境中进行审美互动的重要过程。在此过程中，观众不再是作品的被动接受者，而是作品创作过程的积极参与者，他们通过个人的经验、情感和理解力来理解与感知艺术作品。贝林特的理论突出了艺术鉴赏的动态性和参与性，强调观者在艺术品中的积极作用，以及观者与艺术品共同创造的审美体验。就此而言，艺术介入乡村建设的过程实际上也是乡村主体介入艺术的过程，只有感知者也就是乡村主体进入了作为介入对象的艺术世界，介入艺术才实现了与乡村社会之间的联结，这也是艺术介入乡村建设的基本逻辑机理。

艺术介入乡村建设的过程，确实可以说是乡村主体介入艺术的过程。只有乡村居民作为观者和参与者进入艺术领域，与艺术作品进行互动并产生共鸣，艺术才能真正与乡村社会产生联系和联结。艺术介入乡村建设的基本逻辑机理也确实是通过乡村主体与艺术作品的互动和参与实现的。当乡村居民参与艺术活动、欣赏艺术作品时，他们可以通过感知、思考和情感的交流与艺术作品产生共鸣，进而对艺术作品赋予更深层次的意义，并将其融入乡村的生活和建设。（图 2-7）对乡村建筑进行艺术介入的目的不仅是改善农村环境，更重要的是通过艺术的力量激发乡村居民的创造力、自豪感和归属感，鼓励他们参与农村发展进程，为乡村转型和乡村现代化作出贡献。艺术作品可以通过视觉、听觉和思维感知，传达与乡村生活和环境相关的情感与意义，激发乡村居民的情感共鸣和情感认同。通过观赏、欣赏和参与艺术作品，乡村居民可以感受到艺术的美和力量，增强对乡村环境和乡村文化的认同感，从而产生关注和参与乡村建设的意愿。艺术作品具有创造性和想象力的特点，可以激发乡村居民的创造力和创新思维。艺术作品的独特表达方式和艺术家的创作理念，可以激发乡村居民尝试新的思考方式、探索解决问题的新途径。

图 2-7　江苏南京江宁湖熟街道钱家渡村学习堂（作者自摄）

乡村主体通过艺术的介入，可以在审美互动的过程中获得新的灵感、拓宽视野，激发创新思维和行动力，进而为乡村的建设和发展带来积极的影响。乡村主体的介入不仅是艺术介入乡村建设的基本逻辑机理，也是乡村发展和艺术创作互相促进的重要路径。艺术作品可以成为乡村居民表达自身观点和情感的媒介，参与乡村发展的决策和实践。通过参与艺术创作和展示，乡村居民可以主动参与乡村建设的过程。艺术可以成为乡村居民展示自身文化特色、传承乡土文化、提升精神文化生活质量的重要手段，而乡村主体的参与和介入则为艺术的创作与传播提供了更广阔的舞台和更深厚的土壤。

当乡村居民介入艺术时，可以通过参与艺术活动和参观艺术展览等方式与艺术作品进行互动和交流，可以通过观赏、研究和解读艺术作品，深入了解艺术家的创作理念和表达方式，从而对艺术作品产生情感共鸣和情感认同。乡村居民也可以参与艺术创作的过程，如参加艺术工作坊、艺术创作培训等活动，学习和掌握艺术创作的基本技术和方法。通过自己的创作实践，乡村居民可以用艺术语言表达自己的乡村生活经验、观点和情感，展现乡村的独特魅力和价值。乡村居民介入艺术还可以通过在社区展示艺术作品及与艺术家互动来实现。例如，在公共空间设置艺术品展示区域，让乡村居民可以随时接触和欣赏艺术作品。通过艺术作品与社区环境的融合，乡村居民可以感受到艺术的美和力量，从而更加关注和参与乡村建设与环境保护。还可以通过组织艺术节、文化活动等形式，将艺术与乡村社会的各个方面相结合。例如，可以举办乡村音乐会、戏剧演出、绘画比赛等，让乡村居民参与艺术演出和创作，共同创造和享受艺术的乐趣与独特体验。（图 2-8）乡村主体介入艺术的具体方式丰富多样，包括参与艺术活动、创作艺术作品、展示艺术品及组织艺术节等。这些具体的介入方式都可以激发乡村居民的创造力和参与乡村发展的意愿，进而推动乡村建设。同时，乡村居民的介入也为艺术创作提供了新的材料和灵感源泉，为艺术创作注入了新的动力和活力。

图 2-8　江苏盐城响水某村纸鸢馆（作者自摄）

三、艺术介入乡村建设的意义与优势

（一）艺术介入乡村建设的意义

1. 理论意义

从文化生态学的视角来看，艺术在乡村建设中是一种文化生态系统元素。艺术通过表达乡村的自然美和文化美，促进乡村社区与环境的和谐融合。艺术介入乡村建设有助于丰富乡村的文化生态系统。乡村的文化生态系统是一个复杂的网络，由自然环境、社会结构和文化元素相互交织而成。艺术作品作为文化的表达形式，能够为乡村注入新的文化内涵，使乡村的文化生态系统更加多元化。通过艺术的创作和展示，乡村不仅能够保留传统文化，还能够吸纳新的艺术元素，实现文化的传承和创新。在现代化进程中，一些乡村可能受到自然环境破坏和文化传统流失的影响，艺术作为一种修复手段，可以通过美化环境、恢复传统文化元素，提升乡村的整体形象。艺术景观和装置的设置能够改善乡村的文化环境，使其更具吸引力，有助于吸引人才和资源，推动乡村的发展。

从社会建构主义的视角来看，艺术在乡村建设中不仅是客观存在的物品，更是社会形象和文化观念的建构者。艺术的介入，可以重新定义和建构乡村社会形象，影响人们的认知，推动乡村社会的创新和乡村社会形象的塑造。首先，艺术作为社会建构的手段，能够重新塑造乡村的社会形象。艺术作品不仅是静态的物理存在，更是对乡村社会的一种主观建构。艺术家可以通过艺术表达对乡村社会的独特理解，将乡村呈现为一个充满生机、富有文化底蕴的地方。这种重新塑造的乡村社会形象有助于改变人们对乡村的刻板印象，打破陈旧的认知框框。其次，艺术可以对人们对乡村的认知产生积极影响。社会建构主义认为，人们对事物的看法是在社会文化环境中建构的，而艺术作品作为文化的表达形式，能够通过独特的艺术语言影响观众的观念。通过艺术的介入，人们对乡村的认知定位不再局限于传统的农耕社会，而是更多地关注乡村的人文和自然之美，使乡村在社会心智中变得更为丰富和积极。最后，艺术的介入还有助于推动乡村社会形象的创新。社会建构主义认为，社会是在人们的共同建构中形成的，而艺术作品能够为这一过程提供新的创意和思考。艺术家通过对乡村的观察和思考，可以创作出具有前瞻性、创新性的作品，引领乡村社会形象朝着更富有活力和创造力的方向发展。

从社会心理学的视角来看，艺术在个体与社会之间起到了积极的作用。艺术的审美体验促进了个体积极心态的养成，这有助于激发乡村居民建设社区的热情，提升乡村居民的社会参与度。社会心理学认为，人们的幸福感受环境的影响，而艺术作品往往能创造出具有美感和愉悦感的环境。艺术介入乡村建设通过引入艺术元素，美化乡村环境，使其更具有吸引力和宜居性。此外，美丽的艺术景观往往能引发人们的审美情感。社会心理学研究表明，积极的审美体验可以促进人们的情感健康。在乡村建设中引入艺术元素，不仅可以给乡村居民提供美的享受，还能营造积极、乐观、向上的社区氛围，增强社区的凝聚力。

从可持续发展的视角来看，艺术介入乡村建设是一种综合性的战略。首先，艺术作为文化元素介入乡村建设，有助于实现乡村社区的多元发展，不仅可以丰富乡村的文化内涵，使其更具有吸引力和独特性，还可以在传承和弘扬乡村传统文化的同时创造出新的文化元素，促进乡村文化的多样性，使乡村社区在可持续发展中更具有活力和韧性。其次，艺术通过强调文化传承、环境保护、经济发展等，引导乡村社区朝着更加协调和可持续的方向发展。最后，艺术作为一种文化资本，可以为乡村带来新的经济动力，使乡村社会的经济和环境协调发展。艺术创意产业不仅可以成为乡村的新兴产业，还能够吸引人才和资源，提供更多的就业机会，改善乡村居民的生计状况。

不难看出，以上理论视角共同揭示了艺术介入乡村建设的多重意义，艺术介入乡村建设不仅在具体的美化层面，在文化、社会、心理和可持续发展等多个层面也有积极的影响。

2. 现实意义

在乡村振兴的大潮中，艺术的奇妙力量不仅在于其美学表达，更在于其推动乡村变革的深远影响。艺术作为一种独特的创新手段，正引领乡村建设迈向更为美丽、充实、多元的未来。随着艺术的介入，乡村不再只是土地和房屋的集合，而成为承载文化、传承历史、凝聚社群的艺术之地。艺术介入赋予乡村建设的现实意义如下。

（1）推进乡村振兴战略的实施。艺术介入乡村建设不仅是为了美化乡村，更是为了激发乡村振兴的多方面力量。艺术作为一种创新手段，通过引入新的元素和理念，为乡村振兴提供了新的路径，使乡村成为更有吸引力和活力的社区。艺术项目的引入使得乡村社区不再局限于传统的发展思路，而是积极探索新的产业和业态，实现传统农业向文化创意、休闲旅游等领域的多元转变。

（2）提升乡村社区凝聚力。艺术活动作为乡村居民交流的媒介，其作用不仅是展示乡村居民的艺术创作，还能促进社区凝聚力的形成。艺术活动为乡村居民提供了一个共同参与的平台，乡村居民通过共同参与艺术创作，一起营造属于自己的社区文化氛围，形成紧密的社群关系。这种以艺术为纽带产生的共同的文化体验有利于激发乡村居民之间的情感共鸣，增强他们的集体认同感。

（3）促进乡村旅游业发展。艺术作为乡村旅游业的推动力量，为乡村带来了多重效益。首先，美丽的艺术景观和文化项目不仅为当地居民提供了独特的文化体验，更激发了大量游客的兴趣。艺术作为旅游资源的一部分，丰富了乡村旅游的内涵，使乡村不再是单一的风景名胜，而是充满艺术氛围和文化底蕴的旅游胜地。其次，艺术的介入提升了乡村的知名度。美丽的艺术景观成为乡村的独特标志，通过媒体宣传和社交网络的传播，乡村的美丽形象得以迅速传播。乡村知名度的提升吸引了更多游客的关注和到访，为乡村旅游业的发展创造了有利条件。最后，艺术的介入为乡村创造了新的经济增长点。艺术景观和文化项目不仅为景观所在乡村创造了就业机会，还促进了周边服务业和创意产业的兴起。从手工艺品制作到当地特色美食，乡村旅游业的兴起为当地居民提供了更多的就业机会和创业空间。(图 2-9)

图 2-9　江苏南京高淳某茶园（作者自摄）

（4）改善乡村居住环境。首先，艺术介入乡村建设不仅是为了装点乡村，更是为了改善乡村居民的生活品质。艺术作为改善乡村居住环境的媒介，通过美学和文化的手段使乡村居住环境更具宜居性，不仅提升了乡村居民的生活品质，还提升了乡村居民的居住满意度。其次，艺术的介入促进了社区凝聚力的形成。乡村居民通过参与艺术活动、欣赏艺术作品，建立了对乡村文化的认同感和社区归属感。这种共同的体验和参与感加深了乡村居民之间的联系，增强了社区凝聚力，促进了社区的和谐共生。

艺术的介入，使乡村振兴战略得以深入贯彻。艺术不仅点亮了乡村的颜值，更在乡村的文化内涵上注入了活力。从激发文化创意产业、提升社区凝聚力，到吸引外来游客和改善居住环境，艺术在乡村中展现出多重身姿，不仅为乡村注入了新的经济活力，更让乡村成为文化创意的沃土和令人向往的美丽家园。

艺术介入乡村建设可立足于原有的自然生态环境和乡村地形地貌，在尊重和保护区域生态、科学合理规划的前提下，在布局上以自然式为主、以规则式为辅。宜利用自然山林、农田、果园、水域等，结合生产、生活进行适当的艺术处理；以乡村现有的资源为基础，结合现代生活的需要，为乡村优秀物质文化和非物质文化的传承、活化和不断更新提供空间载体；民居建筑的布局、形式、材料、色彩等应立足于现状和特色，采用本地植物和建筑材料，以借鉴并吸收中华民族古籍文献、传世绘画、传统园林、村落、建筑中的优秀成分为主，合理借鉴利用世界优秀案例，避免生搬硬套。艺术介入乡村建设应加强对古村落、古民居和古建筑的保护与开发利用，注重保留不同地域、民族、宗教的传统建筑与民居特色，将历史、风俗与价值观等融入人居空间，实现历史与文化、传统与现代的有机结合，最终达成“旧”与“新”、“记忆”与“发生”“发展”的交织碰撞，使民众完成多层次、多角度的居住和观赏体验。

（二）艺术介入乡村建设的特性优势

观念艺术家约瑟夫·库苏斯在他的《哲学之后的艺术》一书中，对20世纪60年代之后出现的那些质疑传统媒介边界的艺术实践设定了规则：“要么我们为我们所做的东西要求‘艺术’之名，而以审美为代价，要么我们需要审美，而处于不是‘艺术’的名义之下。”一方面，艺术被认为是对美的追求和表达的一种形式，许多艺术作品都以其独特的审美价值被赋予“艺术”的身份。追求“艺术”的名义，意味着期待作品具有高度的审美和艺术性。这可能需要一些特定的标准和准则，以区分什么是艺术、什么不是艺术。另一方面，审美是一种主观的体验，是个体对美的感知和评价。审美经验可以存在于任何事物中，无论是艺术作品还是日常生活的场景。个体通过审美，可以更深入地体验和欣赏周围的美好。在对待艺术和审美的时候要保持平衡，我们在追求艺术作品的美的同时，也要在日常生活中培养欣赏美的能力。无论是有“艺术”之名的事物还是没有“艺术”标签的事物，我们都可以从审美的角度去体验和感受美的存在。

在乡村建设中，我们应该平衡追求艺术性和审美体验的关系。艺术作为一种特殊力量，确实能够为乡村带来创新和美感，但我们也要意识到审美是一种主观的体验，可以在各种形式和层面上存在。通过平衡艺术性和审美体验的关系，我们可以将艺术与日常生活相结合，为乡村带来更广泛的美感和更丰富的审美体验。乡村建设中的美并不局限于那些被冠以“艺术”之名的作品，美可以存在于自然风景、传统文化、建筑设计等方方面面，因此，我们应该在乡村建设中注重培养人们对美的感知和欣赏能力，让每个人都能在日常生活中体验到美的存在。在当下，乡村建设应该注重多样性和包容性，因为艺术和审美是多元的，能够容纳不同的观点、文化和审美观念。在乡村建设中，我们应该鼓励与支持各种形式的艺术和审美表达，让不同的人能够在乡村中展现自己的风采和独特之处。只有平衡追求艺术性和审美体验，不拘泥于“艺术”标签，注重多样性与包容性，我们才能创造出更丰富多元且更富有美感的乡村社区。艺术以其超越性、包容性和共通性，完全可以作为一种特殊力量在乡村建设中大显身手。它可以超越物质的局限，带来创新和美感；它可以包容不同的文化和观点，促进交流与理解；它还能连接人们的心灵，激发他们对乡村生活的热爱和参与。

1. 艺术的创造性

艺术具有超越物质层面的力量，它可以超越现实世界的局限，创造出独特而非凡的体验和表达方式。艺术作品可以超越语言、文化和地域的限制，通过视觉、听觉和情感上的刺激，直接触及人们的内心。在乡村建设中，艺术可以超越物质的局限，为乡村注入灵感和创造力，激发人们对美的追求和保护。在乡村建设中，艺术的创造性体现在以下几个方面。

（1）创新与想象力。艺术作品常常展现出艺术家的创新思维和想象力。在乡村建设中，艺术的创造性可以带来新颖的设计理念和独特的创作方式，通过艺术作品来改变和提升乡村的形象与环境。例如，可以采用创意的雕塑或装置艺术品来装点乡村公共空间，创造出令人惊叹的景观。同时，艺术家的创新思维也可以为乡村带来新颖的设计理念。艺术家通过观察和思考，发现乡村的独特之处，并以此为灵感创作出令人耳目一新的艺术作品。例如，艺术家可以利用当地的自然资源和传统元素，结合现代艺术的创新技术和材料，创作出具有乡村特色的艺术作品，为乡村带来全新的美感和视觉享受。艺术家的想象力可以催生出独特的创作方式。他们可以将乡村的历史故事、文化传统和自然景观融入艺术作品，通过艺术的表达方式，为人们展现乡村的丰富内涵和独特魅力。例如，艺术家可以使用不同的材料和技巧，创作出丰富想象力、富有创意的艺术作品，让人们对乡村有更深层次的认识和理解。总的来说，创造性在艺术介入乡村建设中有至关重要的作用。艺术家的创新思维和想象力为乡村带来了新颖的设计理念和独特的创作方式，丰富了乡村的文化内涵，提升了整个乡村的美感和价值。这种富有创造性的艺术作品不仅可以吸引游客的注意，还可以增加乡村居民对乡村的认同感和自豪感，为乡村的发展和繁荣做出积极贡献。

（2）精神与情感体验。艺术作品可以触及人们的内心，引起他们的情感共鸣。通过发挥艺术的创造性，乡村社区可以提供独特的情感体验，让乡村居民和游客感受到乡村的美丽与魅力，激发其对乡村的热爱和认同。例如，通过音乐会、舞蹈表演或戏剧演出，乡村社区可以营造艺术的氛围，让人们沉浸其中，感受到身心的愉悦和激动。艺术家可以通过艺术作品的形式、色彩和构图等表达对乡村的热爱和向往，激发人们对乡村的情感认同。艺术家可以通过作品表达对乡村的深情厚谊，让人们感受到乡村的历史、文化和生活方式。例如，一幅描绘乡村风景的油画作品可以让人们感受到乡村的宁静和自然之美，引发其对大自然的敬畏之情。艺术还可以为乡村打造独特的情感场景，营造出令人愉悦的宁静氛围。艺术家可以通过艺术作品的材质、形态和构造等创造与乡村环境契合的艺术空间，让人们在其中沉浸和放松。例如，一个低调而精致的艺术装置可以为人们提供一个与乡村相融合的美丽休憩场所，给人们带来放松和愉悦的体验。这些情感体验不仅能够让乡村居民对自己的家乡有更深层次的情感联系，还会吸引游客来乡村，为乡村的发展和繁荣做出积极贡献。

（3）老有所依，新有所创。艺术的创造性还可以在乡村保护与发展方面发挥重要作用。艺术家通过发挥艺术的创新性和独特性，在乡村融入现代的元素和理念，既能传承乡村的传统文化，又能满足乡村居民对新鲜感和创新性的追求。例如，通过将传统手工艺与现代设计相结合，可以打造出独特且符合现代审美的乡村产品，促进乡村经济的发展。艺术还可以成为传承乡村传统文化的媒介，艺术家可以通过创新的方式，将乡村的传统文化元素融入设计和创作，使其更加生动、有趣。这样既保护了乡村的传统文化，又能够吸引更多的年轻人关注和参与传统文化的传承。例如，在建筑设计中融入传统建筑的风格和元素，在艺术装置中展示乡村的传统技艺，都可以展示和传承乡村的独特文化。（图 2-10）又如，利用现代科技和环保材料创作出的艺术装置，既可以表达乡村的创新精神，又具有环境友好的特点，满足了当代人对于新奇和可持续发展的期待。（图 2-11）总的来说，艺术的创造性可以在乡村保护与发展中发挥重要作用。结合了传统和创新的艺术作品既能满足乡村居民对传统文化的情感需求，又能吸引游客与年轻人的参与和关注，推动乡村的保护与发展。在乡村建设中，它可以为乡村带来创新和惊喜，创造出独特而令人难忘的艺术体验，创造出独特的形象和氛围，提升乡村居民和游客对乡村的认同感与归属感。

图 2-10　江苏苏州吴江黎里善湾村船坞酒店（作者自摄）

图 2-11　北京房山某村民宿（作者自摄）

2. 艺术的包容性

艺术具有包容性，可以容纳不同的观点、文化和审美。艺术家创作的艺术作品呈现出多样性和个体差异性，反映了艺术家文化背景和生活经验的丰富性。在乡村建设中，艺术能够展现乡村的多样性和独特之处，鼓励人们尊重并包容不同的观点和文化，实现共同发展。

首先，可以通过艺术活动引导人们尊重和包容不同的观点和文化。可以通过举办各种类型的艺术活动，如音乐会、舞蹈演出、戏剧表演等，吸引不同文化背景的人们参与其中，增进其对彼此观点与文化的理解和尊重。一方面，艺术作品是艺术家个体经验和感受的表达，因此每个艺术家的作品都具有独特的个性。另一方面，艺术作品还反映了多元文化的交融和互相影响。在当今全球化的背景下，不同文化之间的交流与融合日益频繁和深入。艺术家在创作中会受到各种文化元素的启发和影响，他们可能借鉴其他文化的艺术形式、符号、主题等，创作出充满多元性的作品，展示不同文化之间的相互影响和融合。艺术作品所体现的个体差异性和多元文化的交融，不仅反映了艺术家个体的经验和观点，也反映了艺术的包容性，在乡村建设中引入这样的艺术作品，举办相关的展示活动等，可以使乡村居民更好地认识到世界的多样性，拓宽自己的视野。总的来说，艺术作为传递和表达文化的媒介，在展示包容性方面具有独特的优势。它可以通过呈现不同文化背景和生活经验的艺术作品，促进不同观点与文化的尊重和理解，推动多元文化的融合与发展。在艺术介入乡村建设中，艺术的包容性有助于构建一个开放、包容和多元的乡村社会，让乡村居民从不同的角度去理解和欣赏世界的多样性。

其次，可以通过艺术教育和培训来培养乡村居民的包容性。艺术教育不仅可以培养乡村居民的审美意识和创造力，还可以引导乡村居民尊重与欣赏不同艺术的风格和特点。通过艺术培训，乡村居民可以学习到不同文化背景下的艺术技巧和表达方式，增进对多元文化的理解和认同。

最后，可以通过艺术项目的参与和合作来促进乡村居民的和谐共处。可以通过艺术项目的策划和实施，鼓励社区居民共同参与和合作，合力打造美丽的乡村艺术空间。这些艺术项目可以是公共艺术装置、街头艺术，也可以是社区艺术节等，目的是通过乡村居民的参与和互动，增强社区的凝聚力和乡村居民的归属感。(图 2-12)

总而言之，在乡村建设中增加艺术元素和展现艺术的包容性，可以引导乡村居民尊重和包容不同的观点与文化，培养乡村居民的包容性与和谐共处的意识，营造多元而包容的乡村社区氛围。

图 2-12　江苏南京江宁秣陵街道乡伴苏家文创小镇（作者自摄）

艺术是一种共通的语言，能够跨越界限，连接人们的心灵。无论人们的语言、种族或社会地位如何不同，艺术都能以其独特的方式将人们联系在一起。在乡村建设中，艺术作品可以成为共同的线索和纽带，让不同的人团结起来，共同参与乡村发展的历程。在乡村建设中，艺术作品可以展示乡村的独特风景、文化传统和社区故事，乡村居民参与艺术创作的过程，使人们对乡村有更深入的了解和认同。共同创造和塑造艺术作品，可以增强乡村社区的凝聚力，提升乡村居民的归属感，让人们有更强烈的责任感参与乡村的建设和发展。乡村建设不仅是物质环境的建设，更是社区意识的培养和人文精神的提升。在乡村建设中，应该充分发挥艺术的作用，让艺术作品成为社区居民共同参与和交流的纽带，让美和文化真正深入人心，让人们团结在一起，共同创造美好的乡村未来。(图 2-13)

图 2-13　江苏南京浦口"艺术点亮乡村计划"(作者自摄)

3. 艺术的经验性

"过去也好，现在也好，艺术家还做其他许多工作。只要我们牢牢记住，艺术这个名称用于不同时期和不同地方，所指的事物会大不相同，只要我们心中明白根本没有大写的艺术其物，那么把上述工作统统叫做艺术倒也无妨。"贡布里希用一种近乎偏执的"经验性"描写来呼应"《艺术的故事》中没有艺术这回事，只有艺术家而已"这一语出惊人的开篇。从这个视角出发，《论艺术和艺术家》回应了"艺术与社会现实紧密相连"的观点，即艺术是通过艺术家立足于社会现实的实践来创造和感知的，而艺术家也是通过实践来形成自己的想法并塑造自己的作品的。

贡布里希所谓的没有"艺术"这回事，是将"艺术"放到"艺术家"的实践过程中去定位，"艺术"因此成为一种经验性的物理真实。近来，解读艺术史的逻辑也越来越倾向于将艺术视为特定时期、特定物质和经济条件下人们内心观念的表达。从这个角度理解艺术的发展，一方面是将艺术视为时代经验的表达，另一方面也是将艺术视为艺术家的"经验"。如果我们从这个角度来思考乡村振兴和乡村旅游的发展，就不难理解，这个角度是艺术“经验”的实践范畴，是中国社会发展到一定程度对艺术和艺术家的现实要求，也是艺术深度参与时代发展的可能性所在。艺术的经验性本能决定了艺术家参与乡村实践的文化自觉。自古以来，艺术本身的灵感、创造力和创造性都来自社会现实，艺术是社会现实和社会人心的真正反映。艺术发展的历程，尤其是西方艺术发展到当代阶段，杜尚、谢德庆、阿布拉莫维奇等人的作品早已证明了这一点。

“现场”是“经验”的承载，是艺术创作的源泉。近年来中国如火如荼的乡村建设对诸多学科及专业提出了现实性要求，习近平总书记提出的“把论文写在祖国大地上”逐渐被内化为主流学术群体积极响应的行动自觉。“乡村”成为国家发展的重要“现场”，涵盖了中国社会各个层面的各种社会关系、制度、人文价值和潜在矛盾，是为文艺创作提供文本的复杂力量。对艺术领域而言，这一阶段的农村变革对文艺元素参与的需求空前提高。这既取决于当前中国经济与消费的整体发展水平，也得益于对城乡关系、经济发展模式等问题所作的思考。具体到艺术家个体，“乡村在场”就内化为艺术家自我实践的一种文化自觉。

（三）艺术介入乡村建设的功能优势

艺术的创新性与独特性可以为艺术家提供新的思路和创意，使作品更具个性和艺术性。艺术作品也可以通过设计的手段来实现一定的实用性和功能性。艺术家可以运用设计的原则和方法，将艺术作品转化为具有实际用途的产品或装置。艺术和设计之间的相互渗透和协同关系丰富了艺术创作的领域，拓展了艺术和设计的边界，它们的结合不仅可以提升产品的美感和表现力，还可以赋予艺术作品以实用性和功能性。只要我们深刻理解艺术的本质和设计在当代社会创新中的作用，就不难发现设计和艺术在乡村振兴过程中的重要作用。在乡村振兴的过程中，艺术和设计发挥着能动的激活作用，不仅有助于保护和保存乡村风貌、优化乡村基础设施、美化乡村环境，还能推动乡村产业现代化，促进脱贫攻坚，促进乡村地区文化和生态的健康发展。

1. 社会文化塑造功能

在乡村建设中，艺术的社会文化塑造功能通过文化的深刻表达、社区认同的激发、文化传承的活化和独特的美学呈现等展现得更加深入。

首先，通过深刻的文化表达，艺术作品将乡村的历史和文化内涵传达给社区居民。以中国传统文化为例。一些以乡村为主题的绘画作品或雕塑，通过描绘古老的村庄、传统的农耕文化，使乡村居民更加深刻地了解和体验到乡村的文化底蕴。这样的文化表达不仅唤起了乡村居民对传统文化的热爱，也增强了他们对乡村的认同感。其次，社区认同感的激发是社会文化塑造功能的重要体现。通过组织艺术活动、共同创作艺术作品，乡村居民共同参与、共同体验，乡村居民的社区认同感被充分激发。再次，文化传承的活化是社会文化塑造功能的重要体现之一。艺术家将乡村的传统手工艺、民间艺术等元素融入艺术创作，形成新的艺术品，这是对乡村传统文化的活化传承。最后，艺术家通过独特的美学呈现，为乡村社区创造了宜人而独特的形象。艺术家通过抽象的艺术形式将自然与人文融为一体，使整个乡村更加具有诗意和吸引力。这种美学的注入不仅让乡村在外观上更具艺术感，也为乡村营造了更积极向上、更具吸引力的文化氛围。

通过深入的社会文化塑造，艺术在乡村建设中扮演着重要和有益的角色，为乡村带来了深远的社会文化价值。

2. 人类学共同体联结功能

从人类学的视角来看，艺术介入乡村建设的功能优势是艺术和人类学具有叠合的话语领域，两者都关心文化和价值的生产，都关心有关地方文化价值的重估，都关心人类心灵的修复等问题。此外，人类学独特的历史、感受能力和方法对于深入理解乡村文化与历史的关键符号至关重要。这与艺术家在乡村建设中的任务相契合。人类学的方法不仅关注符号的表面意义，更注重其深层次的文化内涵和历史沿革。艺术家将人类学的方法与艺术结合，能够更全面地理解和表达乡村文化的多样性，不是将符号孤立地抽离出来，而是将其融入乡村的语境，保留并强调其独特的差异性。因此，在乡村建设中，艺术不仅是创新的手段，还有联结人类学共同体的重要功能。从人类学的视角，我们能够更清晰地看到艺术如何促进社区共同体的形成与联结，为乡村社区带来更加丰富的人际交往和文化体验。

在深入讨论艺术在乡村建设中的功能优势时，人类学家马林诺夫斯基的观点提供了一个有力的理论基础。他指出：“一种装饰的动机、一种曲调或一种雕刻物的意义的重要性，绝不能在孤立状态，或与其境地隔离之下看得出来。”也就是说，在古老的文明和较初级的社会组织中，任何装饰都不会是唯美的，不会是仅仅提供欣赏和娱乐的，它和宗教、文化、政治、经济、生产技术、生活方式紧密相连。在马林诺夫斯基的理念中，艺术的动机、曲调、雕刻等装饰形式的意义并非孤立存在，而是与社会的各个方面相互交织。对于乡村文化而言，这意味着艺术作品的创作和欣赏应该被置于乡村社会的全貌中，考虑其与宗教、文化、政治、经济、生产技术及生活方式之间的紧密关系。在乡村建设中，艺术的作用应该远远超出单纯的欣赏和娱乐，而是一种承载着深刻文化内涵的社会表达。与此同时，马林诺夫斯基对现代人对艺术的批评提出了质疑。他指出，现代人常常将艺术仅仅看作是富有创造力的艺术家传达给群众的信息，或者是个体情绪或理智状态的外在表现，这种观点反映了对艺术功能的狭隘理解，忽略了艺术与社会整体的深刻互动。在乡村建设中，如果我们只将艺术看作单一信息的传递或个体情感的宣泄，就会忽略艺术在乡村居民文化认同、社会联系和文化传承等方面的重要作用。

在艺术介入乡村建设中，艺术家和人类学家的合作构建了一个共同体联结，即将研究和创作与当地乡村居民群体联系在一起。这种联系不是表面上的观察，而是一种深度互动，使艺术家能够更贴近乡村居民的生活、观念和情感。这种共同体联结的存在使艺术作品更具当地性，能够更好地满足乡村居民群体的期待和需求。艺术成为乡村居民文化认同感的催化剂。只要艺术作品能够真实而深刻地反映乡村文化，当地居民就会在艺术中找到自己的影子，感受到对其文化的尊重和呼应。这种认同感不仅增强了乡村居民对本土文化的自豪感，同时也加深了他们对艺术的理解，提高了其参与艺术活动的积极性。通过共同体联结，乡村居民群体在合作过程中形成的深度联系促进了乡村社区凝聚力的提升。这时，艺术作品不再是孤立的展示，而是乡村社区的一部分，参与其中的乡村居民会对艺术的创作和表达产生强烈的共鸣。这有助于打破乡村社区内外的隔阂，使社区成员之间的互动更为密切，为乡村建设提供坚实的社会基础。通过人类学的深度研究和共同体联结，艺术在乡村建设中得以更有深度和广度地展开。这种合作不仅使艺术作品更有文化深度，同时也促进了乡村居民的共鸣，提升了社区的凝聚力，为乡村建设注入了更为丰富的文化内涵。(图 2-14)

图 2-14　北京房山某村墙绘（作者自摄）

在艺术的人类学共同体联结方面，人类学家与艺术家的合作成为一个有力的手段。通过这种合作，人类学的独特方法论不仅帮助艺术家更深入地理解乡村文化，还在艺术创作中发挥着重要的引导和启发作用。

3. 社交催化功能

在深入探讨艺术对社交的催化功能时，我们可以从更具体的角度观察其在乡村建设中的作用。

首先，艺术作为社交的桥梁，在乡村建设中发挥着至关重要的作用。通过举办各类艺术展览和文化节活动，乡村成功地将自身打开，吸引了来自各地的游客和艺术家，从而实现了社区内外的广泛连接。这种连接不仅为乡村带来了新的思维和资源，也为当地的发展注入了新的活力。艺术展览和文化节的举办为乡村创造了一个开放、共享的平台。在艺术展会和文化节上，来自不同地区的游客和艺术家聚集在一起，通过对艺术作品的欣赏和交流，形成了超越地域界限的社交互动。（图 2-15）这样的社交互动既拉近了乡村与外界的关系，又促成了不同文化、不同经验的碰撞和交流，艺术活动因此成为社交的催化剂，加快了乡村融入更广泛社会网络的进程。艺术家可能通过他们的作品表达对乡村的独特理解，游客则可能为当地提供新的发展思路。艺术作为一种媒介，促进了不同群体之间的对话和合作，为乡村带来了多元化的发展机遇。这样的社交活动在推动乡村发展的同时，也助力了乡村与外部世界的互动。艺术活动将乡村呈现在更广泛的视野中，使外界更加了解和关注乡村，而外界的关注和参与又为乡村带来了更多的资源和支持。可以说，在乡村建设中，艺术作为社交的媒介，成为连接乡村与外部社会的纽带，促进了双向的互动与合作。

图 2-15　江苏苏州吴江盛泽镇龙泉嘴乡村音乐节（作者自摄）

其次，艺术的社交功能在于创造共同的文化体验，这一点对于乡村的发展具有深远影响。通过共同参与艺术创作和欣赏艺术作品，乡村居民共享独特的文化体验，形成了共同的记忆和情感联系，从而加强了乡村内部的凝聚力。在乡村居民共同参与艺术创作的过程中，每个乡村居民个体都成为文化创造的一部分，他们的想法、经验和情感在艺术作品中得到了表达。乡村居民通过共同创作，建立了共同的文化身份，对艺术作品的理解和感受成为他们共同的话题，由此形成了共谱的文化记忆。此外，欣赏艺术作品也是一种共同的文化体验——乡村居民聚集在一起，共同参与艺术展览、文化节等活动，共同品味和理解艺术作品。这种集体的欣赏行为使乡村居民在审美层面建立了共同的语言，共享了情感体验。这种共同体验不仅拉近了乡村居民之间的距离，也构建了乡村的文化共同体，形成了共同的社会认同。一个典型的例子是丰岛美术馆的建设过程。在这个项目中，设计者与岛民的沟通和合作使得整个项目更贴近当地的实际情况。岛民们参与了项目的决策和创作过程，他们的观点和文化元素被融入艺术作品。这种共同的参与和体验使岛民们对项目更具认同感，从而增强了社区的凝聚力。共同的文化体验不仅是对艺术的欣赏，更是一种共同的社会实践，乡村居民之间的关系因此变得更加密切。

在乡村，艺术的社交功能还表现在提升乡村居民的文化自信心上。艺术作为文化的表达形式介入乡村建设后，有助于乡村居民更加深刻地理解和珍视本土文化。通过艺术的展示和创作，乡村居民的文化自信心得到提升，对本土传统文化的认同感得到激发。这样的文化自信心不仅丰富了乡村的文化内涵，也激发了乡村居民的自豪感，使他们更有动力参与乡村建设。

总体而言，艺术作为社交的催化剂在乡村建设中扮演着重要的角色。通过促进社区内外交流、强化社区凝聚力、传递社会价值观念和提升文化自信心等，艺术在促进乡村的全面发展中发挥了积极的作用。(图 2-16)

图 2-16　乡村艺术社区建设（作者自摄）

4. 身份认同象征功能

艺术在乡村建设中具有重要的身份认同象征功能，艺术家通过各种艺术元素，赋予乡村独特的文化身份，彰显地域特色，提升乡村居民的自豪感和认同感。这种身份认同象征功能突出表现在以下几个方面。

首先，艺术作为身份认同的象征，借助形式多样的表达方式，将乡村的历史故事、传统文化融入艺术创作。艺术家通过绘画、雕塑、装置等艺术形式，用生动的画面呈现乡村的过去，使乡村居民感受到乡村深厚的历史文化底蕴。例如，在一幅描绘当地传统节日的画作中，艺术家通过生动的色彩和细腻的表现手法，将乡村丰富的文化活动呈现给观众，从而激发出乡村居民对自身文化传承的自豪感和认同感。艺术家将当地的风土人情、传统工艺和习俗巧妙地融入创作，以独特的艺术语言表达乡村的独特性。例如，一件以乡村手工艺为灵感的雕塑作品可能通过对传统手工艺技艺的艺术诠释，呈现出乡村生活中独有的美感和智慧。这样的艺术作品不仅弘扬了传统手工艺，也在乡村居民审美的过程中向乡村居民传递对自身的身份认同。（图 2-17）此外，艺术还通过各种诉诸感官式的表达，如诉诸视觉和听觉等，使乡村居民更深层次地感知乡村文化，增进其身份认同。如一场展览中的绘画作品、音乐演奏、艺术装置等多种艺术形式的呈现，将乡村的独特魅力全方位地传达给乡村居民，唤起乡村居民对乡村文化的深刻体验，激发其对乡村身份的认同。

图 2-17　江苏南京江宁龙乡·双范的青龙泉形象标志（作者自摄）

其次，艺术通过形象化的表达方式强调乡村的独特性，创造具有辨识度的文化符号，这些文化符号成为乡村身份的标志，代表着乡村的精神风貌和乡村特有的生活方式。例如，艺术家通过艺术创作呈现当地独特的自然景色、农耕文化、民俗风情，形成独一无二的乡村文化符号，使乡村居民从这些符号中获得对乡村身份的认同感和自豪感。这种形象化的文化符号不仅在视觉上具有强烈的冲击力，更在心理上植根到乡村居民的认知之中。通常的做法是，艺术家通过绘画、雕塑、摄影等形式，将乡村的独特景观和文化元素凝练为具体的形象，使之成为可以被乡村居民直观感知的符号。比如，在一幅以当地农田、田间劳作为题材的画作中，艺术家通过色彩的运用、画面的构图，形象地再现了乡村丰饶的土地和村民勤劳耕作的场景，使乡村居民能够通过艺术品直观感受到乡村的独特之处。这些文化符号不仅让乡村居民在日常生活中产生对乡村的认同感，也为乡村塑造了独特的品牌形象。当这些符号成为乡村的代表性标志时，它们就超越了艺术作品本身，而成为乡村的共同记忆和乡村居民身份认同的象征。这种独特的标志性符号，不仅给乡村营造了独特的文化氛围，还在外界构建了对乡村的独特认知；不仅增强了外界对乡村的兴趣，也增强了乡村的吸引力。

最后，艺术还可以通过强化乡村的地域特色，为乡村打造有别于其他地方的独特形象。例如，艺术家可以通过艺术呈现乡村的地理风貌、地域历史等元素，形成地域标志，强调乡村的独立性和个性，使其在整体形象上更具辨识度。这种独特性的彰显有助于乡村居民在自我认知中找到与乡村身份相关的象征。

四、艺术介入乡村建设的政策支持

一般认为，从国家提出乡村振兴战略至今这段时间是艺术介入乡村建设的发展阶段。在前阶段“自下而上”探索阶段和新时期“自上而下”政策红利的双重背景下，这一阶段的艺术介入乡村建设以目的性、系统性、广泛性、多主体性（群发性）、产业化为特点。在《国务院关于促进乡村产业振兴的指导意见》《中华人民共和国乡村振兴促进法》《中共中央 国务院关于做好 2022 年全面推进乡村振兴重点工作的意见》等政策背景下，文化和旅游部等六部门联合印发了《关于推动文化产业赋能乡村振兴的意见》，要求“启动实施文化产业赋能乡村振兴计划”，从创意设计、演出产业、音乐产业、美术产业、手工艺、数字文化、其他文化产业和文旅融合等八个重点领域赋能乡村振兴，充分发挥文化产业的多重功能价值和综合带动作用，助力乡村经济社会发展。该意见提出要有计划地“建成一批特色鲜明、优势突出的文化产业特色村镇、特色村落，推出若干具有国际影响力的文化产业赋能乡村振兴典型范例”。各省市也积极出台了相关政策。例如，2021 年 5 月，浙江省委宣传部、浙江省乡村振兴局、浙江省文联共同印发了《关于开展“艺术乡建”助力共同富裕的指导意见》，使浙江的艺术介入乡村建设工作有了明确的指导性纲领和行动方案。艺术介入乡村建设的范围由散点式向铺面式发展，迅速扩张到全国各地。

这一阶段国家推动的艺术介入乡村建设有两个显著特征。一方面，鼓励原有的艺术村成为艺术创意区和艺术街区。例如，在北京宋庄艺术区和深圳大芬村，政府通过改善乡村环境、制定行业标准、保护知识产权、打造原创展览礼仪、促进国际交流等措施，推动文化艺术产业链更加系统化地发展。另一方面，政府广泛动员企业、艺术院校、社团组织、志愿者等，以艺术村、艺术小镇为载体，通过艺术节、文创设计、场所营造、艺术家驻村、乡村美化、乡村旅游等方式，助力产业发展，促进艺术与其他产业的跨界融合发展。

2013 年，习近平总书记指出，即使将来城镇化达到 70% 以上，还有四五亿人在农村。农村绝不能成为荒芜的农村、留守的农村、记忆中的故园。2018 年，习近平总书记在谈到乡村振兴时指出，特别要保护好传统村落、民族村寨、传统建筑，以多样化为美，打造各具特色的现代版《富春山居图》。美丽乡村十大模式为新农村建设探索了一条崭新的发展道路，但这条道路侧重于资源投入和科技赋能，进一步整合和优化村庄规划、生态环境、产业发展、公共服务等，与习近平总书记提出的以多样化为美，打造各具特色的现代版《富春山居图》的总体目标还有差距。要实现乡村建设的多样性、个性化及审美化，艺术介入是一个行之有效的方法和路径，不仅具有较大的市场潜力，而且具有较大的社会价值，更是经济社会发展到一定阶段的必然选择。

总而言之，从 20 世纪 90 年代至今，艺术介入乡村建设经历了 30 余年的发展，政府在顶层设计上越来越完善，乡村产业化导向越来越明确，并与乡村其他产业发生了密切关联，如“艺术+旅游”“艺术+农业”“艺术+文创”“艺术+非遗”“艺术+民俗”“艺术+研学”等跨界组合成为常态，“艺术+生态”、“艺术+数字”等新方式也不断涌现。艺术介入乡村建设对象、方式、方法的多样性，不仅促进了艺术介入乡村建设的自我发展和反思，也改变了乡村的发展方向，推动了乡村多种价值的实现。同时，在艺术介入乡村建设实践的过程中，我们逐步探索出了具有中国特色的发展模式，为艺术介入乡村建设的进一步发展奠定了基础。

五、当代艺术介入乡村建设的模式

中国的艺术介入乡村建设实践已走过了 20 多年，从现实来看，推动艺术介入乡村建设实践创新的外部动因主要有政策吸引、观念投入、经济动因和个人发展等。国家政策法规的影响，促使相对边缘的艺术介入乡村建设实践走出艺术圈，逐渐向新型实践转型，并与文化旅游、涉农文化创意产业、“三产”融合等新实践互动，逐步演化为具有产业色彩和社会效益的大艺术介入乡村建设。特别是随着近年来《中华人民共和国公共文化服务保障法》《文化产业促进法（草案送审稿）》《中华人民共和国乡村振兴促进法》等国家级大法的出台，多元文化主体开始以多重目的进入乡村场域，艺术介入乡村建设实践开始与乡村居民的生产、生计和生活产生深度关联，“去精英化”“去艺术化”成为新时代艺术介入乡村建设实践主体青睐的新姿态、新方法。

与艺术家型乡村建设工作者的转型路径大相径庭的是，具有明显社会色彩的涉农乡村建设主体和具有一定商业色彩的企业乡村建设主体呈现出明显的趋艺术化转向。他们开始重视文化部门的创造活力，在不同程度上吸纳早期艺术介入乡村建设实践的成功经验和人力资源，官、产、学、研一体化的艺术介入乡村建设主体群落由此开始出现。同时，作为艺术介入乡村建设核心主体的知识分子和艺术家开始顺应“城市乡贤”回乡的社会潮流，在艺术介入乡村建设的体系中进行积极的个体尝试。他们所继承或创造的乡村文化艺术实践形式也是多种多样的，从户外景观改造和社区建设到参与性的艺术节事活动，到艺术家工作坊或驻村计划，到创客基地，再到“双创”（大众创业、万众创新）、休闲、养生公园，不一而足。在这些突破边界的创新实践中，现实语境中的艺术介入乡村建设实践主体开始以独创的姿态，重新界定艺术介入乡村建设创新实践的边界。

根据艺术介入乡村建设参与主体的介入目的、学科背景、操作路径和实际成果，本研究将近 20 年来在实践中逐步确立下来的艺术介入乡村建设实践主体和实践范式划分为如下四种主要模式。

（一）政府主导的屏南模式

党的十九大报告用“产业兴旺、生态宜居、乡风文明、治理有效、生活富裕”这 20 字方针来描述乡村全面振兴。在此背景下，艺术介入乡村建设的实践应以当地社会文化发展的实际需求为第一动力，以当地村民为主要建设者和受益者，以当地优秀基层干部为第一推动者，只有这样才能抓住历史机遇，实现系统复制，发挥更大效益。为此，地方党政领导要切实负起责任，以过硬的策划能力和积极的激励机制，确保艺术介入乡村建设项目的组织实施。

事实上，只有本土的“当家人”才能摸清家底、做好规划，最大限度地调动艺术家、学者、文旅文创、建筑设计、金融地产等多方力量，在认真研究和尊重艺术助力乡村振兴客观规律的基础上，通过规划战略、项目和人才，使艺术介入乡村建设的实践更加系统化、渐进化。只有在认真研究和尊重艺术助力乡村振兴客观规律的基础上，才有可能通过规划策略、项目和人才，更加系统和渐进地实践艺术介入乡村建设。福建省屏南县以文创产业推动乡村振兴的案例，就是这方面的典范。福建屏南县的传统村落在民俗文明的框架下，保留了乡村的基本生活形态、生产方式和生态环境，只有综合布局、连片开发，才能成为望得见山、看得见水、留得住乡愁的理想之地。幸运的是，福建屏南县党政领导抓住了历史机遇，经过长期的实践发展和理论概括提炼，在创建艺术之乡的过程中形成了“屏南模式”。

2021 年 1 月 5 日，福建省屏南县政协原主席、西南大学中国乡村建设学院特邀研究员周芬芳在“新时代乡村建设行动 2020”网络视频会议上发表主旨演讲，从屏南县县情出发，对屏南县多年来以文创推进乡村振兴的整体性经验进行了分享。正是由于他们能够不拘一格、融会贯通，积极推动该地区多元乡村建设主体的协同创新，才使艺术介入乡村建设实践的“屏南模式”成为可能。

（二）艺术家主导的“许村—青田模式”

广州美术学院渠岩教授的“许村—青田模式”是艺术家主导型艺术介入乡村建设实践的典范。从太行山腹地的许村到岭南水乡的青田，渠岩的艺术介入乡村建设实践不仅跨越了南北，而且几乎经历了中国艺术介入乡村建设实践 20 年的全部历程。在这个过程中，他成功转型为当地农民和基层干部的朋友、青年艺术家和大学生的导师。

从修复入手，渠岩的许村实践还局部保留着艺术实践中的理想主义情怀和精英主义态度。2007 年，渠岩来到山西省和顺县许村，开始探索以艺术推动乡村振兴的道路。在没有取得当地乡民认可期间，他从捡垃圾开始，逐渐赢得了当地村民的认可，带着真诚和创意开始了驻村实践。在成功实现了从“外来人”到“自己人”的转变后，渠岩为当地人留下了一种内在的文化姿态，那就是观看、分享和引领艺术介入乡村建设的成果。从文化特质上看，渠岩的许村实践仍带有外来文化色彩，但由于其工作方法更贴近乡村实际，这些国际化的艺术文化样式得到了当地人的充分接纳。更难能可贵的是，这些创造性的艺术方式也促进了当地社区的经济和社会发展。节庆活动给村庄带来了整体收益，并使村民能够通过艺术创收。

从整体上看，“许村—青田模式”虽然跨越20年并纵贯南北，但其一贯的特点是尊重当地的文化传统和知识体系，坚持以村民为艺术介入乡村建设实践的主体。在这样的艺术介入乡村建设实践中，艺术家们不是为了个人表达而工作，更不是简单地复制外来文化模式，他们最大的作用是从村落的角度进行整体设计，并以专业手法辅助乡民执行。

（三）企业主导的丹寨模式

近年来，中国农村也出现了由企业主导的各种形式和结构的艺术介入乡村建设实践项目。这些项目包括文化旅游演艺、特色小镇、艺术之家等多种类型，既遵循文化产业的一般运行规律，又契合当地乡村发展实际。与艺术家的深耕不同的是，文旅、金融、房产等相关产业进入乡村，是典型的国家政策驱动下的“逐利行为”。但值得肯定的是，万达、华润等大型企业在介入乡村建设的过程中，主动承担社会责任，也积累了一批符合艺术介入乡村建设基本规律的行动和实践案例。其中，万达丹寨小镇就是在整体立意、形式、结构、效益等方面都符合艺术介入乡村建设实践要求的企业典范。

万达丹寨小镇的建设实行2014年万达集团与丹寨县签订的“企业包县”制度。这个具有社会帮扶性质的综合性艺术介入乡村建设项目，通过省级脱贫振兴总体规划、非遗旅游和精品演艺开发、万达丹寨小镇镇长选拔任用和提拔等，逐步走出了一条可持续的商业化艺术介入乡村建设之路。2018年，万达丹寨小镇脱贫摘帽，但其发挥小镇内生动力，以“人”的力量推动乡村振兴的脚步并未停止。

其中，万达丹寨小镇镇长选拔轮值制度是丹寨模式最具创新价值的地方。这些轮值镇长来自各行各业，在7年的任期内，他们要以自己的专业素养服务和推动丹寨的发展，不收取任何报酬。事实证明，这是一项积极有效的工作。例如，第五十四任镇长、北京舞蹈学院民族舞专业学生周安琪通过编舞和舞蹈认识到了舞蹈的社会功能；第九十九任镇长、北京服装学院副教授马洪进选择将丹寨文化和非遗技艺带入课堂；等等。

万达丹寨小镇的轮值镇长项目凭借其创新价值和不断扩大的影响力，获得了国际奖项，丹寨项目也不断举办地方表演和非遗展示活动。因此，需要进一步总结、提炼和推广丹寨模式的县级乡村振兴整体规划经验，以及以人为本的可行性管理制度等创新做法。

（四）高校师生主导的花田模式

在艺术家主导的项目不断创新的同时，政府和企业的介入也从结构上改变了中国艺术介入乡村建设实践的格局，具有现实意义和潜力的新生力量不断涌现。作为艺术介入乡村建设新的实践主体，高校师生开始从自身发展、学科建设和学术研究的层面系统地介入这一领域。北京大学向勇教授、清华大学胡钰教授等是这一领域的代表人物。他们组织动员和带领学生下乡，尝试“把论文写在祖国大地上”，努力将课堂学习、调查研究与艺术介入乡村建设实践相结合。他们更加注重乡村建设的全面性、系统性和长期性，自觉把“乡风文明”“生活富裕”等乡村振兴目标作为项目评价的最高标准。其中，北京大学教授向勇在家乡发起的白马花田营造社项目颇具代表性。

借由白马花田营造社这一内聚力较强的开放创意平台，该项目获得了在地扎根和持续成长的活力，在高校和乡村之间搭建了一座将乡土情感转化为创意生产力的枢纽站。其中，论坛、艺术节、墙绘、表演、艺术教育、创客营地等艺术介入乡村建设的内容要素被有机组合在一起，并在青年志愿者和当地村民的支持下，成为一个有机整体。通过这个项目，一批批大学生志愿者成长起来，坐落在四川达州深山里的“花田间向家院子”逐渐发展成为一个有价值的艺术介入乡村建设的新品牌。

六、乡村建设中的艺术实践案例

对乡村进行艺术干预的目的是重新探索城乡发展和社区建设的各种可能性，以实现优秀传统文化的复兴和现代社会的重建。艺术介入乡村建设的实践，是通过艺术将人与人、人与自然、人与祖先以及神圣的世界重新联系在一起。艺术下乡的目的不在于艺术或美学本身，而在于恢复乡村生活的礼俗秩序，激发普通人的主体性和参与感，传承中国人内心的敬畏和温暖。

（一）国内乡村建设中的艺术实践

1. 许村计划

“许村计划”是广州美术学院城乡艺术建设研究院院长渠岩教授的团队于2007年发起的，是一个通过艺术推动村落复兴和修复乡村的实践项目。在许村，渠岩教授团队尝试基于艺术推动村落复兴与艺术修复乡村的理论，来实施一系列的修复和再生计划，目的是抢救历史遗存，进行和风细雨般的长期修复，在古村落创造一种文化形态。该计划的目标是将艺术活动与乡村的文化资源结合，激发乡村的创造力和活力，同时重视对中华文明本体的探索和传承。

许村位于山西省晋中市和顺县，因明太祖朱元璋为许村颁牌而得名。许村地处太行山区，毗邻农业县大寨和和顺的阳曲山、石头佛、龙泉寺等知名自然生态景区，使许村在发展生态避暑旅游业方面具有得天独厚的地理优势。许村保存着独特的风俗民情，文化底蕴深厚。村内有古庙、古戏台、传统民居等，展现了整个明清时期的历史脉络。这些历史建筑和文化遗产见证了许村的兴衰，也是许村乡村文化的重要组成部分。然而，与山西的平遥古城、乔家大院等著名景点相比，许村的历史文化价值并不突出。这也是导致许村逐渐凋敝的原因之一。相比较而言，平遥古城和乔家大院等景点具有更高的知名度和吸引力，吸引了大量的游客和投资，得到了更好的发展。同时，许村也遭遇了年轻人流失的问题。随着城市化的推进和城市就业机会的增多，许多年轻人选择离开许村，前往城市寻求更好的发展机会和生活环境。

渠岩在《“归去来兮”：艺术推动村落复兴与“许村计划”》一文中提到：“许村的计划和实践，是在中国特殊的历史进程中一个艰难的尝试，在严峻的‘城市化’和不可阻挡的‘新农村建设’面前举步维艰，但我们还是勇敢地走出了第一步。”通过“许村计划”的实施，借助艺术的力量，许村在近10年里开始了对村落的复兴和修复工作。这一实践不仅是对许村建筑和环境的修复，更是对中华文明本体的探寻和溯源。通过倡导“许村宣言”和举办“许村论坛”，许村开始了对中华文明的追溯和研究。

许村通过以“魂兮归来”“神圣的家”等为主题的艺术节庆形式，帮助村民逐渐找回了自信。这种通过艺术推动乡村复兴的社会实践，具有重要的意义，因为艺术不仅可以提升乡村的文化内涵和美感，还可以带动乡村经济和社会发展，激发乡村居民的创造力和活力，促进乡村社区的融合和共同发展。

“许村计划”的核心理念是将艺术作为推动乡村振兴的重要力量。渠岩教授团队通过举办艺术节庆、艺术展览、艺术表演等活动，让许村居民与外界观众体验和欣赏艺术的魅力。这些活动不仅丰富了许村的文化生活，还为许村带来了复兴的活力和新的发展机遇。渠岩教授团队还通过举办学术研讨会、文化论坛等形式，组织专家学者和许村居民共同研究与探讨中华文明的丰富内涵，提高许村居民对自身文化传承的认识和尊重。在“许村计划”的实施过程中，渠岩教授团队积极与当地政府、乡村社区和居民合作，形成了跨界协作的合作模式。通过共同努力，许村逐步展现出了新的面貌，乡村居民的自信心和归属感也得以重建。渠岩教授团队的“许村计划”不同于一般的文化名人下乡采风，以访问的方式记录乡村，而是与许村本身的建设互动，即利用许村的原有资源而不是去破坏它来创造一个新乡村。

在建设许村的过程中，渠岩教授团队提出了“新乡村修复计划”，即用艺术修复的方式来疗愈乡村，使乡村重拾活力并与现代社会相融合。这种修复方式注重尊重传统营造法式，同时利用当代的技术手法进行传统民居的修复，以实现历史文化保护与现代化发展的有机结合。在修复乡村的过程中，可以收集和整理传统手工艺，保留并传承乡村特色，使其成为旅游和创业的机会。此外，复兴丰富多彩的民族节日与仪式，融入今天的生活方式与文明习惯，有助于增强乡村的文化内涵，提升乡村居民的幸福感和认同感。除了物质修复，精神上的恢复也是至关重要的。渠岩教授团队重视培养许村居民的伦理观，让他们彼此关怀并保持仁德本性，通过加强社区精神、文化活动和社交互动，构建一个有精神灵性的现代中国乡村。“新乡村修复计划”既保留了乡村的传统文化与建筑风貌，又融入了现代的技术与生活方式，为许村注入了新的生机与活力，促进了许村的可持续发展，使许村成为有活力、有文化内涵、人们乐于居住和访问的地方。

“许村计划”的成功经验也引起了更多乡村和地方政府的关注。越来越多的地方开始意识到艺术在推动乡村振兴中的重要作用，并尝试将艺术融入乡村建设和发展战略，为乡村创造更多的机遇和动力。“许村计划”通过艺术推动村落复兴和修复乡村的实践，为乡村振兴提供了新的思路和路径，即通过艺术的力量，激发乡村的创造力和活力，提升乡村的文化内涵和美感，为乡村注入新的生机与活力，促进乡村的发展和进步。

2. 青田计划

青田是广东的一个普通乡村，普通得很少有人关注。或许是因为静静地躺在南粤纵横交错的水网里，才得以在强势的工业化冲击和城市化裹挟中得以“幸免于难”。青田村的小桥、流水、古树、家宅、庙堂、书院等元素展现了青田村的历史和文化，以及岭南水乡独特的地域风貌和乡村文明秩序。这些传统的乡村元素使它区别于其他地方而具有独特的魅力。在高度工业化的大环境下，青田村这类历史遗存保存完整并且传统文化特色突出的乡村为人们提供了了解和体验传统生活方式的机会，也有助于传承和弘扬地方文化。对这类乡村进行保护和开发，可以为乡村带来发展机遇，吸引游客和文化爱好者前往探索。例如，可以通过开展相关的旅游活动和文化活动为乡村带来收入，促进乡村经济的发展。而通过环境保护和文化传承，可以提升乡村居民的生活品质，增强他们积极参与乡村发展的动力。2016 年，渠岩教授团队入驻青田后做了一年的基础调研，制定了乡村建筑改造计划，新的乡村建设模式。2017 年，渠岩教授团队向社会推出“青田计划”。渠岩教授团队从青田再出发，尝试艺术介入乡村建设的转型，通过建立九大关系，探索中国乡村文明的复兴路径。

（1）刘家祠堂——人与灵魂的关系（宗族凝聚）。宗族是乡村中重要的社会关系基础，可以通过刘家祠堂的建立和传承，加强刘氏家族成员之间的血脉联系，增强家族成员的凝聚力和认同感。（2）青藜书院——人与圣贤的关系（耕读传家）。青藜书院代表了耕读传家的传统，它不仅是教育场所，也是传播文化和价值观念的重要平台。书院的存在可以促进人们学习和传承经典文化与圣贤思想。（3）关帝庙堂——人与神的关系（忠义礼信）。宗教信仰在中国传统乡村具有重要的地位。关帝庙堂代表了忠义礼信的价值观念，有助于乡村社会的和谐，弘扬积极向上的道德风尚。（4）村落布局——人与环境的关系（自然风水）。村落布局的规划和设计，关乎人与环境的关系。合理的布局可以保护自然环境，创造良好的人居环境，打造符合地域特点和规划要求的乡村景观。(5) 礼俗社会——人与人的关系（乡规民约）。乡村的社会关系主要通过乡规民约和传统的礼仪习俗来维系与约束。这种互助、合作和互敬互信的社会关系是乡村社会稳定和发展的基础。(6) 老宅修复——人与家的关系（血脉信仰）。修复和保护老宅有助于加强人与家的关系，传承家族的历史和传统。老宅也是家族血脉和信仰的象征，保护和修复老宅有助于维系血脉信仰和情感纽带。(7) 桑基鱼塘——人与农作的关系（生态永续）。桑基鱼塘代表了农作与生态永续的关系。这种传统的养殖方式不仅能够提供食物、获得经济收入，还有助于保护生态环境，实现农业的可持续发展。(8) 物产工坊——人与物的关系（民、艺、工、造）。物产工坊是乡村手工艺的生产和传承场所，它对协调人与物之间的关系有重要作用。可以通过对乡村传统工艺和技艺的传承，保护和发展乡村传统工艺和技艺，促进乡村经济的多元发展。(9) 经济互助——人与富裕的关系（丰衣足食）。乡村经济互助是乡村实现共同富裕的重要途径。可以通过相互帮助、互助合作和资源共享，提高乡村居民的生活水平和社会福利。

许村和青田是两种截然不同的乡村样本，一北一南、一山一水。借鉴许村的经验，经过两年的调研后，2017 年，渠岩教授确立了两种模型：许村是从艺术入手，寻找传统文明的原码；青田隐去艺术之痕，构建中华文明的现场。渠岩教授强调的“去艺术标签化”，意指不能将艺术标签本身的诉求凌驾于社区的现实诉求之上，不能将艺术家的专业目标作为乡村建设的理想标准。“青田计划”与“许村计划”的不同之处在于：南方乡村相比北方乡村，由于气候条件和自然资源的优势，物质条件相对较为丰裕。因此，相对而言，南方乡村更需要关注精神的填充和传统的延续，以提升乡村居民的生活品质和生活幸福感。在南方乡村，重视文化传承、保护传统乡俗、维护传统建筑和景观的完整性等更具重要性。这些措施可以帮助南方乡村保持独特的文化特色，吸引游客和文化爱好者，并在发展旅游产业的同时传承和弘扬优秀传统文化。与此同时，南方乡村的艺术介入乡村建设也要重视乡村居民精神层面的满足。这不仅包括提供优质的教育资源，鼓励乡村居民学习传统技艺和优秀传统文化，培养他们的审美意识和文化素养，还包括关注社区建设和民众的参与感。“青田计划”和“许村计划”在南北方乡村发展中的侧重点确实有所不同。南方乡村在物质丰裕之后，更要关注乡村居民精神的充实和优秀传统文化的延续，以提升乡村居民的幸福感和文化品质。类似“青田计划”这样的发展模式有助于实现南方乡村的可持续发展，满足乡村居民的多层次需求。

3. 碧山计划

作为徽文化和徽商发源地之一的黟县位于安徽南部，碧山是黟县的一个拥有 2900 多人的村子。2007 年，艺术家欧宁与左靖来到碧山，开启了一场艺术进驻乡村的实验。经过 4 年的考察，2011 年“碧山计划”正式启航。“碧山计划”是一个以艺术进驻乡村为核心的乡村振兴计划，该计划试图针对亚洲地区城市化和农业资本主义引发的危机，探索出一条乡村复兴的道路。“碧山计划”的实践探索出了一种以艺术为核心的乡村振兴模式，其通过艺术家的介入，结合经济、文化、教育等多个领域的创新实践，为乡村振兴提供了新的思路和实践经验。

欧宁和左靖在碧山实行的一系列项目活动，如“黟县百工”“碧山丰年庆”等，具有非常明显的地域特色与本土特色，是基于乡村文化乡村性发展的蓝图。“碧山计划”不仅是一个艺术计划，它的出发点是对中国过度城市化所带来的问题的忧虑，尤其是对农业破产、农村凋敝、农民权益受损及城乡关系失衡等的担忧。为了更好地了解当地的历史文化，特别是民间传统手工业的现状，“碧山计划”发起了“黟县百工”这一调研项目。该项目通过走访和拍摄纪录片，建立了关于黟县传统手工艺的数据库，目的是帮助更多的人了解和认识黟县的传统手工艺，传承和发展这些珍贵的手工艺。这也为引进外来力量来激活当地生产力提供了基本资料。挖掘和发展传统手工业，不仅可以促进乡村经济的发展，改善乡村居民的生活状况，同时也有助于缩小城市与农村之间的差距，实现城乡融合发展。“黟县百工”调研项目是“碧山计划”下的一个具体行动，它强调对当地传统文化和手工艺的保护和传承，为乡村建设提供了有益的支持和指导，有助于推动乡村的发展，实现城乡协调发展的目标。“碧山计划”不仅关注传统手工业的保护和传承，还注重恢复和重建乡村的公共生活。“碧山丰年庆”是其中的一个示范项目，村民们穿着具有原始风味的稻草装表演祭祀舞蹈《出地方》，重现了已经消失很久的乡村公共生活。这种象征性的仪式不仅是为了传承当地的祭祀传统，更是为了恢复和重建乡村传统的公共生活，并为它注入新的内涵。通过这样的活动，公众可以建构一种习惯性的记忆，重新认识乡村生活的价值和意义。“碧山丰年庆”作为“碧山计划”的一部分，展示了艺术在乡村振兴中的积极作用，为乡村带来了新的活力和内涵。

“碧山计划”实施得并不顺利，在很大程度上与其理想主义的宗旨有关。从碧山的乡村建设发展可以看出，乡村的建设主体和影响因素是多元的，乡村的整体建设离不开资金的投入，离不开政府、开发商的方法指导，离不开扎根乡村的把握与关注，离不开乡村人才的供给。更重要的是，人们的观念意识也要顺应时代的潮流。

4. 景迈山计划

景迈山位于我国云南省普洱市澜沧拉祜族自治县，山上分布有景迈、芒景两个行政村，下辖 14 个传统村落，共有 1511 户，6227 人，包括 5 个民族，其中布朗族、傣族人口占人口总数的 89%以上。景迈山以其独特的古茶林和传统村落成为一个人地关系相互依存、和谐共生的地方，不仅创造了特殊的茶林种植维护技术、茶叶加工技术、因地制宜的土地利用技术和村寨建设技术，还拥有独特的宗教信仰和茶文化。因此，景迈山已获得国务院批准，于 2022 年正式申报世界文化遗产项目。特别是景迈村糯岗组和芒景村翁基组作为中国第一批传统村落试点工程之一，具有重要的地位和价值。试点工程的目标是通过保护传统村落的自然环境、建筑风貌和文化传统，传承乡土文化，促进乡村振兴。这两个村落被纳入试点工程，说明了它们在历史文化与乡村发展方面的重要地位和潜力。保护和传承这些珍贵的文化遗产，可以推动地方经济发展，提升人民生活水平，让更多的人了解和认识中国的乡村文化。

景迈山传统村落在其 1000 多年的发展历程中创造了宜居和可持续的山地人居环境。这种环境不仅保障着当地社会和经济的稳定发展，还形成并传承了人地和谐的朴素生态伦理和智慧。然而，在快速发展的社会经济环境下，景迈山也面临着各种机遇和挑战。其中，快速城市化、土地使用环境变化、文化传承断裂等都是需要关注和面对的问题。如何适应新时代的需求，在保护传统文化和生态环境的前提下实现乡村的可持续发展，是一个复杂而重要的任务。创新和应用现代科技、推进可持续发展和环境保护，可以为景迈山的发展注入新的活力和动力。同时，加强对乡村的规划和管理，激发社区参与和居民共治精神，也是推动景迈山演进的关键。面对这些挑战和机遇，需要政府、公众和相关利益方共同努力，形成多元参与和合作的机制。

“景迈山计划”在适应性治理框架下的实施，意味着相关部门已经考虑到自然与社会系统的动态性和复杂性，正在积极应对不断变化的环境和社会条件。适应性治理是一种灵活、响应性和学习型的管理方法，该方法强调合作、参与和持续的监测与评估。以下围绕传统村落保护管理工作面临的主要问题，重点从治理主体、治理目的、治理对象和治理机制四个方面阐述其治理策略。

第一，以“村民主体+多元参与”为基础。“景迈山计划”将村民置于治理的核心地位，充分发挥其参与、自治和共治的主体性，通过建立多元参与的机制，吸纳其他利益相关方的意见和参与，确保决策的合法性和普遍性。景迈山通过倡导“共建、共享、共治”的理念，形成了一个由地方政府、村委会、村民、规划师和社会力量组成的多元参与治理的共同体。这种治理体系充分发挥了村民和村委会的主体作用，以规划和行动计划为引领，动员并组织村民参与村落保护和治理事务。在这个治理体系中，地方政府扮演着重要的协调和推动角色，主要是提供政策支持和资源保障，协助村委会与村民进行规划和决策。村委会作为村民自治和代表组织，负责协调村民的利益和意见，并与地方政府合作，制订发展策略和行动计划。村民是治理体系的基础，他们参与决策、管理，监督村落的日常事务，同时也享有对村落资源的共享权益。作为专业的设计者和管理者，规划师通过提供专业的规划和咨询服务，帮助村委会与村民制定可持续发展的规划和管理方案；通过提供技术、资金和专业知识支持，参与村落的保护和治理事务。通过这种以村民为主体的多层次治理体系，景迈山动员和组织各方力量，实现了广泛的参与和共治，促进了遗产保护和村落治理工作的有效推进。

第二，以“遗产保护+社区发展”为前提。传统村落保护不能仅仅关注保护遗产的静态状态，还应关注村落的社区发展。通过合理规划和保护手段，在保护村落的历史、文化、自然和建筑遗产的同时，促进村落的可持续发展，增进居民的福祉。首先，人们可能对自己身处的传统村落的文化和历史价值缺乏足够的认知。这可能导致其对遗产保护工作的理解不足，甚至对开发和改造产生误解。因此，宣传和教育工作至关重要，需要提高公众和利益相关方的认识。其次，随着城市化进程的加快，景迈山地区可能面临人口扩张、土地压力、资源利用等问题。人地矛盾的日益显现可能会对传统村落的保护和发展带来压力，需要在遗产保护和社区发展的过程中找到平衡，充分考虑乡村居民的利益，确保他们的可持续发展。再次，一些传统村落可能面临公共服务和基础设施如道路、供水、供电等不足的问题，这将直接影响到乡村居民的生活质量和乡村的发展，需要加强相关基础设施建设，提供必要的公共服务支持，改善乡村居民的生活环境。最后，茶产业是景迈山地区的重要经济支柱之一，然而，当地茶产业的发展既面临机遇，又受到一定的限制。一方面，茶产业能提供就业机会，促进当地经济增长和社区发展；另一方面，茶产业的发展也需要考虑生态环境保护、土地利用和市场需求等诸多因素。“景迈山计划”在茶产业发展的过程中制定相应的政策和措施，平衡各方利益，确保其可持续发展。

第三，以“人地关系+茶产业”为重点。“景迈山计划”通过关注人与土地之间的关系，结合发展茶产业来推动社区的发展。该计划的目标是通过可持续的农业实践和茶产业的发展，改善当地居民的生活条件，保护和恢复自然环境，促进地方经济的繁荣。“人地关系”强调了人类与土地之间的相互作用和依存关系，这就意味着在开发和利用土地资源时要遵循可持续发展的原则，考虑到当地居民的需求和福祉，保护土地的生态系统。这可能包括推动有机农业、保护生物多样性、改善土地管理和保护水资源等措施。茶产业作为重点发展的产业，可以为景迈山地区带来经济增长和就业机会。茶叶作为一种传统农产品，在国内外有着广阔的市场需求。发展茶产业，可以提高当地村民的收入水平，改善景迈山地区的经济状况。这种综合性的发展模式可以带来多方面的好处，如促进地方经济增长、提升当地村民生活水平、保护自然环境和传承文化遗产等。但是这项计划的成功实施也需要政府、企业和社会各方的通力合作与支持。保护和发展传统村落要注重人地关系的平衡和协调。“景迈山计划”通过发展茶产业等可持续经济模式，在提高村民的收入和生活品质的同时保护及传承村落的文化与生态环境。景迈山古树茶品牌的知名度提升为当地带来了直接的经济收益，这对社区发展和村民的收入增加具有积极意义。然而，经济收入的增加吸引了更多的人口涌入该地区，导致该地区的人口快速增长，给社区的发展和资源的利用造成了一定的压力。随着人口规模的不断扩大，各个村落出现的宅基地面积超标和一户多宅现象也需要予以重视。宅基地面积超标可能导致土地的浪费和不合理利用，对景观和环境也会产生负面影响。一户多宅现象则可能导致资源分配不均和人口密集区的产生。因此，必须制定相关政策和措施，规范土地利用和建设行为，保障土地的合理利用和市容环境的改善。低教育水平也是一个需要关注的问题。村民的受教育水平较低可能会限制他们在经济发展和社区治理方面的参与能力，提高村民的受教育水平，提高他们的素质和能力，是推动乡村可持续发展的重要举措。

第四，以“制度建设+村规民约”为保障。“景迈山计划”旨在建立一套有效的管理体系和规范，确保资源的合理利用、社会秩序的维护和公平公正的发展，以推动乡村振兴。“制度建设”是指在景迈山地区建立一系列的法律、政策和规章制度，以规范和引导各项工作的进行。这些制度包括土地管理制度、农业支持政策、环境保护法规、农民权益保护等。进行制度建设的目的是提供明确的规则和框架，保护利益相关者的权益，确保各项工作的顺利进行。“村规民约”是指景迈山地区各个村庄制定的区域性规范和约定。这些规范与约定由当地居民共同商讨和制定，涉及社区的生活、经济、环境、文化等各个方面。作为内部规范，村规民约可以帮助乡村居民共同维护村落的秩序和利益，并与相关法律法规衔接，形成有效的治理体系。这样的框架在传统村落保护管理工作中是非常有效的，它强调了乡村居民的主体性和参与度，注重遗产保护和社区发展的统一，注意人地关系的平衡，同时强调规范化管理和制度建设，有利于推动传统生态智慧到生态伦理的转换，使乡村居民形成正确的生态伦理观念，使乡村形成以党政为引领、以乡村居民为主体、多元参与的创新型协同治理机制。

（二）国外乡村建设中的艺术实践

1. 韩国的海日艺术村

海日艺术村以韩国京畿道传统民谣“Heyri”命名。这个艺术村自1997年成立以来，经过多年的发展，已成为韩国乃至世界上独一无二的文化艺术天堂，其规模日益扩大，影响力也日益提升。海日艺术村位于韩国京畿道坡州市，地理位置优越，风景秀丽，其建筑风格融合了传统和现代的元素，形成了独特的艺术氛围。艺术家们在这里可以找到创作的灵感和空间，展示他们的作品。海日艺术村拥有众多的艺术工作室、画廊、书店和咖啡馆等文化设施，给艺术家和访客提供了良好的创作与欣赏环境。海日艺术村的艺术作品涵盖了绘画、雕塑、摄影等多种艺术形式，这些艺术作品充分展示了韩国乃至世界各地艺术家的才华和创造力。海日艺术村通过举办各种文化和艺术活动，如艺术展览、音乐会、戏剧演出等，吸引了众多艺术家和观众。它已经成为韩国乃至世界艺术界的重要聚集地。

海日艺术村的宗旨和目标很明确。一方面，海日艺术村希望能够成为艺术家们的世外桃源，成为艺术家们共同的创作基地。它不仅为艺术家们提供了良好的创作环境和设施，还为艺术家们提供了展示和发挥才华的平台。另一方面，作为艺术的一种集聚形式，海日艺术村又必须为孕育、展示和传播文化艺术尽到自己的责任。它通过举办各种文化和艺术活动，如艺术展览、音乐会、戏剧演出等，让更多的人接触和欣赏艺术作品。

海日艺术村也在努力推动本地文化的传承和发展，与当地社区共同营造文化繁荣的环境。作为艺术村，海日致力于打造融艺术、文化和自然于一体的综合性场所。它不仅关注艺术家的创作，还关注艺术的推广和普及。它希望能够激发更多人对艺术的兴趣和热爱，并推动艺术与社会、文化的互动和融合。海日艺术村的艺术活动更具系统性、有序性和新颖性。这里的艺术种类更多，交流范围更广。海日艺术村已成为一个产业集群，其目标是从简单的文化展示向文化生产和文化消费转变，进而带动韩国文化产业的发展和壮大。

明确的组织方式和创造文化的艺术目标直接体现在海日艺术村的规划理念中。

一方面，其规划理念是对自然的尊重和保护。在规划者看来，海日艺术村所在的山丘具有独特的美学特质，因此艺术村建筑的个性必须服从于其所处的环境，并以有机的方式融入原始景观。海日艺术村的规划理念摒弃了现代主义的规划模式，而是注重建筑和自然之间的平衡关系。规划者希望通过建筑的布局和设计，使其与自然环境相融合，从而创造出一个和谐且美丽的艺术村。他们尊重自然的原有风貌，将建筑物设计成镶嵌式，保留了山丘的起伏和原有的景观特色。这种规划理念不仅意味着对自然的保护，也体现了对自然美的崇尚和尊重。建筑师们在规划中注重细节，力求在建筑与自然之间创造出和谐的关系。他们充分利用自然光线、风景和景观，为艺术家和访客提供舒适而又灵感迸发的环境。通过对自然的尊重和保护，海日艺术村成功地打造了一个具有独特氛围和美感的艺术创作空间。它的规划理念和独特的环境融合方式为艺术家们提供了一个与自然亲近、与艺术共生的创作基地。

另一方面，其规划理念是控制未来发展的多变性。艺术村的规划必须适应不同艺术家的需求和多样性，并且要在保持艺术村整体特色的同时保持灵活性。海日艺术村规划容纳了大约 380 栋建筑，这是一个相当庞大的规模，需要一定的时间来完成。同时，考虑到不同的艺术家具有不同的艺术特点和需求，因此规划必须具备足够的灵活性。尽管要保持灵活性，但是海日艺术村的规划也必须有效地防止灵活性可能带来的对整体性的破坏。为此，规划者严格控制和划定建筑用地，以保持整体规划的一致性。在规划中，海日艺术村地块的模式与地形布局自然融合，营造出一种自然的现代感。这种规划方式不仅使建筑物与自然环境相协调，还为海日艺术村未来的发展提供了一定的指导。

海日艺术村的成功，不仅归功于其独特的文化和艺术氛围，还归功于多年来的发展经营。它不仅为艺术家提供了独特的创作空间，也为社区带来了文化和经济的发展机会。它的成就是韩国乃至世界艺术与文化领域的一大亮点。

2. 蓝精灵小镇

胡斯卡小镇位于西班牙马拉加市，是世界上第一个也是唯一一个获得官方授权的“蓝精灵村”，它以特色化的主题定位、丰富的场景体验实现了一次蜕变，演绎了一场“因为一种颜色而改变命运”的“小镇童话”。其主要特色如下。

（1）营造特色主题氛围。2011 年，胡斯卡小镇成为 3D 动画片《蓝精灵》电影的宣传基地，整个小镇 175 座雪白色的外墙全部被刷成蓝色，由此诞生了一个“蓝色的世外桃源”。除了更改墙面颜色，当地居民还参与到墙面美化活动中，他们在蓝色墙面上创作各种蓝精灵题材的壁画，营造出蓝精灵生活在小镇的真实感。

（2）打造主题化场景与沉浸式体验。胡斯卡小镇将游客中心所有的垃圾箱、报摊和路牌都装饰成了蓝精灵的形象，以配合“蓝精灵”这一主题；小镇将住宿环境进行升级改造，推出“蓝精灵”主题 IP 酒店；政府规划了一个“蓝精灵”创意集市，商家可以在集市上出售蓝精灵的各种衍生品和当地特产，如蓝精灵玩偶、蓝精灵装饰品和其他蓝精灵物品；小镇还推出了“蓝精灵探险之旅”“蓝精灵花车游行”“蓝精灵绘画比赛”“蓝精灵嘉年华”等各类主题活动，以吸引不同年龄、不同层次、不同类型的游客。

（3）融合文化 IP 与当地特色资源。胡斯卡小镇盛产蘑菇，因此小镇将当地的特色资源与“蓝精灵”主题 IP 进行了有效整合：在传统的蘑菇节中加入蓝精灵图案和卡通形象，让原本枯燥乏味的节日变得趣味十足；创办“蓝精灵”主题蘑菇博物馆，展示村子周围常见的 100 多种蘑菇，售卖各种新鲜或干制的蘑菇，以及其他蘑菇制品；组织蘑菇科考队，带领游客到山林里认识蘑菇。

西班牙胡斯卡小镇立足于区域特色文化资源，围绕“蓝精灵”书写出了巧妙文章，给胡斯卡带来了大量的人流，提升了其在世界范围内的知名度，促进了当地文化与旅游的融合发展，使其成为不得不去的西班牙文旅小镇之一。

第三章　艺术介入乡村建设的问题探析

习近平总书记在党的二十大报告中指出，“高质量发展是全面建设社会主义现代化国家的首要任务。发展是党执政兴国的第一要务”“全面建设社会主义现代化国家，最艰巨最繁重的任务仍然在农村”，并强调要“统筹乡村基础设施和公共服务布局，建设宜居宜业和美乡村”。乡村振兴战略通俗来说是中国政府为推动农村经济发展而提出的重要战略，该战略以“创新、协调、绿色、开放、共享”为发展理念，旨在推动农村产业升级、生态环境改善、农民增收致富。针对党的二十大报告的提出，2023年2月3日国务院发布《农业农村部关于落实党中央、国务院2023年全面推进乡村振兴重点工作部署的实施意见》。我国发展进入战略机遇和风险挑战并存、不确定难预料因素增多的时期，守好“三农”基本盘至关重要，不容有失。同年12月19—20日，中央农村工作会议在北京召开，习近平总书记对“三农”工作进一步做出重要指示，强调“推进中国式现代化，必须坚持不懈夯实农业基础，推进乡村全面振兴。要以新时代中国特色社会主义思想为指导，全面贯彻落实党的二十大和二十届二中全会精神，锚定建设农业强国目标，把推进乡村全面振兴作为新时代新征程‘三农’工作的总抓手”。可见，全面推进乡村振兴、加快农业农村现代化、建设宜居宜业和美乡村是实现全面建设社会主义现代化国家的重要任务。另外，从前述国内外乡村建设的艺术实践案例及乡村振兴战略提出以来的各项政策来看，艺术的介入给乡村的发展带来了诸多优势，不仅使乡村充满活力和创新力，还唤起了乡村居民对其所在环境、历史及周围社群的关注，激发了乡村居民的好奇心和觉察力，并使乡村居民形成了多元、包容、互助的价值观。可见，当下艺术介入乡村建设是十分必要的，而且也是围绕习近平总书记提出的现代版《富春山居图》的总体目标展开的。然而，尽管随着乡村振兴战略的不断推进，乡村建设日益受到国民的关注，并成为乡村经济发展的重要推手，但是也出现了诸多问题和矛盾，本章主要分析乡村振兴背景下艺术介入乡村建设的必要性，同时指出当前乡村发展所存在的共性问题，并以我国甘肃省秦安县石节子艺术村为例，参照巴西里约克鲁塞罗贫民窟的改造实践，浅析当代中国艺术介入乡村建设的成果并总结经验，为艺术介入乡村建设注入新的动能。

一、当前乡村发展存在的问题

在轰轰烈烈的城镇化进程中，绵延5000年之久的中国乡村文明处在何去何从的历史十字路口，正面临着文明、文化、经济、社会、环境等五个方面的危机。当今中国乡村的危机，绝不是某个村庄能否存在的危机，它反映了一部分人对自身传统文化和价值观的迷失与疏离，以及对乡村社会认同感和自豪感的缺失。乡村文明在中国历史中扮演着重要的角色，它是中华传统文化的重要组成部分，也是中国传统文化的重要载体。中国乡村文明具有深厚的历史积淀和独特的民族特色，它蕴含着丰富的道德伦理和社会价值观念，对中华民族的身份认同和文化自信具有重要意义。然而，在城镇化进程中，中国乡村文明正面临着巨大的冲击和挑战。城市和现代化的发展不可避免地消解着乡村社会。城市化进程中的经济发展、社会变迁、文化融合等因素，使得乡村文明难以为继，传统文化与现代化的碰撞所带来的撕裂感和精神焦虑感逐渐加深。因此，重振乡村文明需要我们认识到乡村价值观和传统文化传承的重要性，加强对乡村社区的建设，促进乡村经济的发展和农民收入的提高，同时也要加强对乡村环境的保护，注重农村社会的发展与稳定。此外，加强乡村和城市之间的交流与合作也是非常重要的，必须通过城乡一体化的发展，推动乡村文明的振兴和可持续发展，实现现代化与传统文化的有机结合。最重要的是，乡村文明的振兴离不开政府、乡村居民及社会各方的共同努力和参与。各方只有加强沟通与协作，才能找到适应时代发展需求的解决方案，实现乡村文明的可持续发展。

乡村建设的宏观背景是我国乡村建设步入现代化发展时期。截至2019年年末，我国大陆常住人口的城镇化率达到60.60%。尽管目前我国乡村得到了显著发展，但乡村振兴背景下的乡村建设仍存在一些亟待解决的共性问题。

（一）乡村空心化严重

因城镇化与工业化的影响，劳动力转移、人口迁徙使得乡村空心化严重，农村中心地带的人口和经济活动急剧下降，导致经济发展失衡。乡村人口数量大量减少，老年人口比例上升，乡村人口素质普遍下降，给乡村地区的劳动力供给和社会支持系统带来了压力，制约了乡村经济的发展。人口减少和人口迁徙导致乡村经济活动减少，传统的自然农耕经济受到破坏。由于缺乏充足的劳动力和市场需求，乡村产业无法得到充分发展，经济增长乏力。这种状况对乡村社会经济发展产生了重大影响，也带来了一系列挑战——传统的自然农耕受到破坏，迫切需要应用和探索新的乡村经济模式。人口和经济活动的减少导致乡村缺乏教育、卫生和养老金等社会服务，乡村人口难以获得与城市居民相同的基本公共服务和社会福利，城乡差距进一步扩大。由于乡村地区人口迁移和经济活动的减少，乡村存在大量的土地闲置和资源浪费现象，限制了乡村发展的潜力和空间。乡村空心化也会导致乡村环境问题的加剧。一些人口减少的乡村存在环境污染和生态破坏的问题，如过量使用农药、土壤污染等。这对乡村居民的健康和乡村的可持续发展构成了威胁。

乡村空心化是一个复杂的现象，涉及乡村居民外出务工、人口减少、房屋闲置、公共聚集地空闲和乡村活动的消失等多个方面。乡村居民外出务工，特别是举家外流，是乡村空心化的主要原因，因为城市有更好的就业机会和生活条件。乡村人口减少导致了乡村大量房屋的闲置。由于乡村居民外流，乡村许多房屋无人居住，得不到有效的维护和管理，容易出现破损和坍塌的情况，严重影响了乡村的旧村落保护和乡村建设。此外，乡村空心化还导致乡村公共聚集地的闲置和乡村活动的消失。乡村传统文化和乡村活动往往依赖于乡村居民的互动和参与，乡村人口外流后，乡村公共聚集地如戏台、庙宇、祠堂等基本无人使用，乡村活动逐渐凋敝，乡村文明面临严峻的挑战。

针对乡村空心化问题，需要综合考虑多方面的因素，要解决乡村空心化问题，需要政府、企业和社会各界共同努力，采取一系列综合性措施，如加强乡村基础设施建设、培育特色产业、推进农业现代化、促进乡村旅游发展等，以提高乡村的吸引力和竞争力，吸引人口流入和经济活动的重新聚集，推动乡村经济的振兴。另外，也可以通过提供更好的公共服务和就业机会，加强乡村基础设施建设和开展乡村旅游等，鼓励乡村居民回流乡村，以促进乡村的经济发展和社会稳定。此外，还要加强乡村公共聚集地和乡村活动的保护与利用，推动乡村文化的传承与发展。

（二）乡村建设存在趋同现象

近些年，随着城市的高速发展，城市建设规划设计的趋同现象也影响到乡村，出现了“千村一面”现象，以规模复制、资本驱动为特征的乡村建设模式弊端逐渐显现。乡村建设中的规模复制指的是将相同的建筑风格和空间布局模式在不同的乡村进行重复，导致不少乡村呈现出相似的面貌。而资本驱动则是指乡村建设过程中重视经济效益和吸引投资，而忽视乡村的地域特点和文化传统。

乡村建设趋同化存在以下问题和弊端。首先，乡村缺乏个性和特色，失去了自身的独特魅力。以规模复制为导向的乡村建设模式使许多乡村失去了自身的个性和特色，乡村的建筑和环境出现了单一化的现象，缺乏丰富和多样的文化、历史和风貌。其次，乡村建设未能充分考虑乡村居民的实际需求和文化背景，导致乡村居民对新建乡村建筑的认同感不高。由于追求规模效益和经济效益，乡村整体面貌和居住环境的空间布局也存在问题。例如，存在农田耕地被过度占用、村庄分散无序、居住区域拥挤等情况，不利于乡村生态环境的保护和农业生产的发展。以资本驱动为特征的乡村建设模式往往只关注经济效益，而忽视了乡村的社会和文化功能。乡村的公共设施和社区服务不完善，缺乏社交和文化交流的场所，影响了乡村社区的凝聚力和社会发展。再次，趋同化的乡村建设也可能带来资源浪费和环境破坏的问题。快速的乡村建设往往破坏了乡村的传统生活方式和自然环境。大规模的土地开发、房屋建设和基础设施建设对农田、森林和水资源造成破坏，影响了生态平衡和乡村居民的生活方式。

为解决以上问题，需要提高乡村建设规划设计的科学性和专业性。规划和设计人员应该充分考虑乡村的地域特点、历史文化传统和居民需求，制定有针对性的规划方案。与此同时，在乡村建设过程中应加强对资金使用的监管，确保资金投入能够真正为乡村发展带来效益。同时，公众参与也是重要的一环，要充分听取乡村居民的意见和建议，在决策过程中给他们更多的参与权利。

乡村规划水平与内容的科学性、地域适宜性不足是乡村建设中普遍存在的问题。这可能是由于地方社会经济发展水平的限制，导致乡村建设的规划编制能力和资源投入不足，已完成的乡村规划在内容上可能缺乏深度和全面性，无法有效指导乡村建设。此外，县级规划和镇、乡总体规划的制定往往受到规划性质和权力分配等方面的限制，导致对乡村建设的指导效力不足，乡村规划缺乏统筹协调。于是，在乡村建设中，乡村的地域特色逐渐消失，出现了“千村一面”现象。有些规划设计人员在主观臆断的影响下，试图为每个村庄找到所谓的特色，追求过度的差异化，而忽视了乡村在职能发展和空间建设上因具有相似背景环境而必然具有共性的客观事实。

要解决这一问题，必须加强乡村规划与乡村建设的统筹协调。一方面，应提高乡村规划的科学性和专业性，加强乡村建设规划编制能力的培养和资源的投入，确保规划内容与地域特点相适应，以更好地指导乡村建设。另一方面，要建立健全规划管理体制，加强各级规划之间的衔接和协调，提高乡村规划的整体效力。此外，规划设计人员在规划过程中应充分考虑乡村的共性要素，并在追求差异化的同时注重保留和发挥地域特色，实现规划与实际需求的平衡。

（三）一些乡村的历史资源遭到破坏

在现代化进程中，乡村的传统建筑和非物质文化遗产正在经受考验。具体表现在四个方面。

第一，一些乡村面临着城市化的压力，为了满足现代化的需求和标准，这些乡村的一些传统建筑被拆除或改建，乡村的原始结构也被破坏。这导致了乡村传统建筑风貌和乡村结构的丧失，与之相伴随的是乡村传统文化的衰退，进而加速了乡村非物质文化遗产的消亡。

第二，在现代化进程中，经济利益成为一些乡村的主导，这些乡村将传统建筑拆除或进行改造，以发展经济产业，吸引投资。例如，有一些乡村将发展旅游业视为经济增长的途径，以短期经济利益为目标，而不是以保护文化价值为旨归。结果，传统建筑变成了商业旅游景点，乡村的原始结构遭到破坏，非物质文化遗产的传承和保护得不到重视。

第三，在乡村发展的规划和设计中，一些管理者和规划者可能会持反传统的态度，将传统建筑与非物质文化遗产视为欠发达和不发达的象征，因而倾向于引入现代和标准化的建筑形式。这导致乡村传统建筑和非物质文化遗产的保护与传承工作被忽视。

第四，乡村地区的教育资源相对不足，相关人员对乡土文化的传承和弘扬缺乏重视，缺乏专业的传承人才和机构，导致传统建筑和非物质文化遗产的技艺无法传承，文化价值逐渐丧失。

在以上几个因素的综合影响下，乡村传统建筑的风土特征、乡村结构和非物质文化遗产等历史资源不断遭到破坏，从而加速了传统地域文化资源的衰竭与消亡。要解决这一问题，就必须加强乡村建设规划的科学性和专业性，重视传统建筑的保护，并将其融入现代化的规划。同时，要加强对非物质文化遗产的保护和传承，鼓励乡村居民积极参与和传承乡土文化。政府和相关机构应制定政策法规，明确保护传统建筑和非物质文化遗产的责任和义务，并加强监管，确保这些重要资源得到有效的保护和传承。最重要的是，公众也应增强对传统文化的认同和保护意识，共同促进乡村传统文化的可持续发展。

（四）乡村新生活方式与传统居住习惯的矛盾

1. 新生活方式与传统生活空间的矛盾

在中国乡村，许多建筑依然延续着民间世代传承的建造工艺和因陋就简的建筑材料与施工技术。虽然这些传统的建筑具有独特的历史和文化价值，但是随着时间的推移，它们面临着一系列问题。首先，由于建筑材料老化和施工技术的限制，这些传统建筑的结构和稳定性正在下降，存在安全隐患。其次，这些传统建筑往往缺乏现代化的舒适设施，如隔热和通风系统等，影响了乡村居民的居住舒适感。可以说，乡村中有不少传统建筑已经无法满足现代乡村发展的需求，如农业生产、农村旅游和休闲等，迫切需要更新。在乡村建筑更新的过程中，可以借鉴和保留这些传统建筑的建造方式，以继承和传承地方文化。但是传统建造方式由于工艺复杂等原因，会增加工程的时间和成本。而工业化的规模经济优势则可以为乡村建筑更新提供一定的支持，可以借助标准化、模块化和批量生产的方式，降低建筑材料的成本、提高施工效率。还可以通过引入现代化的工业生产方式，平衡传统建造方式和现代建筑技术之间的成本，实现乡村建筑更新中的效益最大化。在保留传统建筑特色的同时，也要考虑现代化的建筑技术和工程管理，以提高建筑的效率和经济性。

2. 乡村居住空间的矛盾

传统乡村居住空间往往以四合院、土木结构房屋为主，空间布局相对固定，功能分区也较为单一。然而，随着乡村生活方式的现代化，乡村居民对居住空间的需求也日趋多样化。例如，随着现代家电设备的普及，乡村居住空间需要有更多的电源插座。但传统房屋的电气布线和空间布局往往无法满足这些需求，艺术介入乡村建设可以有效应对这一问题。以四川彭州小石村为例，传统的坡屋顶和大量开敞檐廊的建筑形式虽然为当地居民提供了遮阴和避雨的空间，但是随着生活方式的改变，村民们对室内空间的需求也发生了变化。在“同一屋檐下”项目中，建筑师通过设计一个“包容一切活动的瓦屋顶”，尝试连接传统的诗意与现代社区的需求。这种设计既尊重了当地传统，又适应了现代生活方式的改变，为村民们提供了更加灵活和更多现代功能的公共活动空间。

3. 空间审美与风格的矛盾

传统乡村居住空间的设计风格通常与当地自然环境、历史文化和社会习俗密切相关。然而，随着现代审美观念的引入和乡村居民文化水平的提高，乡村居民对居住空间的审美需求也发生了变化，现代简约实用的设计风格逐渐受到欢迎，这与传统的审美与设计风格产生了显著差异。在乡村改造中，将传统风格与现代美学相结合已成为一个重要课题。一些设计师尝试将传统元素与现代设计理念相结合，创造出既具有地方特色又符合现代审美标准的居住空间。这种尝试不仅满足了乡村居民对现代生活方式的需求，还保留了乡村的历史文化和地域特色。传统的乡村家庭通常有较大的规模，几代人共同生活。然而，随着社会和家庭价值观念的变化，现代乡村家庭逐渐倾向于小型家庭结构——夫妻和孩子独立生活。这种家庭结构变革给传统的乡村居住空间提出了新的要求，在乡村建筑改造过程中需要重新规划并优化公共活动区域布局，增加私人空间，如独立卧室、浴室等，以适应小型家庭的需求。

（五）乡村的环境与生态面临挑战

乡村的环境与生态主要面临以下挑战。

1. 城市化与乡村环境的矛盾

在城市扩张和乡村现代化建设过程中，大量的自然资源被开发，这对乡村的生态环境造成了一定的影响，导致土壤沙化、水源减少等问题。如在快速城市化和工业化的进程中，大量的土地资源被开发用于建设住宅、工厂和基础设施，导致农田面积减少和土地退化。同时，由于过度取水和水体污染，乡村的水源减少，水质恶化。这些问题的发生不仅对乡村生态造成了破坏，也给当地居民的生活带来了困扰。地表水减少和水质恶化可能导致农作物生长受限，以及饮水安全问题。土壤沙化的发生破坏了生态系统平衡，不仅对农作物生长不利，还易引发沙尘暴等环境灾害。因此，保护乡村的土地资源和水资源，防止土壤沙化和水资源减少，是乡村建设的重要任务。

2. 乡村工农业发展与乡村环境的矛盾

乡村自身的工业发展与农业生产活动带来了水体和大气的污染，在一定程度上对乡村的生态环境造成了一定的影响。如在乡村工业发展方面，一些乡镇企业排放工业废水和废气，导致附近水体和大气质量恶化。此外，一些农村家庭和农业企业也会产生污染物，如农药和化肥中的有害物残留、畜禽粪便等，这些污染物通过农业生产活动和农村生活被排放到环境中，对水体和土壤造成了污染。以上问题严重破坏了乡村地区的生态环境，不仅对乡村的生态系统造成损害，对乡村居民的健康和生活质量也构成了威胁。因此，在乡村建设中解决乡村的污染问题至关重要。

3. 经济利益与生态环境保护的矛盾

有些乡村的经济增长方式较为粗放，在一定程度上牺牲了当地的生态与资源环境。资源环境为人类的生产生活提供自然资源，反过来人类在生产与生活中对资源的不合理利用，又会对自然环境产生破坏与污染。有些乡村通过大面积开垦耕地、滥用化肥与农药、无节制放牧等手段推进农业生产，并伴随着传统农业与工业的大规模扩张。以某乡村为例，为了追求高产，村民们大规模开垦山坡地进行耕种，导致原本稳定的山体土壤结构被破坏，进而引发了水土流失和山体滑坡等自然灾害。同时，在农业生产中，村民们普遍使用大量的化肥和农药来提高作物产量，却忽视了化肥和农药对土壤与水源的污染。长此以往，不仅影响了农产品的品质和安全，还对周边的生态环境造成了严重破坏。

另外，有些乡村在发展过程中忽视了生态环境的内在价值。以某地区的小矿山为例，曾经有一段时期，当地政府为了追求短期的经济利益，允许企业无节制开采矿产资源。这种开采行为不仅破坏了山体的自然形态，还导致了地下水资源污染和地面塌陷等问题。同时，大规模的水电站建设也是乡村发展中常见的问题。在某些地区，为了利用水能资源发电，大量建设水电站，却忽视了对河流生态系统的保护。这些水电站的建设往往改变了河流的自然流向和水位，对河流中的生物多样性和生态平衡造成了严重影响。还有一些乡村为了发展旅游业，过度开发自然景观和文化遗产。例如，在某些古村落周边，大量的商业设施和游客给当地环境带来了巨大的压力，原本宁静的乡村变成了喧嚣的旅游区，不仅影响了当地居民的生活质量，还对自然景观和文化遗产造成了不可逆的损害。资源与环境是人类生存和发展的基石，不合理的资源利用及环境污染会对自然环境造成难以弥补的损害，进而威胁到人类的生活品质与可持续发展。例如，长期过度使用化肥和农药会导致土壤板结、酸碱度失衡，使得土地逐渐失去肥力，无法再种植作物。而水体污染则会导致水质恶化，影响饮用水安全和渔业资源。以上问题不仅影响到当地居民的生活和健康，还会对整个生态系统造成长期的负面影响。

要解决这些问题，就必须转变乡村发展的理念，推动绿色发展，实现资源的合理利用和环境的有效保护。如采用可持续的农业生产方式，推行循环经济，促进农村产业升级和农民增收。同时，政府应加强环境管理和监督，制定相关政策和法规，引导和促进乡村的可持续发展，确保经济发展与生态环境保护相协调。此外，还要提升公众的环境意识，推动全社会共同参与乡村的绿色发展。

（六）乡村文明的传承与发展面临压力

从中华民族走向伟大复兴的道路看，乡村是中国五千年文明之根，也是五千年文明传承之载体，乡村文明是中华民族走向伟大复兴的自信之根、复兴之本。作为中国传统文明载体的乡村，目前遇到的最致命的危机，是在被认为是世界历史发展必然趋势的城市化浪潮中失去了存在的时代理由。城市化的浪潮导致了乡村的人口外流和资源流失，许多乡村面临人口老龄化、农田荒芜、传统文化断代等问题，乡村文明的传承和发展面临着巨大的压力。但乡村往往拥有丰富的生态资源和独特的自然景观，这为发展生态旅游、生态农业等绿色产业提供了机会。因此，倡导生态文明建设与乡村振兴相结合，成为中国乡村当前的发展方向。

工业文明的发展带来了环境污染、自然资源消耗等问题，对乡村发展造成了一定的冲击。但工业文明也为乡村带来了新的机遇和发展模式。促进了乡村交通和通信技术的进步，提升了农民的认知水平，推动了农业技术的发展，提高了农产品的产量和质量，还提供了更多的就业机会。因此，乡村不应该与城市对立，而应该寻求城乡融合发展的路径。城市与乡村的互动和协调，可以促进乡村的发展和乡村文明的保护。乡村文明也要顺应时代的发展，与现代科技、文化创意等相结合，以更好地适应现代社会的需求。

据统计，我国平均每天消失 1.6 个传统村落。伴随着传统村落消失的是乡村文化，这对于一个国家和一个社会来说，是一种遗憾。保护传统村落和乡村文化的重要性在于它们不仅是我们的文化遗产，也是我们身份认同和精神追求的重要来源。保护传统村落和乡村文化是全社会的责任，需要政府、社会和个人的共同努力。政府要加大对乡村振兴和乡村文明保护的支持力度，提供政策、资金和人才支持；社会要关注、参与和支持乡村的发展，推动乡村文明的传承；个人要弘扬传统文化，参与乡村发展，为乡村的繁荣与发展贡献力量。

综上所述，尽管乡村文明面临着严峻挑战，但乡村文明仍然具有重要的存在价值。通过城乡融合发展，推动传统文化的传承和创新，我们可以找到乡村文明发展的新路径，使乡村文明在现代社会焕发出新的活力。

乡村建设不能仅仅局限于物质技术层面的基础设施建设、公共文化服务的完善、生态环境的优化，而要从体制机制层面，着眼于农村产权制度改革、农村社会管理机制创新，真正把农村经济、政治、文化、社会建设等各方面、全过程融合起来，最终建成具有中国特色的社会主义新农村。在新时代，乡村建设不仅要努力实现农村、农业、农民“三农”发展的现代化目标，还要充分开发利用本土传统资源，积极合理地规避现代工业文明的负面冲击，在探索实践、经验总结中，逐步实现“产业兴旺、生态宜居、乡风文明、治理有效、生活富裕”的乡村建设目标。

在乡村建设中，首先要努力实现农村、农业、农民的现代化发展。这包括提高乡村的产业发展水平，培育特色农业和农村产业，推动农村经济结构的转型升级。同时，也要关注乡村居民生活水平的提升，提供更好的教育、医疗、养老等公共服务，改善乡村基础设施建设，提高乡村居民的生活品质。其次，要充分开发利用本土传统资源。每个地方都有独特的传统文化、特色产业等资源，可以通过保护和传承传统文化，发展乡村旅游、乡土特色经济等方式，将这些本土资源转化为经济发展的动力。这样既可以保护传统文化的独特性，又可以促进当地经济的发展。同时，在推动乡村现代化的过程中，要注重环境保护和生态文明建设，避免产业发展带来的环境污染和资源浪费问题。可以采取绿色发展的方式，鼓励乡村发展清洁能源、可持续农业和循环经济，以保证生态环境的可持续性。再次，要避免过度城市化和城市统治农村的现象。乡村建设旨在通过提升乡村的居住环境、公共服务水平和文化内涵等，让乡村拥有更好的发展机遇和生活条件，不让城市发展过程中的问题在乡村重演。要更多地发挥乡村的独特优势和特色，构建城乡融合发展的模式，使乡村既能享受城市化带来的便利，又能保持自身的特色和魅力。

总之，乡村建设是一个综合性的工程，需要全社会的共同努力和参与，特别是政府、乡村居民和社会各方的积极合作。同时还要加大资金投入和政策支持，提供更多的乡村发展机会和条件。只有综合考虑经济、社会、环境、文化的可持续性，才能实现美丽乡村的建设目标。

二、艺术介入乡村建设的瓶颈问题

（一）艺术介入乡村建设与乡村原有文化的冲突

艺术介入乡村建设，作为一种新的发展策略，旨在通过艺术的手段激活乡村的潜力，促进乡村的经济、文化和社会发展。然而，在这一过程中，艺术介入乡村建设与乡村原有文化之间可能会产生冲突，具体表现在以下方面。

1. 艺术介入乡村建设引入的观念与乡村传统文化存在显著差异

介入乡村建设的艺术往往代表外来的、现代的文化观念，这些观念与乡村长期形成的传统文化可能存在显著的差异。乡村文化作为在特定地域和历史条件下形成的文化形态，具有深厚的地域性、历史性和民族性，它涵盖了乡村居民的生活方式、价值观念、风俗习惯、宗教信仰等多个方面，是乡村社区的精神纽带和乡村居民身份认同的重要标志。而艺术介入，尤其是那些以现代艺术为手段的项目，可能带有强烈的都市化和全球化的印记，这与乡村的传统文化形成了鲜明的对比。以浙江宁波某乡村的艺术改造项目为例，该项目引入了现代艺术装置和街头文化元素，试图打造一个艺术乡村。然而，这些现代艺术元素与乡村原有的建筑风格、自然景观和社区氛围格格不入。如乡村的传统建筑以土木为主，风格古朴，与自然景观和谐共生。而现代艺术装置的不锈钢、玻璃等材料，以及鲜艳的颜色和抽象的形态，与乡村环境形成了巨大的反差，这种反差不仅破坏了乡村的原有风貌，更让乡村居民感到陌生和不适。

2. 艺术介入乡村建设可能挑战乡村的传统文化价值观

乡村文化中的价值观更强调尊重自然、敬畏祖先、重视家庭和社区。这些观念在乡村居民的心中根深蒂固，是他们行为准则和道德规范的基石。然而，艺术介入乡村建设可能带来更为开放、多元甚至相对主义的价值观，这样的价值观与乡村的传统文化价值观可能产生矛盾甚至冲突。例如，在某些艺术介入乡村建设项目中，艺术家可能通过作品表达对性别、身体、权力等议题的看法，这些看法可能与乡村的传统道德观念相悖，乡村居民在面对这些“前卫”的艺术作品时，可能会感到困惑、不安甚至反感。他们可能认为这些作品破坏了乡村的道德底线，对年轻一代产生了不良影响。

3. 艺术介入乡村建设可能引发乡村居民的身份认同危机

乡村文化是乡村居民身份认同的重要组成部分，它塑造了乡村居民的世界观、人生观和价值观。当艺术以一种强势的姿态进入乡村时，它可能削弱甚至颠覆乡村居民对自我文化的认同。这种认同危机可能导致乡村居民的迷茫、焦虑甚至抵制。

艺术介入乡村建设可能与乡村原有文化产生多方面的冲突，为了避免这些冲突，艺术介入者必须深入了解乡村的传统文化，尊重乡村居民的价值观念和生活方式，以更为温和、包容的态度进行介入。同时，乡村居民也要以开放的心态接纳艺术的多元性，共同探索艺术与乡村文化的融合之道。

（二）艺术介入乡村建设与乡村生态环境的矛盾

艺术介入乡村建设与乡村生态环境之间可能会产生明显的矛盾。这种矛盾主要体现在对自然资源的占用、环境的破坏及生态平衡的干扰等方面。

1. 艺术介入乡村建设占用了自然资源

艺术介入乡村建设往往需要占用一定的自然资源，包括土地、水源、植被等，这可能对乡村的生态环境造成直接影响。以土地的占用为例，某些艺术装置或艺术园区可能需要大片的土地用于建设和展示，这不仅会减少乡村的耕地面积，还可能破坏原有的植被覆盖，对当地的生态环境造成不可逆的损害。以河南某乡村艺术公园项目为例，该项目计划打造一个集艺术创作、展示和休闲于一体的艺术公园。然而，在项目实施过程中，为了建设艺术装置和休闲设施，大量树木被砍伐，大片草地被硬化，导致该地区的生态环境遭到严重破坏。原本绿意盎然的乡村景观被钢筋水泥所取代，引发了当地居民的强烈反对。

2. 艺术介入乡村建设可能带来环境污染问题

在艺术创作和展示过程中可能产生的废弃物、噪声及光污染等，都会对乡村的生态环境造成负面影响。例如，某些艺术项目在创作过程中可能使用大量的油漆、颜料等化学材料，这些材料如果处理不当，很容易对土壤和水源造成污染。同时，艺术活动产生的噪声和光污染也可能干扰乡村居民的正常生活与野生动物的栖息。例如，在某乡村艺术节期间，为了营造独特的艺术氛围，主办方在村庄内布置了大量的音响设备和灯光装置，这些装置与设备在运行过程中产生了严重的噪声和光污染，不仅影响了当地居民的休息和生活，还对周边的野生动植物造成了干扰。许多居民反映，艺术节期间他们无法正常休息，而一些野生动物也因为噪声和光线的干扰而变得行为异常。

3. 艺术介入乡村建设可能破坏乡村的生态平衡

乡村生态系统是一个复杂而脆弱的网络，任何外部因素的介入都可能打破乡村生态系统内部的平衡。艺术项目的引入可能会给乡村带来新的物种、改变原有的植被结构，甚至影响当地的气候和水文条件。这些变化可能对乡村的生态环境造成长远的影响。例如，在某个乡村艺术景观项目中，为了达到独特的艺术效果，引入了大量的外来植物种类，这些外来植物在当地迅速繁殖，与本土植物争夺养分和空间，导致本土植被的生存空间受到严重挤压。这样的艺术介入不仅破坏了乡村的原有生态景观，还对当地的生物多样性造成了威胁。

综上所述，艺术介入乡村建设与乡村生态环境之间确实存在一定的矛盾。为了解决这些矛盾，艺术介入者必须具有高度的环保意识和责任感，确保艺术项目在推动乡村发展的同时也能保护和改善乡村的生态环境。同时，政府和社会各界也应该加强对艺术介入乡村建设项目的监管和评估，确保其符合环保要求，实现艺术与生态环境的和谐共生。

（三）艺术介入乡村建设与乡村居民参与度的矛盾

艺术介入乡村建设可能与乡村居民的参与度产生矛盾，这种矛盾表现在居民参与意愿、参与能力、参与效果等多个层面。

1. 乡村居民参与艺术介入乡村建设项目的意愿可能并不强烈

乡村社区长期形成的生活习惯和文化传统使得乡村居民对于外来艺术形式的接受程度有限，他们可能更倾向于维持现有的生活方式和文化状态，对于新的艺术形式持保留甚至排斥的态度。特别是当艺术介入乡村建设项目与他们的日常生活关联度不高时，乡村居民的参与意愿更会大打折扣。以江苏某乡村壁画项目为例。艺术家计划在村庄的墙壁上绘制一系列反映乡村生活的壁画。然而，项目启动时，许多村民对此并不感兴趣，认为这些壁画与他们的日常生活无关，甚至担心壁画会破坏村庄的传统风貌。因此，尽管艺术家与项目组进行了大量的宣传和动员，村民的参与意愿仍然不高。

2. 乡村居民的参与能力可能限制了他们的实际参与度

艺术介入乡村建设项目往往需要参与者具有一定的艺术素养和创作能力，而乡村居民在这方面的基础相对薄弱。他们可能缺乏艺术创作和鉴赏的知识与技能，导致在艺术介入乡村建设项目中难以发挥有效的作用。例如，在某乡村的艺术工作坊项目中，项目组邀请专业艺术家来指导村民进行艺术创作，然而，大部分村民由于没有艺术基础，在创作过程中感到力不从心，导致项目难以达到预期的效果。这种情况不仅影响了村民的参与度，还可能让他们对艺术介入乡村建设项目产生挫败感和抵触情绪。

3. 艺术介入乡村建设效果可能影响乡村居民的参与度

艺术介入乡村建设项目的实施效果可能与乡村居民的期望存在差距，从而影响乡村居民的参与度。乡村居民对于艺术介入乡村建设项目往往抱有一定的期望，希望这些项目能够真正改善他们的生活环境和生活质量。然而，在项目实施过程中由于各种因素，如资金、技术、管理等，项目效果可能不尽如人意。这种期望与实际效果的差距会让乡村居民感到失望，进而降低他们的参与度。例如，某乡村曾引入一个艺术改造项目，旨在通过艺术手段提升村庄的文化氛围和吸引力。然而，由于项目资金不足和管理不善，艺术装置与设施在建成后很快出现了损坏和老化的问题。这不仅影响了乡村的整体形象，也让乡村居民对艺术介入乡村建设项目的实际效果产生了质疑，在项目后期，乡村居民的参与度明显降低。

综上所述，艺术介入乡村建设与乡村居民参与度之间确实存在矛盾。为了解决这些矛盾，项目组必须充分考虑乡村居民的意愿和能力，制定符合乡村居民需求的项目方案。同时，还要加大项目的宣传和教育力度，提高乡村居民的艺术素养和参与能力。只有这样，才能确保艺术介入乡村建设项目的顺利实施，真正发挥其在文化、经济和社区发展方面的积极作用。

（四）乡村居民面对艺术的知陌之旅

尽管我国在乡村教育方面已经取得了较大进展，但整体而言，乡村居民的受教育程度仍相对偏低。尽管在过去几十年里，我国政府大力推动农村教育的普及，农村的文盲率大幅下降，但在城乡二元化的现状下，大量乡村居民选择迁往城市，导致乡村中留下的主要是老年人和儿童。在这些留守人口中，仍有一定比例的人口没有接受过正规的教育，而教育范围的片面性使乡村居民对艺术的理解和欣赏程度大概率受到了影响。艺术通常需要欣赏者具有一定的文化素养和审美观念，而低教育水平可能导致乡村居民难以理解艺术作品的深层内涵。同时，艺术往往具有较强的文化性和抽象性，当艺术介入乡村建设时，如果艺术形式与当地文化传统脱节，乡村居民可能难以理解和接受。另外，艺术家与村民之间的沟通障碍也是一个潜在问题。一些乡村秉持传统的生活方式和观念，对艺术可能存在一定的不理解甚至持抵制态度。艺术的现代性和创新性可能与乡村居民的传统认知相悖，导致其难以接受。而艺术家可能也难以用简洁明了的方式向乡村居民解释艺术作品的意义，乡村居民难以理解和接受介入乡村建设的艺术。

解决上述问题的关键在于建立更加有效的沟通机制，使艺术家能够更好地理解当地文化和乡村居民的需求，通过提升艺术的本土性，使艺术更贴近乡村居民的生活。还可通过文化教育和培训提高乡村居民对艺术的理解与欣赏水平。此外，艺术家还要尊重并融入当地的传统文化元素，使介入乡村建设的艺术更好地融入乡村。

综上所述，当前的乡村在艺术介入乡村建设过程中还存在很多问题，要解决这些问题需要制定全面综合的政策，同时采取有效的措施，促进乡村可持续发展。

从以上分析不难发现，我国的艺术介入乡村建设正处于探索起步阶段，对指导艺术家介入乡村建设方法的相关研究还相对较少。艺术家在介入乡村建设时，选择合适的方法成为关键问题——介入乡村建设的艺术不仅要被乡村居民接受，还要能够激发乡村居民的积极参与意识，突出乡村特色文化，推动乡村建设和全面发展。因此，对于艺术家如何在艺术介入乡村建设中有效发挥作用，还需要更多理论与实践的探索。

三、当代艺术介入乡村建设的实践观察

近年来，国内外许多艺术家将注意力聚焦于乡村，并试图以各自独特的方式改造乡村，改善乡村居民的生活条件，这一现象引起了社会的广泛关注。艺术家们通过多样的艺术形式积极介入乡村建设，如大地艺术、行为艺术、装置艺术、摄影艺术等。这些艺术作品与传统的艺术作品不同，因为艺术家在当地寻找创作灵感的同时，还与当地村民一同参与作品的创作和安装。这一过程不仅改善了乡村的外部环境，还提升了乡村居民对艺术的理解能力；不仅培养了乡村居民的集体意识，还解决了乡村居民在生活和空间环境方面的问题。与规模庞大的拆除重建相比，艺术家以有限的资金投入取得了巨大的社会影响力。此举不仅打破了当地封闭的环境，还增强了当地村民的地方认同感和归属感，为乡村建设的可持续发展做出了积极贡献。以下是中外艺术家在艺术介入乡村建设方面的成功案例。

（一）甘肃天水秦安叶堡乡石节子村

石节子村坐落于甘肃省天水市秦安县叶堡乡，这里曾经是秦安县最为贫困的村庄之一。然而，这个曾经默默无闻、经济落后的村庄，近年来因为艺术的介入焕发了生机。

石节子村总共有 13 户家庭，房屋皆依山而建，几乎每户都采用相似的四合院结构。2000 年以前，石节子村地理位置偏僻，自然环境恶劣，干旱少雨，经济发展滞后，村民主要以外出打工和务农为生，人口结构以留守儿童和老年人为主，每家年均收入在 1000 元左右。2000 年，村里的

本地人靳勒在46岁时回到了自己的家乡，回到故土的靳勒一直以来都希望能够将艺术与村庄相结合。2005年，靳勒看到家中的炕洞、推耙等生活用具后，萌发了在这片土灰色环境中赋予这些工具光彩的想法。于是，他与村民们一同为这些器物贴上金箔，创作出了作品《贴金》。就是这一想法的迸发，激发了靳勒藏在心底已久的愿望——通过自己的力量让这个贫困的村庄焕发出夺目的光彩。2008年2月，靳勒被村民们选为村长。据他自己回忆，村民们认为他可以为大家做一些特别的事情，为此村民们都把他当作一个可靠的人，一个希望的象征，希望他能为石节子村描绘出别样的景象。

靳勒表示："为了解决村里的生活问题，需要吸引外界人士前来，而要实现这一目标，石节子村就必须具备自己的特色。"于是，靳勒在2008年夏天成立了石节子美术馆，目的是将整个村庄打造成一个艺术的天地，每户居民的住处都成为美术馆的一个分馆。靳勒以每户人家的名字来命名这些分馆，并将自己的雕塑作品放置在整个村庄内。2009年夏天，石节子美术馆正式对外开放。开馆期间，村民们站在平时用来打理果树的梯子上，用小铲子在崖壁上歪歪扭扭地画出了"石节子美术馆"几个字，后面还用桃木枝条画出了英文名称。这些字是靳勒的母亲何蠢蠢写的，她虽然不识字，却和七八个老太太一起一笔一画地"画"出了这些字。靳勒把这些"书法作品"拍照并上传到自己的博客上，然后根据评论选择网友最喜欢的题字。靳勒还带领村民去德国参观艺术展，并将照片挂在每户人家的庭院内。为了激发村民的兴趣，靳勒组织村民用铁丝和木棒做芯，将掺和了村民衣物和毛发的泥糊在外面，共制作了300个"泥棒子"，送到新成立的银川美术馆进行展览。参与制作的村民每根泥棒子可获得50元的报酬，平均每人获得了1500元的报酬。这一活动使村民感到非常愉快。通过参与展览，村民们开始认识到从事艺术工作也能获得经济回报，于是纷纷收集生活中的一些杂物，以备未来进行艺术创作。石节子美术馆的成立，不仅为村庄带来了外界的关注，更激发了村民对艺术的热情和创造力。在过去的10多年里，众多艺术家走进石节子村，与村民们同吃、同住、同创作。这种深度的艺术介入，使石节子村成为独一无二的乡村美术馆。

艺术介入的深化使艺术成为村民日常生活的一部分。在艺术家的引导下，村民们开始自发地进行艺术创作，如木雕、泥塑等。这些艺术作品不仅丰富了村民的精神生活，也成为村庄的一种文化符号。随着越来越多的艺术家和游客来到石节子村，村庄的基础设施得到了极大的改善。道路得到了硬化，每户人家接入了自来水，太阳能路灯照亮了夜晚的村庄。这些变化不仅提升了村民的生活质量，也为村庄的进一步发展奠定了基础。

之后，石节子美术馆每年都会组织一系列艺术活动。2014 年，靳勒邀请西安美术学院教授王志刚及其学生来到石节子美术馆。每位学生入住一户村民家中，与他们共同生活。活动要求每个学生与其寄宿家庭合作完成一件艺术作品，并进行相互交流和共同构思。活动结束后，还选取符合当地特色的艺术作品在石节子美术馆永久展示。西安美术学院雕塑系创研室主任、活动执行策划郭继锋表示："艺术家以艺术的形式参与乡村文化建设，创作适合农村文化发展的艺术作品，关注'乡情'、留住'乡愁'，这是新农村公共艺术发展的重要组成部分，也是本次活动的主要意义。"

2015 年 5 月，石节子美术馆与北京的艺术机构"造空间"合作开展了一个名为"一起飞——石节子村艺术实践计划"的艺术项目。作为项目的一部分，靳勒的母亲何蠢蠢通过抽签的方式将村民与艺术家进行随机配对，并提出了在一年内共同完成一件艺术作品的要求。2016 年 11 月，石节子村副村长李保元与艺术家秦刚合作的作品《老农具》在北京民生美术馆展出。展览结束后，李保元获得了"农民艺术家"称号，并发表感言。他表示这次的发言让他找到了存在感，他为自己的农民身份而自豪："咱农民也能在台上讲话，这辈子我想都不敢想！这让咱觉得农民也很有尊严！"每次艺术活动都要求村民和艺术家必须一同完成作品，这不仅增进了村民对艺术的了解和兴趣，也让石节子美术馆受到了更多的关注。如今，石节子美术馆声名远扬，每年有大量的游客前来参观，越来越多的艺术家和艺术院校学生来到这里交流艺术，感受艺术的魅力。

艺术介入乡村建设促进了乡村经济的多元化发展。石节子村通过对当地特产如花椒等进行艺术性包装，增加了农产品的附加值和市场竞争力。同时，依托美术馆和独特的自然风光，石节子村开始发展乡村旅游，吸引更多游客前来参观和体验。这不仅为村民带来了经济收益，也提升了石节子村的知名度和影响力。

（二）巴西里约克鲁塞罗贫民窟

半个世纪前，随着巴西城市工业的蓬勃发展，大量乡村居民被城市的发展机会所吸引，纷纷涌入城市谋求更好的生活。然而，由于城市空间的有限性，这些移居城市的人只能寄居在城市边缘地带。随着时间的推移，这片外来人口的临时安置区域逐渐成为贫困居民的集聚地。由于这些居民教育水平较低，加之人口众多，当地社区逐渐滋生了犯罪和暴力问题。巴西里约克鲁塞罗贫民窟，作为里约热内卢众多贫民窟中的一个，是贫困、犯罪和社会不安定的代名词。

里约克鲁塞罗贫民窟位于里约热内卢北部的山区，是一个人口密集、基础设施薄弱的社区。由于历史原因和政府规划的缺失，居民们生活在破旧的房屋中，当地教育、医疗和基本生活设施严重匮乏。此外，犯罪率居高不下，使得这个地区更加被边缘化和被忽视。在这样的背景下，传统的乡村建设方法往往难以奏效。而艺术介入作为一种创新的社会干预手段，为里约克鲁塞罗贫民窟的乡村建设提供了新的思路。

最初，艺术家杰伦・库哈斯和德里・乌汉与他们的团队前往巴西里约克鲁塞罗拍摄一部有关当地的纪录片。这部纪录片旨在探讨说唱音乐在年轻人生活中的重要角色。在拍摄过程中，杰伦・库哈斯和德里・乌汉不仅被当地年轻人在说唱音乐创作方面的独特才华所感染，同时还被建立在城市边缘陡峭山壁上的贫民窟所吸引。他们的创意灵感被激发并产生了一个大胆的构想，即在这些特殊地理位置的房屋上进行涂鸦绘画，甚至将整个贫民窟的外立面打造成一个巨大的涂鸦艺术作品。为了从视觉上改变里约克鲁塞罗贫民窟的面貌，激发当地居民的社区归属感，艺术家们发起了壁画和公共艺术项目。这些项目邀请当地居民参与，当地居民将贫民窟的墙壁变成了色彩斑斓的画布，在上面描绘了贫民窟的日常生活、历史文化和居民的梦想。这些壁画不仅美化了环境，还成为社区的标志，引起了外界的关注。为了提高当地居民的艺术素养和创造力，艺术家和志愿者们在贫民窟中开展了艺术教育与培训项目。这些项目涵盖绘画、雕塑、音乐等多个领域，旨在培养居民的艺术兴趣、提升其艺术技能。通过这些活动，当地居民不仅获得了新的技能，还找到了自我表达和社交的新途径。

2006 年，库哈斯和乌汉启动了一个介入贫民窟的项目，并与当地年轻人合作，通过壁画的方式创作了一个题为“放风筝的小男孩”的作品。

整个艺术作品横跨三座房子，位于当地足球场前，总面积约为 150 平方米。在执行该项目之前，艺术家们先制定了几个草图方案，然后由当地居民进行投票选择。最终，“放风筝的小男孩”一举当选，这个作品生动展现了贫民窟内儿童日常嬉闹玩耍的场景。贫民窟的第二个项目位于当地半山腰的一个挡土墙所在地。这个挡土墙在当地被用于防止雨季山体滑坡。由于当地雨季漫长，作品的灵感来源于水的流动纹理，以卡通形式生动呈现。该项目占地面积 2000 多平方米。受第一个项目的影响，大量年轻人积极参与，并接受了技能方面的培训。在埃必思的协助下，作品对外开放，吸引了上千人参观，并引起了城市中心居住者甚至明星的关注，他们纷纷前来参与。第三个项目位于当地半山腰上的贫民窟社区中心，名为“O Morro”。该项目于 2010 年年初启动，雇用当地居民根据设计好的图案在自己的房子上进行涂鸦绘画。作品图案呈辐射状，寓意着艺术家和村民通过艺术绘画来辐射贫民窟居民，影响他们，使他们充满快乐，并引起社会对城市边缘的关注。

如今，巴西里约克鲁塞罗贫民窟的壁画艺术改造已受到全球瞩目，越来越多的壁画艺术呈现出当地说唱文化的嘻哈特征，原本臭名昭著的贫民窟在艺术家的介入和当地年轻人的创造下发生了改变。全球新闻媒体，包括美国有线电视新闻网、福克斯新闻、半岛电视台等都对这里进行了报道，巴西里约克鲁塞罗因此成为一处独特的旅游景点。与当地贫民窟改造相关的艺术作品被展览并拍卖至世界各地的博物馆，所得资金被继续用于当地贫民窟的改造。

艺术干预策略在巴西里约克鲁塞罗贫民窟的乡村建设中已展现出显著成果。首先，通过艺术项目的实施，贫民窟的整体环境得到了大幅提升，从而提高了当地居民的生活质量。具体而言，壁画与公共艺术装置的引入不仅为贫民窟的环境注入了丰富的色彩和视觉活力，而且改善了当地居民对居住环境的认知，使他们感受到更宜居的社区氛围。其次，当地居民共同参与艺术活动，不仅增加了面对面交流的机会，而且在共同创作和欣赏艺术作品的过程中加深了彼此的理解和信任。在巴西里约克鲁塞罗，社会资本的积累逐渐形成了更紧密、更稳定的社区网络，从而增强了社区在结构方面的凝聚力。值得注意的是，这种凝聚力的提升在减少犯罪行为和社会不稳定因素方面产生了积极的影响。再次，从经济角度来看，通过定期举办文化节和艺术展览，贫民窟成功吸引了大量的外界游客和艺术投资者，不仅为当地带来了新的经济机遇，还促进了当地文化与经济的融合发展。同时，艺术作品的销售也为贫民窟居民开辟了新的收入来源，有效地提高了他们的经济水平和生活质量。总体而言，艺术介入在巴西里约克鲁塞罗贫民窟的乡村建设中发挥了多维度的积极作用，体现了艺术与社区发展的深度融合，并取得了双赢。

（三）艺术介入经验分析

从上述案例中可以看出，乡村在艺术家介入建设后发生了积极的转变，乡村状况明显改善，并有所发展。在对案例的综合分析中，本研究将其分为艺术家介入前与艺术家介入后两个阶段。在艺术家介入之前，不难发现以上案例在地理位置、乡村状况、村民状况等方面存在一定的相似性，即这些地区都位于较为偏远的经济落后地区，缺乏社会关注，居民生活条件差、受教育水平低、经济来源匮乏，同时受到城市发展的冲击，面临逐渐消失或持续破败的困境。

本研究将艺术家的介入动因总结为四个方面：艺术家与乡村的关系、主导者的初衷、参与者的构成、创意来源及艺术方式。

1. 艺术家与乡村的关系

石节子村的艺术家出生于当地，对家乡有感情基础，对当地有一定了解。巴西里约克鲁塞罗贫民窟这个案例中的艺术家虽然不是本地人，但通过对当地居民文化的深入记录和对当地生活的长期体验，他们对这个地方也有相对深入的了解。案例中的艺术家通过对当地传统、历史和文化的深入挖掘，使艺术作品更好地融入当地的环境，产生了更有深度的文化内涵。

2. 主导者的初衷

艺术家的初衷是一致的，都希望促进乡村发展。虽然艺术家的行为是源于个人兴趣，但从作用的角度来看，其行为也是为了改造当地而展开的。尤其是在改善生活环境方面，艺术介入当地建设后不仅美化了乡村的外观，还创造了更具活力和宜居的社区环境，为当地居民提供了更好的居住体验。

3. 参与者的构成

每个案例中都是艺术家与当地居民合作进行改造，体现了艺术介入乡村建设定义中艺术家与村民共同合作、以人为本的观点。说明介入乡村建设的艺术不只是从外部引入，而是与当地居民的共同创作和参与相结合，形成了艺术与社区的深度融合。

4. 创意来源及艺术方式

石节子村注重传统的石雕工艺，而巴西里约克鲁塞罗贫民窟则包含了各种形式的街头艺术和社区项目。

其实归根到底，每个案例都有各自独特的社会背景。石节子村是在乡村建设中引入艺术，而巴西里约克鲁塞罗贫民窟则是在城市贫民区进行社区改造。在不同的社会背景下，不同的艺术家选择了不同且独具特色的表现形式进行呈现，最大程度地展现出了当地的独特之美。从艺术对乡村建设产生的作用来看，这两个案例的共同之处在于营造地方特色，因为文化元素是因地而异的。石节子村注重体现中国传统文化，而巴西里约克鲁塞罗贫民窟则将巴西的多元文化融入艺术创作。

通过简单的分析，本研究发现前三个因素在本质上是相同的，都是站在地方的角度进行的改造，并由主导者和乡村居民共同参与完成。而在艺术家介入乡村建设的艺术表现方式上，两个案例存在一定的差异。以上相同和不同之处共同构成了艺术介入乡村建设的多样性和丰富性，同时也强调了在具体实践中艺术介入乡村建设必须考虑和尊重当地的文化、社会背景，以及乡村居民的需求。

四、艺术介入乡村建设的必要性分析

艺术介入乡村建设，重点在于艺术与乡村建设之间的关系。虽然国家出台了各种振兴乡村的政策并提供了大量的资金支持，但中国乡村普遍存在的问题仍未得到根本性解决。大多数乡村建设者认为投入资金是解决乡村问题的最快方法，往往忽略了乡村最重要的因素是文化根基，以至于乡村一直依赖外来资金的支持，无法实现自治，更不可能受到外界的关注并吸引外出务工人员返乡创业。可以说，乡村青壮劳动力流失的根本原因是乡村缺乏创造收益的产业吸引青壮劳动力留乡就业。从乡村和城市发展的整体来看，乡村无论是物质基础还是文化设施，都比城市弱了一些。可见仅仅通过物质手段对乡村进行帮扶是无法从根本上解决乡村问题的。此时，艺术的介入就可以发挥重要作用，艺术不仅能够传承乡村的特色遗产、活化乡村的精神文化，而且能美化乡村的居住环境，带动乡村的产业发展，转变乡村建设的主体，等等。以下将具体展开分析艺术介入乡村建设的必要性。

（一）传艺之道：续写乡村独特遗产的传承

乡村遗产是乡村文化的重要组成部分，有着丰富的历史信息和文化内涵。乡村遗产不仅包括物质文化遗产，还包括非物质文化遗产，如民俗、传统手工艺、地方音乐和舞蹈等。这些遗产承载着乡村的历史记忆和文化，是乡村可持续发展的宝贵资源。然而，随着城市化进程的加快，许多乡村遗产正面临着消失的危机。目前，不少乡村正逐渐走向城市化，本土文化也在逐渐被城市文化所替代。在这样的变迁中，一些优秀的传统文化未能得到有效传承，便逐渐淡出了人们的视野。另外，乡村人口中的老年人居多，青壮劳动力加速流失更使得部分优秀的传统文化后继乏人。艺术具有独特的魅力，能够超越语言和文化直达人心。艺术介入乡村建设在乡村文化传承中发挥着重要作用，其成效和影响不容小觑。

1. 艺术介入乡村建设重振了乡村文化

作为一种强大的文化传承媒介，它通过艺术家对当地文化的深入探索和精妙展示，重振了乡村的本土文化。在艺术创作过程中，艺术家巧妙地融入传统的乡村绘画、雕塑、音乐等艺术元素，不仅在其作品中充分体现乡村独特的文化和传统，而且促进了这些独特文化元素向新一代的有效传递。这种传递并非仅仅停留在记忆层面，而是通过具体的艺术形式实现了文化的生生不息。

2. 艺术介入乡村建设为乡村历史的保护开辟了新的路径

艺术家通过壁画、雕塑等各种艺术形式生动地描绘乡村的历史场景、人物及传统手工艺品，不仅增进了乡村居民对自身历史的认同，也为乡村遗产的保护做出了积极贡献。同时，这些艺术作品以艺术的方式记录了乡村的历史变迁、重大事件和人物，有效地激发了乡村居民和游客对乡村历史的兴趣，进一步推动了乡村遗产的保护。此外，艺术作品在展示乡村特色方面具有独特的优势。艺术家们通过绘画、雕塑、建筑等形式生动地呈现了乡村的自然风光、传统建筑和农耕文化，极大地增强了乡村的吸引力，让更多的人领略到其独特魅力。这些艺术作品不仅为乡村增添了美好的元素，还凸显了其地域文化的独特性。

值得一提的是，艺术介入乡村建设通常会有乡村居民的广泛参与。艺术家和当地居民共同创作艺术品，不仅传承了乡村的传统文化，而且在无形之中加强了乡村居民之间的联系与合作，进一步增强了社区的凝聚力，提升了乡村居民的归属感。可以说，乡村居民与艺术家之间的这种协作模式不仅促进了乡村内部的交流与互动，还强化了乡村的整体完整性，共同塑造了深厚的文化记忆。(图 3-1)

图 3-1　某乡村大地艺术景观（作者自摄）

因此，艺术介入乡村建设不仅是美化环境和推动乡村发展的手段，更是一种文化的传承和保护机制。通过艺术的独特表达方式，乡村的特色遗产得以继续存在和发扬光大，并为乡村注入新的生机与活力；既弘扬了传统文化，又使得传统文化与现代文化相结合，使乡村在变革中有了更好的发展路径。

（二）艺术之光：激活乡村精神文化的魔力

城镇化水平的提高导致了乡村生活中村民精神文化活动的缺失，文化娱乐活动匮乏，田间劳作成为日常主题，交流和集会较为有限，使得乡村逐渐失去了活力，乡村的文化和物质资源逐渐被忽视。而艺术介入乡村建设则为激活乡村精神文化带来了希望之光。

1. 艺术的介入为乡村建设注入了趣味性和自由性

在艺术介入乡村建设中，艺术的创新与融入并逐渐为乡村居民所接受不仅是一种交流，更是引导乡村居民发现乡村价值、关注自身精神文化的过程。在乡村居民的物质基础得到提升的前提下，艺术作为一种新的力量促进了乡村内部的变革。这种变革并不与原本的乡村文化基础相对立，而是在与之结合的过程中为乡村注入了更多活力，使乡村成为文化传承与创新共融的独特场所。(图 3-2)

图 3-2　某乡村艺术场景复原（作者自摄）

2. 艺术的介入丰富了村民的精神生活

艺术的介入不仅提高了乡村居民的创新积极性，激发了他们对生活的积极态度，更丰富了乡村居民的精神生活。通过艺术的呈现，乡村文化元素变得更加多样化，乡村成为充满活力和创意的地方。这种多样性不仅让乡村居民更有归属感，也吸引了外界的关注和参与。外界的人们被乡村丰富的文化元素所吸引，纷纷加入共同建设乡村的队伍，形成了不断创新、不断发展的可持续发展模式。另外，艺术创新也在一定程度上带动了乡村物质基础的提高。艺术创作和文化活动成为吸引游客和艺术爱好者的亮点，为乡村带来了新的经济机遇。这种艺术与乡村文化的有机结合使得乡村文化的创新不只是为了乡村文化本身的繁荣，还能有效提高乡村居民的生活品质，实现乡村的全面可持续发展。艺术成为乡村的活力源泉，不仅为乡村赋予了新的面貌，更激发促进了乡村的多方面发展，使其焕发生机。

3. 艺术的介入为年轻一代提供了更多的机会

艺术家运用现代科技手段，将乡村的文化元素进行数字化保存，并突破地域限制，将乡村的精神文化传播到世界其他地方。同时，借助现代科技手段，艺术介入还能为数字时代的年轻一代提供更加多元、便捷的文化体验和学习机会。

综上，艺术的妙手令乡村散发出令人陶醉的精神文化气息。艺术介入不仅在乡村创造出视觉上的艺术之美，更深层次地激活了乡村居民的心灵。通过艺术家们的创意呈现和社区文化活动的举办，乡村的传统精神文化得以重焕生机，乡村居民们开始重新认知和关注传统价值观、乡土文化及其传承。艺术介入乡村建设成为一场心灵的盛宴，让乡村居民在乡村的艺术舞台上找到了文化认同，拉近了乡村居民与文化的距离。这股激活了的精神文化力量，不仅使乡村散发出独特的魅力，更在乡村居民心灵深处播下了文化的种子，为乡村文化的传承注入了新的活力。

（三）乡村之美：艺术之光点亮居住世界

乡村环境作为人类居住环境的重要组成部分，其质量直接关系到乡村居民的生活品质和幸福感。在城市化进程不断加速的背景下，不少乡村面临着环境恶化、文化缺失等问题。因此，有效改善乡村居民的居住环境，成为当下亟待解决的问题。艺术家们通过艺术手段的引入和应用，使得乡村的居住区域更加美观、更加富有文化氛围，为乡村注入了新的生机和美感。

1. 艺术介入乡村建设美化了乡村环境

传统的乡村景观往往缺乏规划与设计，显得单调而乏味。艺术家们巧妙地运用雕塑、壁画、景观设计等形式，将富有艺术气息的元素融入乡村的建筑和自然景观，塑造出别具一格、令人陶醉的环境。这种艺术的介入不仅使乡村的居住环境更加美丽，充满层次感，同时也在视觉上丰富了乡村居民的日常生活。因此，艺术介入乡村建设不仅可以在视觉上美化环境，还能激发乡村居民的文化自豪感，提升其居住体验，形成更加宜居宜游的乡村生活环境。

2. 艺术介入乡村建设提升了乡村居民的生活品质

艺术家在乡村居住环境中运用独特的色彩搭配和设计创新，既可以打破传统的单调布局，为乡村注入新颖的美感，又可以使乡村居住区域更加多彩且富有活力。艺术家用丰富的色彩、独特的形式和悠久的文化符号，将乡村打造成一个令人向往的艺术之地。这不是简单的装饰，而是对乡土文化的深度挖掘和再现，激发了乡村居民对美的独特欣赏，让他们在这个富有艺术氛围的环境中感受到别样的生活品质。

3. 艺术介入乡村建设引导乡村居民重新认识乡村文化

介入乡村建设的艺术也成为乡村的文化符号，引导乡村居民重新认识乡村的传统文化，提升对乡村文化的自豪感。(图 3-3) 艺术不仅能够美化乡村的物理环境，更重要的是能够丰富乡村居民的精神文化生活。过去的乡村地区，由于文化资源的匮乏，居民的文化生活往往相对单调。而艺术的介入，可以为乡村居民提供多元化的文化体验，让乡村居民在家门口就能欣赏到高水平的艺术作品，从而提升他们的审美能力和文化素养。同时，艺术介入乡村建设还能促进乡村居民之间的交流与互动，增强乡村社区的凝聚力。这样的乡村不再仅仅是居住之地，而是成为宜居宜游的胜地。

图 3-3　江苏常州金坛某村图书室（作者自摄）

（四）文创崛起：艺术之潮助力乡村产业腾飞

艺术在介入乡村建设过程中，不仅在经济层面为乡村开辟了新的增长点，还为乡村创造了丰富多样的就业机会。艺术家发挥创造力和创新力，巧妙地将乡村的物质基础与深厚的本土文化相融合，不仅使乡村的文化内涵更为丰富，更为其注入了丰富的经济价值。艺术介入乡村建设后，乡村的经济活力得到提升，产业结构得到拓展，乡村在文化创意、旅游业等领域也有所发展。

1. 艺术介入乡村为当地经济注入了新的活力

文化与产业巧妙结合，形成了新的“文化+产业”的发展模式，为乡村带来了可持续的创收机会。例如，通过发展文创产业、推动手工艺品制作、举办艺术展览等方式，艺术为乡村居民创造了更多的就业机会，也为当地经济注入了新的活力。这样的发展模式不仅在经济上推动了乡村的繁荣，在提升生活质量和改善村貌方面也取得了显著效果；不仅推动了乡村传统产业的振兴，同时也吸引了其他产业的入驻，为乡村带来了更为全面的发展。

2. 艺术介入乡村建设为当地创造了丰富多样的就业机会

艺术作为引领力量，不仅推动了乡村传统产业的升级和创新，还为乡村营造了更具吸引力的文化氛围，使其成为各方关注和投资的热点。艺术的介入在乡村建设中展示出富有创新力的表达方式，为乡村创造了丰富多样的就业机会，乡村涌现出一批对艺术和文化充满热情的从业者。乡村不再仅仅是经济活动的场所，而是成为文化与创新的聚集地。艺术的丰富表达为乡村居民创造了更多参与文化活动的机会，乡村生活因此变得丰富多彩。

（五）文艺新篇：艺术改写乡村建设的主角身影

艺术介入对乡村建设产生了深刻的影响，尤其是艺术介入乡村建设中乡村居民角色的显著转变——从过去的被动观察者转变为乡村建设过程中的积极主体。艺术介入乡村建设通过社区参与和文化活动的推动，激发乡村居民关注和参与乡村建设。

1. 艺术介入乡村建设改变了固有的认知

艺术介入乡村建设在一定程度上揭示了历来存在的“精英主义”误区。在民国早期，乡村建设知识分子对乡村居民角色的设想被过度固化，导致一些艺术介入乡村建设者在乡村建设中遭到村民的排斥。在当下，艺术家们逐渐从掌握知识权力的精英转变为乡村建设的引导者，并且改变了对乡村居民的旧有印象，不再将其简单地视为愚昧落后的形象。

2. 艺术介入乡村建设改变了艺术家与乡村居民的关系

在艺术介入乡村建设中，艺术家与乡村居民的关系由从前的不平等转为平等，二者成为共同参与乡村建设的合作伙伴。通过艺术的介入，乡村建设的主体从以政府为主导的单一主体变得多元而广泛，艺术家、文化工作者、乡村居民等非政府机构和个人都能成为乡村建设的积极参与者和推动者。

3. 艺术介入乡村建设激发了乡村居民的参与热情

艺术家在乡村的创作和表达活动不仅引发了社会的关注和共鸣，还激发了乡村居民的参与热情。他们与乡村居民，尤其是手工艺人、年轻劳动者等展开合作，共同挖掘乡村的文化和艺术资源，通过创作艺术品和举办艺术活动，为乡村注入新的生机和发展机遇。在这一过程中，政府和相关机构的职能也转变为加强乡村居民和艺术家的合作，共同制定乡村发展的规划和政策，形成更为开放、包容和合作的乡村建设模式。通过艺术的引导和启发，乡村居民可以在日常生活中发现新的乐趣和创意。这种创新不仅改变了乡村居民的生活，更让乡村居民认识到了自己具有改变和塑造生活的能力。当生活变得更加有趣时，乡村居民会更积极地参与社区活动、发挥个人才华，从而为整个乡村社区注入更多活力。以积极的态度对待生活，乡村居民将追求更好的生活品质，由此形成一个良性的循环，使乡村变得更加充实和繁荣。

总的来说，艺术介入乡村建设是实现乡村优秀传统文化传承、提升乡村居民居住环境质量、推动乡村产业发展、调动乡村居民积极性的重要途径，不仅能在美化乡村环境上发挥作用，更在经济和精神文化层面推动乡村振兴，促进乡村的全面、可持续发展。

第四章　艺术介入乡村建设的地方实践

改革开放以来，艺术家们在介入乡村建设方面做出了诸多探索，下面从浙江、上海、江苏、贵州等地精选几个案例进行剖析。

一、浙江省典型案例

2003年，浙江在全国率先提出生态立省目标，积极把生态资源比较优势转化为现代生态循环农业、生态工业、生态旅游等生态经济竞争优势，以发展特色生态经济推动生态文明建设战略创新，努力走出一条绿色引领、生态富民、美丽乡村的新路。2005年，时任浙江省委书记习近平同志到安吉余村考察调研，首次提出了"两山"理念——"绿水青山就是金山银山"的重要论述。浙江省作为城乡统筹下最早开始美丽乡村建设的示范区，进行了各具特色的地方实践与特色乡村建设。2016年4月，浙江省委、省政府印发《浙江省深化美丽乡村建设行动计划（2016—2020年）》，要求推进美丽乡村建设，秉持"绿水青山就是金山银山"的发展理念，深度挖掘美丽乡村文旅功能，大力发展体验型经济，发展民宿、文创等新型业态。

在乡村振兴的大背景下，艺术介入乡村建设成为一种创新性的发展策略。2003年，浙江省按照全国建设小康新农村的标准，启动了"千村推进、万村整治"工程，建设成效显著。自此，浙江省湖州市安吉县率先开展了"中国美丽乡村建设"活动，从农村"村村通"基础设施建设阶段逐步走向高层次、深内涵的乡村产品、乡村品牌、乡村生活品质发展阶段。目前，浙江乡村建设的重心开始由浙东北向东南沿海地区及中西部、南部欠发达的丘陵山区转移。

"中国美丽乡村建设"最先从浙江开始，本研究精选浙江的三个典型案例——浙江安吉天荒坪镇余村、浙江安吉灵峰街道剑山村蔓塘里及浙江丽水岩下村，进行深入剖析。这些案例不仅展现了艺术与乡村发展的完美结合，更体现了艺术在乡村转型中的关键作用。从余村的“绿水青山就是金山银山”理念的实践，到蔓塘里引入艺术元素后的蝶变，再到岩下村借助艺术活动推动旅游产业发展的成功尝试，每一个案例都生动诠释了艺术与乡村发展的深度融合。分析浙江地区“中国美丽乡村建设”的典型案例，可以洞察到艺术在乡村振兴中的巨大潜力，为更多乡村提供可借鉴的发展路径，共同推动乡村的全面振兴。

（一）浙江安吉天荒坪镇余村

1. 浙江安吉天荒坪镇余村简介

浙江安吉天荒坪镇余村位于天目山北面，安吉县南端，自然条件优越，历史悠久，是一个集聚程度较高的山区村落。在过去很长一段时间里，为了追求经济的快速发展，余村曾过度依赖矿山资源，导致生态环境受到严重破坏。随着“绿水青山就是金山银山”理念的提出，余村开始转变发展思路，寻求一条可持续发展之路。在这样的背景下，艺术作为一种重要的文化资源和创新手段，被引入余村的建设。艺术介入余村建设的初衷包括两个方面内容，一是通过艺术的力量提升余村村民的环保意识，二是借助艺术创意和艺术设计打造独具特色的乡村景观和文化产品，以吸引更多的游客和投资者，推动余村的经济转型和升级。余村是习近平总书记“两山”理念的发源地。近年来，余村摒弃对矿山经济的追求，运用“两山”理念，实现了经济增长与生态环境保护的双赢，被称为“余村现象”。(图 4-1)

余村的发展过程具有整体性特征，从第一阶段的“用绿水青山去换金山银山”到第二阶段的“追求金山银山也保住绿水青山”，体现了认识到绿水青山可以带来“金山银山”的过程。实际上，拥有“金山银山”的余村从卖“石头”的生产方式向卖“山水”、卖“文化”转变，收获了人与自然的和谐共生，真正感受到了“绿水青山就是金山银山”。一方面，“两山”理念的决策实践提升了乡村环境风貌，提高了乡村居民对乡村振兴决策的响应程度；另一方面，“两山”理念确立了乡村特色产业发展的准则，促进了乡村居民对“乡村”这一核心概念的认知。

图 4-1　浙江湖州安吉天荒坪镇余村“绿水青山就是金山银山”石碑（作者自摄）

2. 艺术介入浙江安吉天荒坪镇余村的具体实践

第一，生态环境的艺术化改造。余村在艺术介入乡村建设的过程中，首先着手于生态环境的艺术化改造，通过引入专业的景观设计团队，对村落进行整体的规划和设计。例如，将废弃的矿山改造成具有观赏价值的景观，利用艺术手法对山体进行绿化和美化，使原本破败的山体焕发出新的生机。同时，对村落内的河道、池塘等水体进行治理和美化，打造水清、岸绿、景美的乡村新景象。余村背靠荷花山，乡村建筑围绕入村道路呈带状分布，村庄内部被余村溪一分为二，房屋依水而建，环境景观较为完善。通过空间围合和建筑重构，村庄内部组成结构多聚焦于院落空间、晒台空间、公共交通空间、红色文化广场空间，多数发展农家乐、民宿、餐饮、乡村产品店。余村村内有一条村庄主干道贯穿东西，路幅 10 米。启动“中国美丽乡村建设”以来，余村修建了“两山”会址公园、“两山”绿道，并通过道路种植提升景观和改造沿路建筑形态弘扬地域文化，以及制作原有排水沟、原有生产污水沟生态化、竹子装饰等方式，进一步完善乡村道路景观。村内支持具有地方特色的乡村景观小品，主要采用安吉本地竹木材料，立足当地生态特色景观和“两山”地域特色文化。

第二，乡村建筑风格的艺术化提升。在艺术介入乡村建设的过程中，余村还对原有的乡村建筑进行了艺术化的提升。以“余村印象”项目为例。该项目由老旧厂房改造而来，集书籍阅览、乡村文创、教育研学、产业展陈等多个功能区于一体。在设计、建造、运维等方面均围绕“零碳”理念进行，不仅提升了建筑的美学价值，还体现了环保和可持续发展的理念。这种将艺术与现代科技相结合的尝试，赋予余村新的文化内涵和时代特色。

第三，乡村区域文化底蕴的挖掘。书法、绘画、竹编艺术等具有很高的文化价值，艺术家团体挖掘和收集余村文化的独特性，确保余村乡村旅游和文化遗产的完整性。随着余村生态旅游经济的发展，越来越多的艺术家在村部等场所举办展览和艺术创作活动，艺术家们也开始利用余村独特的地域文化创作旅游纪念品和乡村文化创意产品。在具体的乡村振兴项目实施过程中，余村构建了政府、居民、艺术家共同参与、共同管理的机制，建立余村文化艺术活动的个人参与机制、质量提升机制，发挥集体智慧的力量，使余村的发展道路高质量、多元化、个性化。

第四，文化活动的艺术化策划。在推进生态环境和建筑的艺术化改造的同时，余村还深入挖掘自身文化资源，积极策划和组织了一系列富有艺术气息的文化活动。以余村定期举办的乡村音乐节为例。这一活动不仅汇聚了众多民间音乐人和专业音乐团体，还邀请国内外知名音乐家前来助阵。音乐节上，观众既可以欣赏到原汁原味的民谣、山歌，还可以感受到现代音乐与乡村元素的巧妙融合。通过这样的活动，余村不仅为当地居民提供了音乐的盛宴，更向外界展示了其独特的乡村音乐文化和魅力。此外，余村还定期举办美术展览，邀请国内外知名画家和当地艺术家共同参展。这些展览以余村的自然风光和人文历史为主题，艺术家们通过画笔展现了余村的美丽与变迁。在展览期间，艺术家们还会与当地居民进行互动和交流，分享艺术创作的心得和经验，从而激发了当地居民对艺术的热爱和创作热情。值得一提的是，余村还成功举办了“艺术与乡村”研讨会。会议邀请多位艺术学、文化学领域的专家学者，就如何通过艺术手段推动乡村文化振兴进行了深入探讨。这些艺术化的文化活动，不仅极大地丰富了余村村民的精神文化生活，提升了他们的文化素养和审美情趣，还为余村打造了独特的文化品牌。通过持续举办这些活动，余村的知名度和影响力逐渐扩大，越来越多的游客被吸引到这里，感受余村的美丽风光和深厚文化底蕴。

浙江安吉天荒坪镇余村，一个曾经以矿山经济为主导的村落，在新时代的浪潮下，经历了翻天覆地的变化。特别是艺术介入余村的建设后，余村不仅实现了生态环境的华丽转身，更在文化与经济的双重层面实现了质的飞跃。

（二）浙江安吉灵峰街道剑山村蔓塘里

浙江安吉灵峰街道剑山村蔓塘里地处灵峰山脚下，是典型的浙江特色村落。村落被万亩竹林环绕，山间清泉潺潺，自然条件得天独厚。这里原有 112 户人家，其中有很大一部分村民从事白茶种植，农业产业单一，不少古建筑残破得只剩下断墙残垣，艺术与这个村几乎毫不沾边。

1. 艺术与环境提升的融合

在艺术介入乡村建设中，蔓塘里首先着眼于环境的整体提升。不只是对自然环境的整治，而是通过艺术的手段，对村庄进行美学上的改造。例如，在村庄的绿化改造中，不仅注重植被的覆盖率和植物的多样性，还通过精心设计，使绿化景观与村庄的建筑风格相协调，营造出和谐的美感。此外，蔓塘里还进行了全面的灯光改造工程。这一工程不仅提升了村庄的夜间景观，更通过艺术的灯光设计，打造出独具特色的夜间旅游项目。例如，利用全息投影等数字化技术，在村庄的建筑物、树木、水景等元素上投射出丰富多彩的灯光效果，创造出梦幻般的夜间环境。这种艺术化的灯光设计，不仅吸引了大量游客前来观赏，还提升了蔓塘里的知名度和影响力。2016 年，当地政府牵头，邀请高校师生包括艺术家在蔓塘里进行安吉美丽乡村示范村的设计。在设计过程中，各方充分交流，尤其是与当地村民沟通细节，最终达成的设计方案以展现当地的民俗文化为核心。艺术家们遵循修旧如旧的原则，采用传统材料和技艺修复了蔓塘里的古民居，尽可能完整地再现明清时期的建筑艺术。此举受到了一些年老村民的交口称誉，村民们表示“又看到了建筑物当年的模样”。(图 4-2)

2. 艺术与设施改造的结合

在设施改造方面，蔓塘里也充分发挥了艺术的作用。艺术家们对村庄内的房屋立面、道路、公共设施等进行艺术化的设计和改造，不仅提升了村庄的整体形象，还使其更加符合现代审美需求。以房屋立面改造为例。蔓塘里在保留原有建筑风貌的基础上，通过运用现代设计元素和色彩搭

图 4-2 浙江湖州安吉灵峰街道蔓塘里戏台（作者自摄）

配，使房屋立面更加美观大方。同时，艺术家们还结合当地的文化特色，将传统元素融入设计，既体现了乡村的原始风情，又展示了现代设计的魅力。在公共设施方面，蔓塘里也进行了大量的艺术化改造。例如，村庄内的垃圾桶被设计成了独特的造型，既实用又美观；游客中心的设计也充满了艺术感，使游客在进入村庄的第一时间就能感受到艺术的氛围。在进行蔓塘里广场设计时，艺术家们复建了原来的古戏台，深受群众喜爱的地方戏剧班定期在古戏台上表演，不仅丰富了村民的业余文化生活，也使广场恢复了村民聚集议事的功能。同时，蔓塘里还利用村中原有的水缸，邀请多位知名艺术家在水缸上绘画。水缸画作色彩纷呈，既有现代题材又有传统题材，作品错落有致地摆放在村庄的各个角落，平添了几分艺术气息。

3. 艺术与文化融入的实践

在乡村建设的过程中，蔓塘里深刻认识到艺术与当地文化深度融合的重要性，这种融合不仅能够凸显村庄的独特性，还能为乡村的可持续发展注入新的活力。为此，蔓塘里在推进艺术介入乡村建设时，特别注重挖掘与整合村庄的历史文化和传统技艺资源。

以蔓塘里对竹藤技艺的挖掘与传承为例。这一技艺原本是当地村民日常生活的一部分，但在现代生活方式的冲击下，这一传统技艺逐渐式微。为了挽救并传承这一技艺，蔓塘里设立了竹藤编织博物馆和竹艺品展示区。在这些场所，游客可以亲眼见证竹藤从原材料到精美艺术品的转变过程，甚至有机会在工艺师的指导下亲手编织竹藤器，体验传统技艺的魅力。这种做法不仅让游客在互动中获得了更深层次的旅游体验，更重要的是，它让竹藤编制技艺这一非物质文化遗产在游客的参与和传播中获得了新生。除了对传统技艺的挖掘与传承，蔓塘里还通过举办多样化的艺术展览和文化活动来进一步丰富与展现乡村文化的内涵。例如，村庄曾成功举办了以乡村生活为主题的漫画展，展览中的作品既展现了蔓塘里美丽的自然风光，又描绘了村民们的日常生活场景，深受游客喜爱。此外，艺术沙龙活动也为艺术家和游客提供了交流与互动的平台。在这里，艺术家们可以分享自己的创作经验和灵感来源，而游客则有机会近距离感受艺术创作的魅力，甚至参与创作。蔓塘里的这些举措不仅有效提升了村庄的文化品位，更重要的是，它们增强了游客对乡村文化的认同感和归属感。当游客在蔓塘里欣赏精美的竹艺品、参与艺术创作时，他们实际上也在与这个乡村社区建立情感联系，这种联系有助于推动乡村文化的传播和乡村旅游的持续发展。

4. 艺术与运营优化的协同

在运营层面，蔓塘里展现出了对艺术的深刻理解和巧妙运用。这个村庄不仅以独特的自然风光和深厚的文化底蕴吸引着游客，更通过与知名电视节目的紧密合作，将美丽的景色和乡村文化推向了更广泛的受众。例如，蔓塘里曾经是热门综艺节目《极限挑战》的拍摄地点，这一合作不仅提升了村庄的曝光度，更重要的是，通过节目中的互动和挑战，观众更加直观地感受到了蔓塘里的魅力。节目播出后，蔓塘里的知名度显著提升，吸引了大量游客前来亲身体验这个美丽乡村的风土人情。

蔓塘里在运营层面展现出了卓越的策略和创新能力。除了与知名电视节目紧密合作，该村庄还别出心裁地策划并实施了多样化的主题活动，这些举措极大地丰富了游客的旅游体验，成为蔓塘里运营策略中的一大闪光点。例如，蔓塘里曾推出热气球飞行活动，游客乘坐热气球可以从空中俯瞰整个村庄的秀丽景色，这种别开生面的体验给游客留下了难以忘怀的印象。露营地体验项目也是蔓塘里的一个招牌活动，游客可以在此搭建帐篷，仰望星空，感受乡村夜晚的宁静与美妙，这种与自然和谐共融的体验让游客深刻地领略了乡村的静谧之美。在宣传推广上，蔓塘里也做得有声有色。村庄积极利用社交媒体等现代传播渠道，通过精美的图片、生动的视频及游客的真实反馈，将蔓塘里的美景和活动信息传播给更广泛的受众。这些举措使蔓塘里的美誉度持续攀升，迅速成为乡村旅游的热门打卡地。蔓塘里在运营中巧妙地借助艺术的力量，通过与电视台合作、举办特色主题活动、巧妙运用社交媒体，显著提升了村庄的知名度和美誉度，成功吸引了大量游客的关注和到访。这些成效显著的运营策略，不仅凸显了蔓塘里的独特魅力，也为其他有志于发展乡村旅游的地区提供了宝贵的经验和启示。

值得一提的是，为了进一步挖掘和展现美丽乡村的潜力，当地居民在艺术家的引领下，群策群力，在已有成果的基础上探索出了新的发展模式。除了前文所说的通过举办灯光节和乡村灯光秀，以及丰富多彩的热气球活动，为游客提供多元化的旅游体验。同时，村民和游客还积极利用短视频等新媒体进行宣传展示，使蔓塘里迅速在美丽乡村中脱颖而出，成为备受瞩目的“网红”打卡点。众多游客慕名而来，亲身体验乡村带来的独特心灵触动。

艺术介入蔓塘里的建设，使蔓塘里的布局得以整饬，历史建筑得以修复，村民住所得以改造，即使已经弃用的水缸，在艺术家手下焕发了生机，摇身一变成为艺术品，甚至成为游客观赏的风景和乡村风光的名片。艺术的引领充实了蔓塘里的文化内涵，也带动了当地百姓的创业和致富。蔓塘里村民们拥有了更好的生活，笑容中洋溢着满足和自信，不少村民甚至积极投身乡村艺术的创新。在蔓塘里，艺术与乡村建设形成了良性循环。

（三）浙江丽水壶镇岩下村

岩下村位于丽水市缙云县壶镇镇东北部，坐落在括苍山山腰的丘陵平板间，平均海拔 600 余米。这个古村落四面环山，依山傍水，以其独特的石头建筑风格和古朴的乡村风情广受赞誉，被誉为“江南石头第一村”。岩下村有着近千年的历史，2009 年被评为浙江省特色旅游村，2014 年被正式列入中国传统村落保护名录。岩下村凭借其别具一格的传统石屋、石桥、石道和广袤的山间林海，积极发展旅游业。岩下村还完好地保存着历史文化遗产，如朱氏宗祠、古戏台、古寺庙等，这些珍贵的古迹为岩下村增添了厚重的历史文化底蕴。值得一提的是，岩下村不仅是一个充满故事的村庄，也是一个会讲故事的村庄。它不仅是历史的发生地，也是历史起源和历史旅程的载体。从叙事理论的角度，我们可以更好地描述和理解岩下村的景观。运用叙事方法，我们可以重构岩下村景观的叙事思维方式，更好地描述岩下村深厚的历史文脉和人文景观，从而凸显岩下村独特的历史文化记忆。这种方法不仅有助于我们更全面地理解和欣赏岩下村的美，也为岩下村的文化保护与旅游发展提供了新的视角和思路。

岩下村地方文化景观的叙事设计以当地有利的自然环境和地方文化资源为基础，将现有的文化元素融入整体景观设计，以形成岩下村独特的旅游主题。整体主题围绕当地民间文化资源的故事展开，在景观空间的组织和设计中诠释整个村庄的民间文化。在岩下村乡土文化景观叙事性设计中，首先确定的是主题的营造，岩下村以乡村聚落格局、历史遗迹、历史事件、民俗风情等为主题。这类主题既能体现乡村的整体风貌和风俗民情，根据乡村的历史文化设计具有传承性的村落景观，以推动旅游的发展；也能更合理地保护乡村珍贵的历史文化，使开发与保护均衡发展。艺术家们对岩下村文化资源进行挖掘整合后发现，岩下村具有叙事特色的是历经千年沉淀的村落风貌和多元化乡土文化。岩下村以“石头的故事”为主题，将石头文化故事作为叙事的主线，通过串联各个景观空间将整个旅游路线打造成一个文化故事体验之旅。

结合岩下村的乡土文化资源分布，艺术家们对岩下村进行了空间组织，让游客通过不同的叙事空间安排，体验不同情节的故事发展。根据文学叙事结构理论，岩下村乡土文化景观的叙事空间布局分为三种类型，即顺叙、插叙和并叙。流畅的顺叙是贯穿整个景观叙事的主线，各个空间之间具有递进关系，让体验者感受到故事的因果关系和情节的发展。在展开古村落的主题叙事时，艺术家们用倒叙的方式讲述了岩下村的历史故事：古代温州人迁徙到缙云，形成了独具特色的岩下村，然后通过石道运盐推动村落的发展，最后在政府的支持下出现了旅游村落。插叙是在叙事空间的主线中插入其他叙事空间，以丰富叙事信息。例如，岩下村朱氏祠堂里有不少关于血缘关系的故事，艺术家们用插叙的方式进行了呈现。并叙主要是在同一空间同时表达两个或两个以上的叙事内容，以强调其对比性。艺术家们在同一叙事空间呈现岩下村不同的技艺和手工艺品，让游客在同一空间中感受不同技艺和文化的魅力。

艺术家们以景观叙事的方式设计乡村文化景观，丰富和完善了乡村的历史文化。这种对乡村文化的保护和传承，增强了乡村居民的文化认同感，从“根”上传承了当代乡村文化，强调了地域文化的特殊性。通过恢复乡村文化的乡土性，乡村居民和游客都能感受到亲切感和熟悉感，游客也能基于主观感知和客观景观要素了解乡村的历史文化，与当地人文景观产生心灵共鸣。乡村文化也是乡村经济增长的要素。通过景观叙事吸引游客，可以拉动乡村的经济增长，为乡村居民提供物质基础，促使乡村加快建设步伐，营造适合现代人居住的乡村环境。

二、上海市典型案例

上海市是一个高度城市化的直辖市，其下属的几个乡村在艺术介入乡村建设中也进行了独具特色的尝试。

（一）浦东新区新场镇新南村

新南村位于上海浦东新区新场镇西南，与航头镇的海桥村、奉贤区泰日镇的周家村隔河相望，北邻大治河，东与王桥村隔河相望。全境东西长2.01千米，南北长2.015千米。总面积4.05平方千米。在2018年以前，新南村是一个典型的“穷村”，以传统的“桃树+矮脚青”种植模式为主，经济发展滞后，村民生活水平较低。随着乡村振兴战略的实施，新南村探索出了一条以“乡创+”为路径的振兴之路。

1. 促进闲置资源的活化利用

新南村立足乡村资源禀赋，依托古镇文化优势，明确“古镇水乡、桃源新南”的发展定位，以“乡创+”为路径，通过聚焦人才振兴，驱动乡村产业、文化、生态、组织的全面振兴，全力打造富有江南水乡风貌、古镇文旅特色的乡村振兴示范村。2019年1月18日，原农民工子弟学校（新星小学）被改造成新南村乡创中心，这一举措标志着新南村艺术介入乡村建设工作的正式启动。新南村立足非遗资源，以文创为载体，以非遗土布制作技艺为抓手，弘扬传统文化，服务并带动村民居家就业。尤其是新南村的“导师+村民+居家”就业模式，帮助村中的妇女实现了家门口的就业，做实、做亮了土布乡创品牌。新南村创建的上海市乡村振兴示范村“工位+软服务”的方式，不仅为年轻人返乡创业就业提供了物理空间上的支持，还通过政策咨询、技能培训、市场推广等软服务，率先建成了上海市第一个乡村创客中心。2021 年 6 月 1 日，另一幢闲置多年的建筑被改造成新南乡创学苑，以“开放 · 融合 · 孵化 · 赋能”为定位，搭建起乡村人才培养和乡创产业孵化的平台，全方位助力乡村创客成长，吸引了越来越多的年轻人回乡创业就业。一系列举措有效盘活了新南村的闲置资产，为新南村的经济发展注入了新的活力。

2. 创新开发文旅体验产品

2020 年 4 月，新南村被纳入上海市第三批乡村振兴示范村创建计划。在乡村风貌改造方面，新南村遵循“轻介入、重梳理”的原则，保持江南水乡特色，不搞大拆大建。新南村引进同济大学专业团队，对村庄内的核心区道路及宅、田、林、水进行整体设计，以提升乡创品位。同时，新南村注重生态环境的保护与修复，努力打造宜居、宜游的乡村环境。按照浦东新区中部乡村振兴示范带规划要求，新南村以“乡创+”为路径，以乡、创、文、旅为主线，发展乡村产业新业态、新模式，推进古镇与乡村联动，全力打造具有江南滨海风情和古镇文化旅游特色的乡村振兴示范村。新南村积极开展乡村文化旅游，通过古镇与乡村的联动，促进第一产业与第三产业融合发展，努力实现农业产业转型和现代化。目前，新南村“古镇+乡村”两条文化旅游线路正结合小旅游项目进行开发。同时，新南村还充分利用毗邻上海的区位优势，积极开展“兴农助农”活动；依托毗邻千年古镇新场镇的区位优势，承接古镇文化溢出效应，聚焦“乡创+文创”叠加效应，为乡村振兴注入文化动能。如结合上海桃花节、古镇文化体验季等活动，举办亲子、美食等乡村体验活动，开展乡村促销员兴农助农活动，促进农产品销售，让村民增收致富。

3. 深耕文化艺术人才的培育

新南村深知人才是乡村振兴的关键。因此，在上海市农业农村委员会、共青团上海市委等的指导下，新南乡创学苑与浦东新区农业农村委员会、区团委、教育局、人社局、上海城建学院等单位合作，研发设计出多门培训类、实践类课程，如“村民大课堂”“学生社会实践”“青年乡创人才营”“乡创人才试验班”“5G 直播电商运营”等。这些课程不仅提升了当地村民的职业技能和文化素养，还激发了他们参与乡村建设的积极性和创造力。新南村还积极引入艺术家和设计师，发挥他们的创意和智慧，为乡村建设增添艺术元素。例如，引入中华艺术宫《清明上河图》主创人员王峰在新南村设立“喜壤”小院，作为艺术家和设计师交流创作的平台。此外，新南村还实施“艺术家进乡村”计划，试点“艺术家工坊+民宿”，通过盘活农民闲置用房，吸引更多的艺术家和设计师入驻乡村，共同推动乡村艺术氛围的营造，打造乡村文化空间和创意秀。

通过艺术介入乡村建设，新南村的经济发展取得了显著成效。乡创中心和学苑的成立，吸引了大量年轻人返乡创业就业，带动了乡村产业的多元化发展。文化创意产品的开发、线上销售平台的搭建等举措，进一步拓宽了新南村经济的增收渠道。据不完全统计，新南村村民的房租年收益大约增加了 50 万元，解决了 70 多名村民的就业问题。艺术介入乡村建设不仅改变了新南村的物质面貌，更提升了新南村村民的文化自信。通过参与文化创意产品的开发、艺术教育与培训等活动，村民们逐渐认识到新南村文化的独特价值和魅力。这种文化自信的提升，有助于增强村民的归属感和幸福感，促进新南村的和谐稳定。

（二）闵行区浦江镇革新村

革新村位于上海闵行浦江镇东南，村庄与城区及周边交通联系便捷，全村总面积约 2.37 平方千米，常住人口约 3887 人，是一个历史悠久、文化底蕴深厚的江南水乡古村落。全村依托水系南北向伸展，东西两侧多为农田，革新村民居均坐落在河湾两边，形成了宅前为街、宅后为水的建筑布局，河道尺度和格局均保存完好。作为第一批国家级传统村落，革新村保存有较多的明清建筑，村内现存梅园、奚家恭寿堂等清代及民国时期建筑。其中最为典型的是召稼楼，其建于元朝初期，已有 800 多年历史，横跨元、明、清三朝。此外，在村落多处水系干道上依据历史风貌修复的多座拱形桥，也充分展现了江南水乡的特色。

1. 挖掘与传承乡村文化

革新村在艺术介入乡村建设的过程中，首先注重挖掘和传承乡村文化，通过梳理革新村的历史脉络和文化资源，确定了以召稼楼古镇为核心的文化传承体系。在乡村振兴中，传统村落的旧房该不该拆、哪些该拆哪些不该拆一直是难题，其中重点需要保留的应当是能够反映历史遗存的本质特征，真实体现原有的传统格局、街巷肌理、建筑形制、空间尺度、历史风貌，以及相互依存的自然人文景观和环境，如道路铺装、农作场院、粮仓、古井、山泉、水塘、溪涧、磨坊、碾盘、牲口棚、拴马桩、引水渠、寨墙、堤岸、道路、桥梁、船埠、古墓等原有的生产设施和其他公用设施，使其至少在物质层面能够展现传统的生产关系，以便后人研读和挖掘。在居住点规划设计中，革新村坚持“四个统一”（统一高度、统一色调、统一元素、统一样式）原则，既保留了传统江南水乡的建筑特色，又融入了现代设计理念。革新建业馆的设计灵感来源于当地特色的绞圈房子，艺术家们通过运用现代材料与技术，实现了传统与现代的完美融合。

2. 大力发展文化创意产业

传统村落集体记忆的主体要素是记忆者本身，他们通过共同劳作、参与集体活动和交往形成文化共同体，而传统村落集体记忆的主体基本以中老年人为主，他们对村落体现出主体诉求并有着与之相应的情感特征，因此他们对传统村落的记忆更能够有效代表村落的原始风貌。可以向他们了解村落的建成原因与时间、村落第一代祖先开荒拓土的历程，了解老人脑海中的传统技艺与历史故事，并进行整理归纳甚至建馆收藏，以增强村落的历史厚重感。这种方式使得曾经的传统村落记忆主体——村民祖先与现存的具有高度代表性的传统村落记忆主体——老年乡村居民转化为村落的象征符号，即记忆客体，这也符合中国的“根”文化呈现形式。革新村依托当地丰富的文化资源，大力发展文化创意产业。通过盘活闲置民房资源，引入社会资本，打造集文创、民宿、养老于一体的休闲空间。同时，建立革新文创工作室，对接国际化标准，宣传和推广老布“帛叠”、海上龢窑等传统元素，形成具有革新特色的文创品牌。这种文化创意产业的发展模式不仅为革新村带来了新的经济增长点，也为村民们提供了更多的就业机会和收入来源。

3. 强化公共文化空间构建

公共文化空间是村民精神文化生活的重要载体。在艺术介入乡村建设的过程中，应注重公共文化空间的构建与村民精神文化生活水平的提升。乡村在规划和建设公共文化空间时，应充分考虑村民的需求和期望，为他们提供丰富多样的文化活动和培训机会。同时，要注重公共文化空间的管理和维护，确保其能长期发挥效用，成为村民精神文化生活的重要阵地。革新村注重构建公共文化空间，致力提升村民的文化素养和生活品质。如将原来旧的集体仓库改造为文化客堂间，作为村民学习交流、休闲娱乐的重要场所。同时，在公共文化空间举办各类文化活动和培训，以提升村民的文化素养和艺术鉴赏能力。这种公共文化空间的构建不仅丰富了村民的精神文化生活，也增强了村民之间的凝聚力和归属感。

革新村通过艺术介入乡村建设，不仅保护了传统村落风貌和文化资源，还激发了乡村活力，实现了文化、生态与经济的和谐共生。这一实践案例为其他乡村地区提供了有益的借鉴和启示。在未来的乡村振兴过程中，应重视乡村文化的挖掘与传承，创新乡村建筑设计理念，在乡村发展文化创意产业和构建公共文化空间，推动乡村的全面振兴和可持续发展。同时，还要关注艺术介入乡村建设的可持续性，确保其在乡村的长期发展中能够持续发挥积极作用。

（三）奉贤区青村镇吴房村

吴房村坐落在上海市奉贤区青村镇，占地面积约 358 亩（约 23.87 万平方米），是上海市首批 9 个乡村振兴示范村之一。该村北、西两侧紧邻自然河道，东抵浦星公路，南至平庄西路，地理位置优越，自然资源丰富。然而，在实施乡村振兴战略之前，吴房村面临着房屋空置率高、人口老龄化严重、产业结构单一等问题。随着乡村振兴战略的推进，吴房村依托其独特的文化资源和地理优势，通过艺术介入乡村建设，实现了华丽转身。

1. 艺术引领规划和设计

吴房村的整体规划灵感来自著名画家吴山明与吴扬共同创作的《桃源吴房十景图》，这幅画作充满诗情画意，为吴房村后续的整体规划、建筑、景观、风貌设计提供了灵感源泉。其设计理念为“将美丽描绘于乡村，让艺术凝聚乡愁”。在整体改造实践中，吴房村采取保留原有乡村风貌的策略，着眼于房屋、农田、林地、水域、田园、道路和桥梁等七个方面，力图在现有的基础上实现乡风乡貌的传承。吴房村将柿子树、苦楝、榉树、郁榆等本地乡土树种融入植物景观，使宅前的植物景观与村庄文化相契合。植物的植栽方式包括自然式和规则式，如石榴、橘子树、柿子树和蔬菜等就采用规则式植栽，目的是打造花园、菜园、果园“三园一体”的乡村新风貌。植物的选择与乡村的风貌相协调。在植物的搭配上，设计师在建筑周边和道路两侧保留了原有的黄桃树和橘子树，同时点缀了日本樱花、梨树、石榴树、美人梅、蜡梅、红枫、鸡爪槭和羽毛枫等。底层植栽则有黄金菊、雏菊、绣线菊、美丽月见草、细叶美女樱、佛甲草、大花六道木和南天竹等，共同营造出乡村的自然氛围。

2. 保留乡风乡貌，融入现代元素

在保护农田、水道和古树的基础上，保护吴房村的历史遗存是设计师工作的重中之重。根据对吴房村历史建筑和周边环境的研究，设计师将建筑的基调确定为以吴房村原有的古朴风格为主，粉墙黛瓦，与桃花相得益彰，建筑色调简洁大方，屋顶坡度平缓，窗棂木质装饰线条简洁，村落景观呈阶梯状分布，既有水乡水道的柔美，又有田园风格的淳朴自然。村口是一个让人印象深刻的地方，它的风格也为整个村庄的景观设计奠定了基调。设计师通过巧妙地融合吴房村的传统乡土元素和现代元素，在标识设计中提炼出一些简洁而令人难以忘怀的词句，如“青春啊青春”等，旨在缩短与年轻人之间的距离，消除疏离感。吴房村的一大特色在于有丰富的水系，自然形成的河道只需稍作疏浚整治，就成了令人印象深刻的艺术景观。在此基础上，设计师们还添加了芦苇、落叶藤、苦楝和其他植物，以丰富植物的种类。设计师们在河道中种植了各种漂浮或沉水的植物，如荷花、睡莲等，以净化水质，为村庄构建优质的水生植物生态系统。为了更好地展现村庄风貌，村中的小路两旁使用了旧石板、小青砖和鹅卵石等元素，结合乡村植物和简单的小品，使乡村的风貌更加质朴。

3. 艺术赋能产业发展

吴房村充分利用已有的黄桃产业，通过艺术赋能，推动黄桃产业转型升级。一方面，与农科院合作进行桃园改造、种苗培育，解决黄桃“三老问题”，改良提升老桃园 480 亩（约 32 万平方米）；另一方面，依托黄桃产业，发展制造业，衍生出黄桃系列饮品、黄桃糕点小吃等产品，并延伸黄桃全产业链，深度开发桃花系列面膜等产品。此外，吴房村还通过“互联网+电商+直播+动画”宣传模式，打造自营电商交易平台，厚植黄桃文化 IP，吸引更多消费者的关注和支持。同时，吴房村通过引入中国美院工作室、刘洪杰寿桃艺术馆等名人名企，盘活农村宅基地、荒废老屋、荒地等资源，发展乡村特色旅游产业和特色民宿，吸引青创团队和企业入驻，形成了产、城、乡一体化的发展格局。吴房村注重通过艺术活动提升乡村文化软实力，增强村民的文化自信。该村举办了一系列丰富多彩的文化活动，如“美人鱼快乐垂钓”冠军总决赛、“十里桃花源 · 一个吴房村”摄影大赛、“世外桃源 · 遇见青溪”美术摄影作品展等，不仅丰富了村民的精神文化生活，还吸引了大量游客前来参观体验。

3. 艺术促进社会治理创新

吴房村依托百年老宅三治堂，大力弘扬优秀家风、乡风、民风，开展选树典型、弘扬先进活动，加强“四德”（社会公德、职业道德、家庭美德、个人品德）建设，推动形成“我为人人、人人为我”的良好社会氛围。通过艺术介入，吴房村不仅保留了乡村的历史记忆和文化传承，还赋予了乡村新的文化内涵和生命力。吴房村在党建引领下，探索以自治、法治、德治为主要内容的“三治融合”农村基层社会治理新格局。该村设置村民、党员、乡贤议事厅和道德法制讲堂，充分发挥村民参与议事的主观能动性；同时，组建“行走的篱笆”护村队、宅基“老娘舅”队伍、村民小法庭等自治组织，开展政策形势解读、村内事务讨论、志愿服务、收集社情民意等自治活动，有效提升了乡村治理水平。艺术介入乡村建设促进了吴房村村民之间的交流与互动，增强了村民的归属感和凝聚力。通过艺术活动和文化展示，村民们更加珍惜自己的乡村文化和生态环境，积极参与乡村建设和管理，形成了良好的社会治理氛围。

三、江苏省典型案例

（一）苏州昆山阳澄湖镇西浜村

阳澄湖镇西浜村位于江苏省昆山市，西倚阳澄湖东岸，东临傀儡湖，交通便利、环境优美，人文历史悠久。随着昆山城市的发展和不断扩张，西浜村有不少居民离开赖以生存的土地，迁往城市生活。西浜村在城市化的浪潮下经历了大规模拆迁，不少村民移居城市生活后，老宅年久失修，村庄逐渐走向衰落，传统文化面临失传的危机。这个村庄曾是玉山佳处的北界，是百戏之祖昆曲的发源地。如果乡村消失，这段历史也将无法追溯。《中共中央 国务院关于实施乡村振兴战略的意见》提出了“产业兴旺、生态宜居、乡风文明、治理有效、生活富裕”的总体要求，为乡村建设指明了方向。昆山城市建设投资发展集团有限公司积极响应政策号召，与中国工程院崔愷院士等的团队合作，以西浜村为试点，探索“文化引导乡村复兴”的田园标杆建设路径。

1. 针灸式微介入更新

面对西浜村的衰落现状，项目团队采用了针灸式微介入的有机更新策略，即通过对乡村中的某一个点（如村口四套坍塌的农院）进行更新与改造，以点带面，刺激并激发周边房屋和景观的更新改造。这种策略旨在保持原有村镇包括田园的肌理、尺度和空间形态，以最轻、最细微的方式实现乡村复兴。例如，竹廊的设计参考昆剧《牡丹亭》的音律，以 80 毫米为最小单位，从 80 毫米到 480 毫米分成 6 个等级。曲子的音律高，则竹子的间距大，反之则间距小。竹墙的疏密在一定范围内变化，隐隐约约从竹墙中透出学生在廊子上活动、在舞蹈教室练身段、在多功能厅排练的情景。乡村的尺度与昆曲的演出功能结合，并且时刻呈现在建筑空间中是设计的关键点。设计师将昆曲的功能打散分布在建筑沿河一侧，每个功能空间的尺度都相对小巧，让建筑外部的人、游走在竹廊内部的人产生未见其人但闻其声的体验，收到了理想的艺术效果。

2. 文化传承与创新

昆曲是西浜村的核心文化资源，项目团队在改造过程中注重昆曲文化的传承与创新。项目团队通过重建和改造 4 栋荒废的老房子，建成昆曲学社，不仅再现了传统的昆曲文化氛围，还创新性地设计了沉浸式昆曲体验空间，如滨水戏台、竹墙屏风等，让观众在不同情境中体会昆曲的魅力。项目团队利用西浜村内 4 座废弃的民宅进行新建和改造，为村里的孩子提供昆曲培训。对废弃民宅的建筑设计延续了江南水乡粉墙灰瓦的建筑风格，采用现代建筑手法，结合乡土材料，打造出玉山雅集和读书舍的意境，旨在引领乡村建筑风貌由内而外发生转变。

3. 生态修复与景观提升

在建设过程中，项目团队还注重西浜村的生态修复与景观提升，通过修复西浜片区的农林生态，优化村庄水陆交通体系和亲水空间设施，“绘制”了一幅可以深呼吸、慢生活的生态田园画卷。同时，项目团队还结合“玉山二十四佳处”的记述，在昆曲学社北侧重塑小蓬莱片区，以保留乡村原生风貌，彰显田园乡村特色。学社内的粉墙与竹墙将学社分成了“梅”“兰”“竹”“菊”四院。项目团队还结合水系设计了滨水戏台，通过两层游廊的交错穿插，创造了一个空间丰富、光影交错的昆曲研习场所。设计力求与周围的民居、水系和谐统一。观众可以坐在船上享受美酒和茗茶，欣赏戏台上的演出；也可以坐在戏台下摇动扇子，沉浸到演出的氛围中；还可以坐在院子里静静地欣赏演出，体验昆曲的独特魅力。由元末名士顾阿瑛主持的玉山雅集，是一个文化创作沙龙，曾经有上百位文人艺术家参与。玉山佳处内的“二十四景”各自以独特的意境命名，其中的核心景点为碧梧翠竹堂，前院有钓月轩、芝云堂、可诗斋、读书舍，后院有小蓬莱、小东山，山脚下有春草池、柳塘春。水系在玉山佳处内非常丰富，小溪蜿蜒流淌，沿河设有渔庄书画舫、浣花馆等景点。此外，在核心区域周边还分布着书画舫、雪巢、柳塘春、金粟影、淡香亭等。整个“玉山二十四佳处”中，山、水、亭、林、轩、楼、馆巧妙分布，远处的山峰为溪水和桃花林提供了美丽的背景，使整个景区呈现出宁静而不喧嚣、古雅而不附庸的景象。

玉山雅集的诗词和“玉山二十四佳处”是昆山阳澄湖区域重要的文化元素。江南情致与新梦水乡的建筑设计严格遵循原有村庄的结构特征，但在材料和细节构造方面进行了现代化的改进，使之更符合当代生活的需求。建筑选用富有地域特色的材料和技艺，采用自重较轻、施工迅速、有利于环保回收的钢结构材料，并创新性地运用纸面稻草板、金属瓦、竹木材料等，建成了一座轻盈的建筑。这座建筑不仅与自然融为一体，还减少了环境的负担。

4. 人才引进与驻场服务

乡村振兴离不开人才支撑，项目团队在西浜村建立了乡村规划师、建筑师、景观设计师长期驻场机制，引进院士、博士、硕士等高精尖人才，为西浜村的振兴提供全程式、在地式的陪伴服务。这些人才不仅参与西浜村的规划与设计，还通过培训、指导等方式提升当地村民的文化素养和创新能力。

（二）南京市典型案例

2012年，南京市政府颁布了《南京历史文化名城保护规划（2010—2020）》，将溧水区诸家村、仓口村，高淳区长丰村、双进村、河城村，江宁区佘村、窦村等作为重要古村进行保护。2019年，文化和旅游部按照《“十三五”旅游业发展规划》，开展全国乡村旅游重点村的选拔工作，截至2020年，已公布了两批，全国共有1000个村落入选。其中南京市的江宁区黄龙岘茶文化村、石塘村、大塘金村，浦口区不老村，溧水区李巷村，高淳区三条垄田园慢村等6个村落入选。2020年4月，江苏省首批107个省级传统村落名单正式对外公布，南京有13个村落入选，分别是江宁区的前杨柳村、王家村、黄龙岘村、油坊桥村和前石塘村，高淳区的漆桥村、汤家村、西舍村和垄上村，溧水区的仓口村、李巷村、石山下村和诸家村。下面选择其中的三个村落进行艺术介入乡村建设的案例分析。

1. 江宁麒麟街道窦村

窦村位于南京市江宁区麒麟街道青龙山脚下，三面环山，东临青龙山，南面为轿子山，西面为龙王山，形成了“虎踞龙盘”的地势特征。村落始建于明代以前，因村东小山有孔穴出露泉水而得名“窦村”。尽管村名中带有“窦”字，但村民中无人姓窦。在南京方言中，“窦”有“聚集”之意，“窦村”村名承载了石匠曾经聚集于此的历史。随着城市化进程的加快，窦村面临着人口流失、基础设施落后、产业结构单一等多重危机。农田减少、农业生产方式不合理导致生态环境恶化，化肥、农药的过度使用加剧了土壤和水源的污染。同时，乡村基础设施建设滞后，道路破损、供水供电不足等问题也严重影响了村民的生活质量。此外，传统石刻技艺的传承、古建筑的保护也是窦村亟待解决的问题。

2007 年，窦村被南京市人民政府列入南京市第一批非物质文化遗产名录。明代是窦村石刻技艺鼎盛时期，窦村石匠参与了明城墙、明故宫、明孝陵等的营建。民国以来，窦村的石刻技艺得到了很好的传承。据《江宁县志》记载，南京城内三山桥、长干桥、中和桥、五贵桥、珍珠桥、七翁桥上的水兽，新浮桥上的龙头，以及莫愁湖抱月楼墙基上的石刻连环画，均出自窦村石匠之手。中华人民共和国成立初期，窦村的成天权、王民涛、张天松、潘安保、潘孝顺等 5 名石刻匠人被南京市政府指名到北京参加了人民大会堂的建设工作。窦村石匠还参与了位于南京的总统府旧址、中山陵、明孝陵、夫子庙等建筑的重修工作。窦村也被称为“石匠村”，在窦村，村民以石为生、与石为伴，石头成为村落物质文化景观的主要组成元素，也构成了窦村独特的地域特征与地域文化。

传统技艺作为非物质文化遗产的重要组成部分，是传统文化的重要载体。窦村是窦村石刻技艺主要的传承场所，其丰富的自然资源与独特的地形特征不仅使石刻技艺在此传承了 600 多年，也孕育了与石刻相关的地方文化。在长期的创作、生产实践中，窦村石刻匠人总结经验，不断改进，使石刻技艺融采、切、凿、砌为一体，形成了包括选材、打荒、打细、打磨在内的完整的工艺流程。窦村石刻匠人的雕刻手法灵活多变，有阴刻、阳刻、浮雕、透雕等。石刻工具主要有锤子、剁斧、錾子三大类和部分辅助工具。其中，剁斧可细分为单口剁斧、双口剁斧、耙斧、边斧（线条斧）、槽斧等，錾子有老嘴錾子、火嘴錾子、弯背錾子、扁錾、尖嘴錾子等，功用各不相同。现在的石匠还使用刻刀和一些现代化的石刻机器，但窦村的老石匠依然在使用较为传统的石刻工具和石刻技艺。

2. 溧水区诸家村

坐落在石臼湖畔的诸家村是有一个着近 700 年历史的古村落，它隶属溧水区和凤镇张家行政村，位于和凤镇西南侧，村庄依凤栖山而建，村民临石臼湖而居，凤栖山、石臼湖在此构成了一道环境优美的亮丽风景线。这里有市级文物保护单位诸氏宗祠，建筑飞檐翘角，庄重中透着秀逸；有靠湖而建、保存完整的天后宫（妈祖庙）；等等。古民居、古巷道、古树等共同构成了诸家村这一具有江南水乡特色的传统村落。2019 年，诸家村被评为南京市水美乡村。2020 年，诸家村被江苏省选定为传统村落。2021 年，诸家村被评为江苏省特色田园乡村。（图 4-3）

图 4-3　江苏南京溧水和凤镇诸家村（作者自摄）

“田姐家”民宿是知书了宿团队在诸家村实施的最早的民宿改造项目，该民宿于 2019 年年底正式开业，一直运营至今。该民宿的营业收入超过 280 万元，入住率保持在年均 26%以上。该民宿于 2020 年年末加入南京市民宿协会，2021 年被溧水区评为“健康民宿”模范标杆企业，在业内形成了较好的口碑。石臼湖艺术康养院子是整个诸家艺术康养村落改造数目最多的项目，总计改造了 12 栋连套乡村别墅，各界艺术家联合围绕康养话题进行内容填充，开展艺术驻村、业态驻村的合作模式。同期围绕艺术康养院子打造的还有 10 余处公共空间和店铺，以填充诸家村的旅游文化业态。

项目通过创办石臼湖艺术季，打破了单点发展的格局。同时激活区域联动，以承接流量，链接整个东岸。项目通过塑造艺术活动性平台吸引艺术人才的长期驻扎，使得硬件和软件同频收获，将石臼湖打造为溧水新名片、南京乡村旅游代表品牌。石臼湖艺术季来自多方的支持与组织规划，由区、镇提供相关政策与资金支持，诸家村负责整体的统筹组织，并联合入驻的文化创意艺术企业“抵岸文化”负责艺术执行，同时联合黑焰科技进行区域性农文旅 IP 的构建。诸家村还邀请多家艺术机构入驻，以提升艺术介入乡村建设的专业性和市场的黏合度。

3. 高淳淳溪街道河城村

河城村位于南京市高淳区淳溪街道东部，地理位置优越，交通便利。村落北面紧邻芜太公路，距南京火车站仅 1.5 小时车程，距高淳地铁站和高淳老街仅十几分钟车程。村内自然景观优美，拥有水塘、古树、农田等自然资源，以及古民居、庙宇、祠堂等传统风格的建筑，展现出一种自然生长的美感。此外，河城村有着浓厚的历史文化氛围，是江苏省文化生态保护实验区的重要组成部分，拥有多位民间文学和民俗方面的县级传承人。随着城镇化进程的加快，河城村面临着人口外流、产业结构单一、基础设施落后等危机。同时，河城村文化遗产的保护也面临着严峻的考验。为破解这些难题，河城村积极探索艺术介入乡村建设的路径，通过引入艺术元素，提升乡村文化品位，激发乡村活力，推动乡村全面发展。

（1）政府主导与多方参与。高淳区政府在河城村艺术介入乡村建设中发挥了主导作用，通过制定相关政策规划，明确发展目标和路径，为艺术介入河城村的建设提供政策的支持和保障。同时，高淳区政府还积极协调各方资源，鼓励企业、社会组织、艺术家和村民等多方参与河城村的建设过程，形成合力推动项目落地实施。

（2）艺术创作与公共空间改造。河城村邀请了一批国内外知名的艺术家和设计师入驻村落，通过艺术创作和公共空间改造提升乡村的文化氛围和艺术品位。艺术家们利用村内的自然景观和传统建筑资源，创作出一系列具有地方特色的艺术作品，如壁画、雕塑、装置艺术等。同时，艺术家们还对村内的公共空间进行艺术化改造，如打造艺术墙、文化广场等，为村民和游客提供休闲娱乐的好去处。

（3）大力发展文化产业和旅游业。河城村依托丰富的历史文化资源和优美的自然环境，通过打造特色民宿、农家乐等旅游产品，结合艺术元素进行包装和推广，吸引大量游客前来体验乡村生活。同时，通过举办各类文化艺术活动和节庆活动，如文化节、艺术节等，提升河城村的知名度和影响力。这些举措不仅增加了村民的收入来源，还促进了河城村经济的多元化发展。

（4）注重社会教育和村民参与。河城村认识到社会教育和村民参与在乡村建设中的重要性，通过举办艺术培训班、工作坊等活动，提升村民的艺术素养和创作能力。同时，河城村还鼓励村民积极参与乡村建设过程，通过集体创作、互动体验等形式增强村民的归属感和自豪感。这些举措不仅激发了村民的创造力和参与热情，还促进了河城村的和谐稳定。

（5）注意环境保护和可持续发展。河城村在艺术介入乡村建设的过程中始终注重生态环境的保护和可持续发展，如通过科学的规划和管理保护村内的自然景观与生态环境，通过推广绿色农业和生态旅游理念促进农业和旅游业的可持续发展，通过加强环保宣传教育增强村民和游客的环保意识，等等。这些举措不仅保护了河城村的生态环境资源，还为河城村的长期发展奠定了坚实的基础。

四、贵州省典型案例

党的二十大报告明确指出，加快建设农业强国，扎实推动乡村产业、人才、文化、生态、组织振兴，是实现全面建设社会主义现代化国家的重要任务。其中，文化振兴是乡村发展的持续动力，是乡村振兴的重要组成部分。贵州作为多民族聚居的省份，拥有丰富的自然资源和深厚的文化底蕴。然而，长期以来，贵州不少乡村面临着经济发展滞后、基础设施薄弱、人才流失严重等问题。激活乡村内生动力，实现乡村振兴，是贵州乡村工作的当务之急。艺术介入乡村建设，为贵州乡村发展提供了新的思路与路径。实践中，贵州不少乡村充分利用自身丰富的民族文化资源，将传统艺术与现代设计理念相结合，创造出具有地方特色的艺术形式和产品，有效提升了乡村的文化软实力。同时，贵州不少乡村通过艺术项目的实施，激发了当地居民的文化自信和创造力，促进了乡村文化的传承与创新。此外，艺术介入乡村建设还带动了贵州乡村经济的发展，通过艺术旅游、文化创意产业等途径，为乡村带来了新的经济增长点。在社会治理方面，不少乡村通过艺术活动和项目，增强了当地居民的凝聚力和归属感，提升了乡村治理的水平和效能。

（一）黔西南兴义清水河镇雨补鲁村

雨补鲁村位于黔西南布依族苗族自治州兴义市清水河镇，距离兴义市30多千米，城市快速公路从村口不远处经过。随着城市的发展与扩张，雨补鲁村已经逐渐发展成一个典型的城郊村。雨补鲁村已有300多年的历史，现今还留存着陈氏祠堂。村子坐落于雨补鲁自然天坑内，四面环山，进出村只有一条道路。天坑底部平坦，自然生态环境优越，且山腰有一个泉眼，水资源丰富。村落里的主要道路依山脚走向而建，民居分布于道路两侧，并且沿道路一侧向山上延伸。天坑中部平坦地区为自然耕地。当地盛产石材，因此雨补鲁村中的传统建筑都是用石头砌筑。但是这里的石材性脆，只能用较小的粗加工石块砌筑墙体。村内传统建筑与安顺屯堡的石板房极其相似，可能是因为这两个地方的村民同是在明朝时期从南京迁徙而来，且所处地区都盛产石材，只不过雨补鲁村村民在屋顶铺设当地生产的黑瓦，而云山屯村民则用石板铺设屋面。由于雨补鲁村接近黔桂交界处，且受到天坑地貌的影响，四季温暖湿润，因此村内分布着较多的古榕树，古榕树周边成为村民的公共交流空间。

雨补鲁村虽然拥有得天独厚的自然条件和文化资源，但在现代化进程中，也面临着诸多困境与挑战。一方面，随着城市化进程的加快，大量青壮年劳动力外流，乡村空心化现象严重；另一方面，传统建筑风貌和乡村文化由于受到外来文化的冲击，逐渐失去了原有的特色和魅力。此外，基础设施落后、公共生活空间匮乏等问题也制约了雨补鲁村的可持续发展。

深入调研，精准定位。在介入雨补鲁村的乡村建设之前，设计团队进行了深入的实地调研，全面了解了村庄的自然环境、历史文脉、经济状况及村民需求。通过调研发现，雨补鲁村虽然拥有独特的自然风貌和人文景观，但也存在环境卫生差、违规建设严重、新旧建筑混杂等问题。针对这些问题，设计团队制定了以“保护为先、合理改造”为核心的策略，旨在恢复村庄的整体风貌，提升村民的生活质量。

保护传统，传承文化。在改造过程中，设计团队始终坚持保护传统、传承文化的原则，对于具有历史价值的传统建筑，采取修缮加固的方式进行保护；对于与地域风貌格格不入的外来建筑形态，则通过改造使其与村庄整体风貌相协调。同时，设计团队还注重挖掘和传承雨补鲁村的传统文化资源，如走幡会、织布、酿酒等民俗活动和传统技艺，通过重建公共空间、设立非遗工坊，为这些传统文化资源提供展示和传承的平台。

艺术介入，创新设计。艺术介入是雨补鲁村乡村建设的一大亮点。设计团队充分利用自身的专业优势和人文艺术资源，将艺术与乡村建设紧密结合。例如，在设计地景式寨门时，设计团队利用废弃的石头修建寨门，既体现了环保理念又展现了地方特色；在改造公共空间的过程中，设计团队通过拆除和改建单体建筑，构建了一个以榕树广场和陈氏宗祠为中心的新公共空间系统，为村民提供了丰富的公共生活空间；在设立非遗工坊时，设计团队利用闲置的吊脚楼改造出锦绣坊和酿酒坊等非遗工坊，为传统技艺的传承提供了场所和技术支持。

公众参与，协同努力。艺术介入乡村建设不仅是设计师的责任，更需要政府、村民及社会各方的共同参与。在改造雨补鲁村的过程中，设计团队始终秉持“与村民一起添砖加瓦”的理念，通过互动交流、公众参与等方式，激发村民的积极性和创造力。例如，“艺起聊”互动交流活动通过传统曲艺表演和对山歌等形式，加深了设计团队与村民的相互了解，激发了村民的参与积极性；在改造和运营非遗工坊的过程中，设计团队积极邀请村民参与，共同探索传统技艺的传承与发展之路。

贵州雨补鲁村的艺术介入乡村建设实践为当下的艺术介入乡村建设提供了宝贵的经验。通过深入调研、精准定位、保护传统、传承文化、艺术介入、创新设计和公众参与等策略，雨补鲁村在保护与发展中找到了平衡，实现了乡村风貌与文化内涵的双重提升。

（二）遵义桐梓茅石镇中关村

遵义市桐梓县茅石镇中关村是一个位于贵州北部深山中的村庄，该村共有 51 户居民，全部为徐姓。由于地处深山，交通不便，耕地匮乏，中关村长期依赖烤烟种植作为支柱产业。然而，近年来随着烤烟种植规模的缩减，大量村民外出务工，导致村庄空心化严重，环境凋敝，组织涣散。2015 年，在贵州省扶贫政策的支持下，中关村被选为转型示范村，旨在通过发展夏季避暑旅游实现乡村产业转型。在此背景下，中国乡村规划设计院主导的乡村建设项目以艺术介入为核心，为中关村探索出了一条独特的乡村复兴之路。

自 2015 年开始，中关村的支柱产业由内向型传统烟草种植业转型为外向型避暑旅游业，一方面是由于其优越的地理位置——位于黔、渝交界处，有交通区位优势，另一方面则归功于其宜人的气候条件——中关村地处大娄山北麓，夏季气候凉爽，因此吸引了许多游客来此避暑。每年七八月份为中关村旅游旺季，2017 年前，当地避暑旅游的运营模式为政府主导，旅游公司投资将村民的空闲房间改造为民宿并进行定价，村民自主经营，盈利部分村民与旅游公司按比例分成；2017 年后，由于政府将主要旅游发展目标转向娄山关景区，旅游公司也不再参与中关村的建设与管理，因此当地避暑旅游的运营模式发展为完全由村民自主经营、自负盈亏。

1. 空间改造与景观重塑

中关村的艺术介入乡村建设首先从空间改造和景观重塑入手。中国乡村规划设计院及其设计团队在保留中关村原有风貌的基础上，通过艺术手段对中关村的环境进行了美化和提升。例如，用玻璃替换掉部分老建筑的木质大门和板壁，用青石修复磨损的台阶，将院坝用青石铺地，既保留了乡村的原始韵味，又赋予其新的生命力。同时，设计师还注重利用乡村的自然资源，如河道中的自然汀步石，以低成本、适用技术营造开放式构造体系，既符合绿色环保、节能减排的理念，又为乡村增添了诗意和美感。

2. 公共空间的营造与利用

公共空间是乡村社会交往和文化活动的重要场所。在艺术介入乡村建设中，中关村注重公共空间的营造与利用，通过翻新老房子、建立综合实践空间等方式，为村民提供文化交流的平台。例如，“墨仓”宅子的建立，不仅为村民提供了学习书法和手工技艺的场所，还为村民提供了聚集交流的重要空间。这种公共空间的营造，不仅丰富了村民的文化生活，还增强了村民之间的凝聚力和社区归属感。

3. 艺术活动的组织与开展

艺术活动的组织与开展是艺术介入乡村建设的重要环节。中关村通过定期举办书法展、手工艺品展销会、乡村音乐会等活动，吸引村民和游客参与，促进文化交流与互动。同时，中关村还邀请艺术家驻村创作，将艺术元素融入乡村生活的方方面面。一系列艺术活动的开展，不仅提升了中关村的文化氛围，还激发了村民对艺术的兴趣和热爱，为乡村文化的传承与创新提供了源源不断的动力。

4. 制度设计与社区治理

艺术介入乡村建设不仅关涉物质层面和文化层面，还深入到制度设计和社区治理层面。中关村在乡村建设中引入“内置金融”制度，通过合作社收储闲置资产、政府主导的旅游投资公司进行资源整合、运营管理公司负责日常运营等方式，实现了土地流转、资产经营和农民组织的“三起来”。这种制度设计不仅解决了乡村建设中的资金问题，还促进了村民的自治和社区治理能力的提升。在艺术介入乡村建设的背景下，这些制度设计更加注重人文关怀和社区共识的形成，为乡村的可持续发展奠定了坚实的基础。

通过空间改造、景观重塑、公共空间营造、艺术活动组织，以及制度设计、社区治理等多个方面的综合介入，中关村不仅实现了乡村环境的明显改善和经济结构的优化升级，还促进了乡村文化的传承与创新和村民凝聚力的提升。

五、本章小结

随着乡村振兴战略的实施，乡村建设面临着转型升级的历史性机遇。艺术作为一种富有创造力和感染力的文化形态，在乡村建设中发挥着越来越重要的作用。艺术介入乡村建设不仅可以美化乡村环境、提升乡村文化品质，还能促进乡村经济、社会、文化的全面发展。本章通过对艺术介入乡村建设的典型案例进行分析研究，归纳总结出了当前艺术介入乡村建设的模式与注意事项，具体如下。

（一）艺术介入乡村建设的模式

1. 公共空间艺术化模式

公共空间是乡村生活的重要组成部分，艺术介入乡村建设可以通过对公共空间的艺术化改造，提升乡村的整体文化氛围。以浙江为例，浙西北和浙西南的乡村通过引入壁画、雕塑等艺术形式，使原本单调的公共空间变得丰富多彩。如浙西北某村在村委会前广场设置一幅大型壁画，描绘该村的自然风光和人文历史，使村委会前广场成了村民休闲娱乐的好去处。这种模式的成功实践表明，公共空间艺术化是一种有效的艺术介入乡村建设的方式。

2. 文化产业带动模式

乡村拥有丰富的文化资源和特色手工艺，艺术介入乡村建设可以通过发展文化产业，将这些文化资源转化为经济价值。以上海为例。上海浦东新区新场镇新南村通过挖掘乡村文化资源，开发具有乡村特色的文化产品和旅游项目，成功吸引了大量游客前往观光旅游。新南村利用当地丰富的手工艺资源，开发出一系列具有乡村特色的手工艺品，如剪纸、刺绣等，这些手工艺品深受游客喜爱。此外，新南村还举办了多场乡村文化节活动，展示了乡村文化的独特魅力，进一步提升了新南村的知名度和美誉度。

3. 社区参与模式

社区参与是艺术介入乡村建设的重要模式之一。组织村民参与艺术创作和文化活动，可以增强村民的文化自觉和文化自信，提升乡村的凝聚力和村民的社区归属感。以南京为例。南京江宁麒麟窦村邀请艺术家驻村指导村民进行艺术创作，并组织村民共同策划和实施乡村艺术节等活动，不仅激发了村民的创造力和参与热情，还形成了乡村文化建设的合力。在村民的积极参与下，窦村的艺术介入乡村建设项目取得了显著成效，成为当地乡村文化建设的亮点。

4. 生态旅游融合模式

生态旅游是乡村经济的新增长点，艺术介入乡村建设可以与生态旅游相结合，打造具有艺术特色的乡村旅游景点。以贵州为例。贵州黔西南兴义清水河镇雨补鲁村利用独特的自然景观和人文景观，结合艺术手段进行美化和提升，形成了独具特色的乡村旅游品牌。雨补鲁村在保留传统村落风貌的基础上引入现代艺术元素，打造出一系列具有艺术特色的乡村旅游景点，如壁画村、雕塑公园等。这些景点不仅吸引了大量游客前来观光旅游，还带动了乡村经济的快速增长。

（二）艺术介入乡村建设的注意事项

1. 尊重乡村文化和村民意愿

在艺术介入乡村建设的过程中，必须充分尊重乡村文化和村民的意愿。在引入艺术元素时，必须充分了解乡村的历史背景、文化特色和村民的生活需求，确保艺术介入与乡村文化及村民生活相融合。同时，要广泛征求村民的意见和建议，让村民参与艺术介入乡村建设的决策和实施。这样可以增强村民的参与感和归属感，提高艺术介入乡村建设的针对性和实效性。

2. 注重艺术作品的原创性和地域性

艺术作品是艺术介入乡村建设的重要载体，其质量和水平直接关系到艺术介入乡村建设的效果。因此，在创作艺术作品时，必须注重其原创性和地域性。同时，要注重艺术作品与乡村环境的协调性，避免过度商业化和城市化对乡村风貌的破坏。以苏州为例。苏州昆山阳澄湖镇西浜村在引入艺术元素时，充分挖掘乡村的文化资源和特色元素，创作出了具有西浜村特色的艺术作品。这些作品不仅具有独特的艺术价值，还增强了当地村民的文化认同感和归属感。

3. 加强艺术教育与培训

艺术教育与培训是艺术介入乡村建设的重要支撑，要加强对村民的艺术教育和培训，提升他们的艺术素养和创造力。以南京为例。南京市溧水和凤镇诸家村定期组织村民参加艺术培训和创作交流活动，使村民在艺术实践中不断提升自己的艺术水平和创造力。同时，也要加强对艺术家的培训和管理，增强他们的专业素养和责任意识，确保艺术介入乡村建设的专业性和有效性。

4. 注重艺术介入的长期性和持续性

艺术介入乡村建设是一个长期的过程，需要重视其长期性和持续性。以贵州为例。贵州遵义桐梓茅石镇中关村在引入艺术进行乡村建设时，制定了长期的发展规划和目标，以确保艺术介入乡村建设的持续性和稳定性。经过长期的投入和努力，中关村的艺术介入乡村建设项目取得了显著成效，不仅改善了乡村环境，还带动了乡村经济的持续发展。因此，在艺术介入乡村建设的过程中，必须注重长期性和持续性，确保艺术介入乡村建设的长期效益和可持续性。

5. 强化政府引导与社会参与

艺术介入乡村建设需要政府与社会各界的共同参与和支持。政府应发挥主导作用，制定相关政策和措施，为艺术介入乡村建设提供有力保障。

同时，要广泛动员社会力量参与艺术介入乡村建设，形成政府、市场、社会共同参与的合力。以上海为例。上海闵行浦江镇革新村在引入艺术进行乡村建设时，得到了政府的大力支持和社会各界的广泛参与。政府提供了资金和政策的支持，社会各界积极参与艺术作品的创作和展示活动，共同推动了革新村艺术介入乡村建设的深入发展。

由以上分析可知，艺术介入乡村建设是实施乡村振兴战略的重要举措。在未来的乡村建设中，应充分发挥艺术的作用，通过公共空间艺术化、文化产业带动、社区参与和生态旅游融合等模式，推动乡村的全面振兴。同时，要尊重乡村文化和村民意愿，注重艺术作品的原创性和地域性，加强艺术教育与培训，注重艺术介入乡村建设的长期性和持续性，强化政府引导与社会参与等，确保艺术介入乡村建设的有效性和可持续性。

第五章　艺术介入乡村建设的实践路径

经过多年的探索与尝试，艺术介入乡村建设形成了诸多模式，探索出了诸多有借鉴意义的实践路径。以下作详细分析。

一、艺术介入乡村建设的行为类型

艺术介入乡村建设的行为主要有策划并举办艺术展览、开办艺术节，创作并展示公共艺术作品两大类。

（一）策划并举办艺术展览、开办艺术节

参与乡村建设的艺术家通常会通过艺术实践的外在表现形式，如策划并举办艺术展览、音乐会、戏剧演出，开办艺术节等，为乡村居民提供更多参与和体验艺术的机会，丰富他们的文化生活。这是艺术介入乡村建设最直接而有效的行为类型，有助于充分发挥乡村居民的智慧和人力资源，丰富乡村居民的艺术实践活动，提升其艺术素养和创造力水平，挖掘和激发乡村的潜力，推动乡村的可持续发展和乡村社会的进步。

由于充分认识到乡村文化空间生产的重要性，参与的艺术家乡村建设致力于赋予村民相应的观念和视野，以促进村民对乡村文化的创造和发展。例如，艺术家与当地村民合作，通过创作乡村艺术节，将乡村的独特风貌与文化内涵展示出来。这不仅有助于乡村居民重新认识和审视自己的乡村，还可以吸引游客前来参观，推动当地旅游业的发展。

就意识形态层面而言，参与乡村建设的艺术家赋予乡村居民相应的乡村文化空间生产的观念和视野，而艺术的外在实践则是基于乡村居民思想的解放和创作积极性的提升，以激发乡村居民的内生动力，推动乡村居民前进。对乡村社会的责任感和参与感，加深了乡村居民对乡村的热爱之情。参与乡村建设的艺术家鼓励乡村居民将对乡村的热爱之情转化为实际的乡村艺术实践行动。例如，在某乡村社区，村民们积极参与特色手工艺

品的展览活动，凸显了当地特色手工艺品的文化价值和经济潜力。这不仅提升了村民的自豪感和自信心，也为乡村经济的发展注入了新的活力。

参与乡村建设的艺术家与政府、企业等合作，共建乡村文化空间，推动乡村振兴和可持续发展，一个以艺术为核心的乡村文化中心在村庄中兴起。这个中心承担起了艺术展览和文艺演出的功能，艺术家们在这里举办乡村居民参与的各种艺术活动，如农民手绘教学、手工艺品制作、音乐培训等，使这个乡村文化中心成为乡村发展和人才培养的重要平台。

综上所述，参与乡村建设的艺术家通过策划并举办艺术展览、开办艺术节等丰富村民的艺术实践，赋予乡村居民相应的观念和视野，并以艺术实践的方式激发其内生动力，进而增强乡村居民对乡村的责任感和参与感，推动乡村的振兴和可持续发展。

（二）创作并展示公共艺术品

在乡村公共空间创作并展示公共艺术品是艺术介入乡村建设的另一种行为类型。艺术作品进入乡村公共空间能够打破乡村居民对艺术的距离感，激发乡村居民产生情感共鸣；增强对乡村文化的自信、传承乡村传统文化、提升乡村社区的凝聚力；展示新时代农村景象，增强乡村居民的自信和归属感。

以上海城市空间艺术季为例。上海城市空间艺术季以社区为展场，将艺术融入日常生活，使艺术与人们不期而遇。在上海长宁区新华社区，身处面包店时，你会遇到以假乱真的艺术品；在餐厅使用纸巾时，你会发现上面印有文字；打开手机寻找网络信号时，或许会看到“路由器的诗”。与通常印象中的大型纪念性公共艺术作品不同，作为上海城市空间季的展示地点，艺术家们希望在新华社区能够找到可以容纳艺术品的小角落，“这使得作品的体量不能过大，也不能占用已有的公共设施”。因此，这些作品更像是隐藏在日常生活中的“彩蛋”，等待着人们的发现。在这次上海城市空间季中，还有一个名为“安和寺是一条路”的驻地艺术项目，艺术家们通过探索上海的历史、租界文化、建筑文明、市井生活、社区建设和居民意识等，以日常生活为线索，建立创作基础，进行多元化的创作。至于安和寺是一座寺庙还是一条路，这些问题由艺术家去探索和定义。

二、艺术介入乡村建设诸多模式的效应

艺术介入乡村建设的模式主要有艺术导入模式、艺术家入驻模式、项目驱动模式、产业引导模式、村民自发模式。以下就不同模式的效应进行分析。

（一）艺术导入模式的效应

艺术导入模式主要是通过艺术的手段短期地对乡村建设直接进行导入，主要的手段和形式有策划并举办艺术展览（如音乐、绘画、影像、雕塑等的展览）、开办艺术节，这些手段和形式是对乡村建设的非政策性介入，是自下而上地参与乡村建设，创作主体大多由一位或数位艺术家、设计师或村民自发组成；就艺术家的介入而言，其艺术导入可以是非物质文化遗产、工艺美术品的单点式展览或线状式主题展览等。典型的当数山东寿光田柳镇东头村涂鸦行动，它是由清华大学美术学院、中央美术学院、中国美术学院等艺术院校师生策划举办的。这种自发的艺术导入依靠的是参与者的艺术素养和热情，资金投入、人员投入相对较少，参与方少，便于协调，简便易行，且能保持对当地文化的相对尊重，但艺术家的恒心和组织能力是该模式能否长效化的关键。艺术导入模式下的乡村建设通过艺术的效应引发外界对乡村的关注，案例如下。

1. 陕西西安鄠邑石井街道蔡家坡村关中忙罢艺术节

从2018年的麦收时节开始，西安美术学院和陕西西安鄠邑区委、区政府在石井街道蔡家坡等村连续举办了4届关中忙罢艺术节，并启动了一系列乡村艺术项目，致力于乡村文化再建设。由西安美术学院实验艺术系师生组建关中艺术合作社，在关中乡村开展各类深入的艺术实践教学，也是在乡间地头开展的一种采风式的教学综合实践。

关中忙罢艺术节涵盖了4个行政村，每年从5月一直持续到11月，旨在用艺术唤醒人们的“乡愁”，将艺术之美与乡村的自然之美相结合，让艺术走进乡村，让乡村文明发扬光大。艺术节围绕“劳动”“合作”“收获”“喜悦”等理念，借助农耕文明彰显传统民俗节日——忙前节、打打节，将乡村社会崇尚的“乡约”“乡礼”“乡俗”“乡庆”等突出表现出来，彰显其持续而强大的生命力。艺术节聚焦乡村文化创意，谋求乡村文化事业和文化产业的繁荣发展。艺术节以“终南山下，乐享关中忙罢艺术节”为理念，展示乡村文明成果，让村庄和田野成为艺术空间，让麦

田和原野成为展示空间。

蔡家坡等村以艺术激活忙罢艺术节的传统，以多个板块推动乡村复兴，开展的艺术项目突出在地性、生态性、实用性，以文化传承推动乡村文化的发展和振兴。项目围绕“乡村振兴”这一主题，坚持基础设施先行，在区域内设计“一线（8 号艺术公路沿线）、四点（蔡家坡村、栗元坡村、下庄村、栗峪口村）、两中心（石井文化艺术中心、直峪口文化艺术中心）”，建立在地性艺术平台，打造乡村特色地，推动乡村特色农产品和其他特色产业链的发展，打造乡村艺术园地和乡村文化园地。这是一次涵盖 4 个行政村和 1 条主线的艺术庆典。在终南山下的茫茫麦田中搭建的艺术舞台，在探索艺术介入乡村建设方面具有重要的现实意义。

随着城镇化、工业化的加速推进，农田越来越少，种庄稼的人也越来越少，“忙罢”一词已逐渐淡出关中人的视野，而关中忙罢艺术节的举办，让很多关中人找回了乡愁，在熟悉的谷堆里，在亲切的麦田间，人们闻到了家乡的味道。关中忙罢艺术节既是一场艺术与乡村的派对，也是一场艺术家与乡村的对话，更是一场艺术与关中大地的会面，它让大众回归田野，在田野之中感受不一样的艺术。以艺术赋能是西安市鄠邑区乡村振兴的重要 IP，艺术节将乡土草场变成艺术空间，将田野变成艺术展演现场，将传统乡村生活方式与新时代城市文明创新文化相结合，用艺术的方式激活“忙罢”节庆的传统，以艺术的方式美化乡村环境，提升乡村居民的审美，展示地域文化和乡村的独特魅力，有力地促进了沿山地区的乡村经济发展，展示了鄠邑区民众良好的精神风貌，是西安市城乡文化相互成就的典范，有力地推动了鄠邑区乡村文化振兴。

2. 安徽黄山休宁商山镇黄村村公共艺术实践

休宁县黄村村通过公共艺术在地性介入的方式，激发当地的文化价值和经济价值，继而提高村民的积极性，最终实现乡村经济的可持续发展和人的回归。在公共艺术实践前期，黄村村基本没有相关文创设计与开发，缺乏整体视觉设计与创意。拥有百年历史的黄村小学因有一定程度的失修，也处于空置状态。作为历史文化名村，黄村村拥有的徽派建筑、祠堂、传统民居、具有时代意义的百年小学、竹雕、茶叶、传统手工艺等文化遗产，是在地化公共艺术作品主题的来源。

巷道是黄村村民活动最多的场所之一，不仅有交通功能，还是村民日常交流的公共场所。对于游客来说，乡村巷道的舒适感和趣味性也是提升旅游体验的重点部分。设计利用一些建筑墙面丰富道路空间的趣味，如利用当地的一些旧物，包括破碎的瓦片、建筑废料、老宅的木结构、一些瓷器等，并增加绿植，使得由旧物构成的公共艺术作品变得生机盎然，从而丰富了场地的艺术属性，增添了空间的活力。另外，在村庄内公共空间艺术装置品的布置方面，艺术实践者放弃了普遍采用的大型标志性公共艺术装置，而是将其设计成小型单元网络，以鼓励参观者进行探索。这样的设计给村庄带来了多样性，激发了人们的好奇心。艺术实践者还采用抽象与具象相结合的艺术表现手法，以当地盛产的竹子为主要材料，以组为单位设计公共艺术群，使其与村落的自然环境和历史文化相融合，向村民及游客展现人与自然、建筑、环境三者的互动。

（二）艺术家入驻模式的效应

艺术家是相关艺术行业的专业人才，他们的入驻为乡村带来了文化变革。艺术家曾经也是在生产活动中参与劳作的主要工匠之一，对美的不懈追求使得艺术家群体始终为社会各界所关注。作为社会中最活跃的群体，艺术家用自身价值服务乡村，多方面展现乡村生活的魅力，提升其存在感。

艺术家入驻模式主要是指艺术家通过艺术的手段长期驻守乡村，如由艺术家领衔建立工作室等。艺术家工作室可以向乡村拓展业务，为乡村提供文化服务，提升村落和农业品牌的知名度。通常，艺术家入驻模式介入乡村建设的主要手段有发展民宿产业、文化产业，整治乡村环境，建造美术馆，举办艺术节庆、艺术展等。虽然艺术家入驻模式对乡村建设影响的持续力较强，但是对村民利益的考虑不足。例如，我国台湾地区台南市后壁区土沟村、上海金泽镇等的实践模式，以及“青田计划”“莫干山计划”等。入驻这些乡村的艺术家积极参与乡村建设，挖掘乡村文化内涵，促进极具特色美丽乡村的形成，推动当地传统手工艺的创新性发展。由于艺术种类繁多，不同种类的艺术活动对空间的需求也不一样，所以工作室必须按照艺术家的需求设计，即艺术家对工作室的功能空间布置有主导权，但建筑的形式和外观必须在乡村整体规划的框架内设计建造，在体现艺术家个性的同时又不破坏村落原本的建筑风貌。

艺术家入驻乡村参与乡村建设，大多数情况下都要发挥作为创作者的专业特长，如在“许村计划”中举办艺术节和改造民居；在“碧山计划”中举办艺术展；在“莫干山计划”中进行民宿设计；主导协力造屋的建筑设计、郝堂村的景观设计，新通道项目中基于地域资源与手工艺的文创产品设计和公共娱乐休闲设施设计，以及土沟村的乡村空间艺术化；等等。作为发起人的艺术家通常具有强烈的人文情怀和责任感，不畏艰难。例如，在“碧山计划”中，艺术家坚定信心，化解了当地政府和村民最开始的不信任；又如在“莫干山计划”中，农园项目头两年一直休耕，以恢复土地产能，初始产出远远不能抵消成本，艺术家坚持将艺术创作与当地文化相融合，引领村民渡过了难关。

在艺术介入乡村建设的案例中，大多数艺术家担任了组织者的角色。作为组织者的艺术家不仅要协调好各方力量，如在地村民、政府、村民组织、企业、艺术圈人脉及其他专业人才等，还要激活社区内生动力。例如，南艺团队在土沟村从谋划、实地调研到吸引当地村民参与，再到乡村特色文化传播，成为当地营造协会与村民间的纽带，协调了各方力量；在“许村计划”中，渠岩与范乃文一内一外携手借助政府力量，为了举办艺术节动用自己在艺术圈的人脉资源；在新通道项目的实施过程中，艺术家通过创立拥有国际资源的设计合作同盟和资源整合平台，推动跨学科交流合作，吸引其他力量加入；等等。同其他学科相比，艺术以其独特的可视化组织手段在促进各方的沟通与合作方面独具优势，它让无形的议题变得看得见、摸得着，并通过展览、电影、书籍等表达对未来的展望。以下是案例分析。

1. 新疆昌吉吉木萨尔新地乡小分子画家村

在新疆维吾尔自治区昌吉回族自治州吉木萨尔县新地乡小分子村，艺术介入乡村建设不仅让小分子村甩掉了“贫困村”的帽子，更让其蝶变为吉木萨尔县“中国美丽乡村建设”示范点。2014 年，艺术家刘燕虹、吴巍华夫妇在此创建了木屋主人绘画工作室。作为最早入驻新地乡的艺术家，刘燕虹、吴巍华夫妇对小分子村的艺术乡村建设有着重要的推动作用。因为吉木萨尔县距离乌鲁木齐较近，吴巍华就经常来此采风。2013 年，吴巍华从巴黎艺术城吕霞光工作室返回新地乡，也许是在国外时的乡愁作祟，吴巍华忽然对以往熟悉的环境有了更亲切的感觉，并萌生出在小分子村长期居住的想法。后来，吴巍华便租住在当时还是新地乡贫困户的村民马生喜家里。2013 年，当地政府给村民发放补助，用于改建住宅，但前提条件是必须建新住宅才能拿到补助。马生喜家拿不出钱来盖新房子，便想放弃这次难得的机会。因为在他家住的时间久了，马生喜一家人的勤劳感动了刘燕虹、吴巍华夫妇。为了帮助他们把新宅建起来，刘燕虹、吴巍华夫妇便租用马生喜家一间屋子作为长期画室。由于刘燕虹、吴巍华夫妇在这里的时间较多，周围来此写生度假的画家朋友也逐渐多了起来。有时马生喜家住不下，画家朋友还得到村里其他村民家里居住。没有想到的是，一年下来当地村民有了土地以外的收入。马生喜家的变化更是触动了新地乡农民。当地村民的这些变化正好与国家建设新农村的目标契合，很快艺术介入便得到了乡政府的肯定和支持，每位入驻艺术家都能获得一定的经济补助。于是，就有了建设“小分子画家村”的想法。最大化保护原生态与最小化改变村庄原貌体现了小分子画家工作室对当地风貌的尊重，前来写生的画家、学生在此吃住，给当地农民带来了额外的经济收益。经过策划设计，到 2015 年，入驻小分子画家村的艺术家有 20 多人，从原来租村民一间房住七八人到现在画家可以租用单间并享受较好的住宿环境，从洗澡要专程去 40 千米外的县城到现在住家就可以洗澡，从简陋的厨房到改造后设施齐全、一次可接待几十个写生实践学生用餐，小分子村各项基础设施有了极大的提升。除此之外，当地村民努力在实践中学习，不断转变观念、提高服务质量，生活有了非常大的改变：有的村民在艺术家的熏陶下开始画画，有的买上了车，有的甚至在县城购买房屋，过上了更好的日子。艺术家工作室的入驻，不仅给小分子村带来了真金白银上的改观，更促进了当地文化的振兴。

新地乡小分子村由零星的艺术家驻村发展为画家村已有 10 年，已经形成了艺术家工作室建设的许多经验。例如，允许艺术家在获得村民同意的情况下，利用村民宅基地或者村中空闲的公共用地建造艺术家工作室，工作室面积不得少于 80 平方米，使用权限为 30 年，租用期满后若不续租，工作室便归还给村民或村集体；县政府资助每位艺术家 10 万元用于建造工作室，并提供便利的建设条件；同时，艺术家每年必须定期配合政府举办艺术展览等活动。

2. 陕西西安鄠邑蔡家坡村美术馆

蔡家坡村美术馆位于陕西省西安市鄠邑区石井镇蔡家坡村九组的中心

位置，村子紧邻关中环线南侧、背靠秦岭中段终南山。2012 年，当地只有一个以服务艺术家生活创作为主的工作室，随着蔡家坡村艺术活动与艺术项目的不断开展，工作室慢慢开始展览村子里的艺术作品。2012 年 12 月，赵海涛工作室成为蔡家坡村的美术馆和艺术活动的聚集地。赵海涛生于 1966 年，陕西延安人，现居西安，是一位专攻表现性油画的知名艺术家和跨界建筑师。蔡家坡村以艺术家工作室的到来为契机，加大艺术介入乡村建设的力度，以扩大自身的影响力。2018 年，蔡家坡村与西安美术学院合作，成功打造关中忙罢艺术节文化 IP，至今已成功举办了三届关中忙罢艺术节。2020 年 12 月，陕西省文化和旅游厅将蔡家坡村确立为 2020 年陕西省乡村旅游示范村和旅游特色名镇。2021 年 8 月，蔡家坡村入选第三批全国乡村旅游重点村名单。

以艺术家工作室的到来为契机，蔡家坡村举办了大量的公共实验艺术活动，久而久之，工作室成为可以举办艺术展览活动的乡村美术馆，其对村中良好艺术氛围的形成和村落知名度的提升有关键作用。但是蔡家坡村赵海涛工作室成立已有好几年，目前依然存在赋能乡村发展内生动力不足的问题。原因在于，这里原本只是一处服务于艺术家个人活动的建筑，其空间功能设置与当地村民缺乏联系，尽管经过后期改造，这座建筑具有了公共展示功能，但这种纯粹的艺术介入方式服务和受益的人数较为有限，平日没有活动时美术馆大门紧闭，蔡家坡的村民也很少来此参与活动。

（三）项目驱动模式的效应

项目驱动模式一般主要是针对乡村生活环境的改善，即通过具体的改造项目提升和整治乡村环境，直接改善村民的生活环境。不同于以上两种艺术介入乡村建设模式，项目驱动模式更加注重乡村环境中物质空间的改造，通常会对乡村的建筑外观、户外设施等增加经济性投入。项目驱动模式主要有乡村景观环境提升、乡村规划改造、乡村环境综合整治等类型，是社会干预乡村建设较为直接的一种模式。调研发现，村民更加希望对现状宅基地与闲置房屋进行改造，因为改造可以提升乡村建筑风貌，当地政府可以将部分闲置房屋利用起来，通过出租或者引入新功能使老建筑创造新价值，进而为村民提供除打工、务农以外的增收选择。

在对乡村户外活动空间进行合理的规划和重建后，当地政府要努力提升村民的素质，做好乡村户外活动空间的维护工作，避免人为损坏和闲置浪费等。以下是案例分析。

1. 湖北恩施巴东野三关镇石桥坪村改造项目

石桥坪村地势高低不平，高山较多，平原地区多种植苞谷类经济作物，高山上由于岩石较多，且日照充足，村子以葡萄为特色农产品进行种植和销售。石桥坪村是“中国美丽乡村建设”的试点村，项目按照 500 万元的预算进行规划，是当地实施乡村振兴战略的重点村落。

根据全镇的统一规划，石桥坪村北部为工业区，南部为旅游区。2011 年，石桥坪村被评为 3A 级旅游景区，是湖北生态文化旅游圈的战略节点。2017 年，石桥坪村被授予“全国文明村镇”称号，并被湖北省评为文明村落。这些有利条件使石桥坪村通过艺术介入的方式带动乡村经济和文化的发展成为可能。

该项目由湖北美术学院师生主导，他们通过对石桥坪村进行调研，了解了村民的基本需求，并对选材面进行了考量。例如，围绕最基本的指路牌、厕所、路灯、电话亭、长椅等进行设计，从细枝末节入手，使艺术融入村民的生活。一般情况下，此类设计既容易让村民接受，又能在一定程度上改善村落的景观。一方面提高了村庄公共环境的层次，使之成为乡村空间发展的节点；另一方面也能够促进当地生活环境的改善，提升村民居住环境的品质。

改造建设主要根据村庄基本现状，结合实用性考虑，增加了环境标牌、公交车站座椅、公共装置、树屋、图书馆、儿童游乐角、休息场所、厕所等设施，并将一些常用的公共设施在村庄进行了划分和布局。民居建筑是寄托乡愁的物质和文化载体，随着时间的推移，村庄内的部分老房子已经不适合现代生活的居住需求。该项目针对性地实地调研危房，对村中的 11 栋民居建筑进行了改建设计，增强了房屋的安全性，确保了采光和卫生，从而提升了村民居住的舒适感。这种设计与改造，使石桥坪村的空间布局更加合理，基础设施更加实用，能够满足当地居民的生活需求。

2. 上海青浦金泽镇胡项城改建项目

金泽镇位于上海市青浦区西南部，是上海、浙江、江苏交界的地方，紧邻淀山湖，镇的西面有沪聂线南北向穿过，镇的北面有沪渝高速东西向穿过，镇内水系交织，有“一级空气、二级水”之称。2000 年起，艺术家胡项城受到博伊斯“社会雕刻”概念的影响，开始在家乡上海郊区的金泽、青浦、朱家角等传统古镇进行乡土文化建设，试图利用乡土文化资源，结合现代化发展的批判性思考，让延续了千年的乡土文化在现代化背景下延续下去，恢复以宗族为基础的生活方式。金泽镇是胡项城的第四个乡村实践试点，金泽镇的改造内容主要是改善当地卫生环境，对古建筑进行保护及修复，对当地的民俗、手工艺进行保护及传承。在金泽镇下塘街1号，胡项城通过对民居、酒坊、祠堂、戏台等进行修建，完善乡村生活的基础设施，让村民可以自由使用公共领域，闲时一起喝酒、看戏，节庆时在大食堂里一起吃饭，黄道吉日在祠堂举办嫁娶仪式，从而在一定程度上复兴了乡村生活系统。

在提升乡村综合实力、统一规划、改善人居环境、促进村容村貌整体提升的硬实力上，艺术介入乡村建设有助于扩大乡村的影响力，不仅使乡村的综合实力得到提升，还让乡村的生态休闲、旅游观光、文化特色等无形价值得到充分、完整的展现，能创造更多的就业机会，给乡村注入新的活力，促进其经济发展。艺术介入乡村建设，能够提升村民的集体荣誉感，展现乡村独特的精神风貌，带动乡村旅游，全方位、多角度地推动乡村振兴。

不过，艺术介入乡村建设的设计与改造一定要基于乡村的现实语境，否则容易导致非人性化建设。例如，部分村民住上了统一规划、井然有序的小洋房，却因负担不起集中供暖的费用而不得不重新在堂屋烧起柴火取暖；又如原本轻松自由、适合村民交流的乡村公共空间被打破，院落看似更加安全，却阻断了村民联络感情的通道。

3. 谢英俊协力造屋

谢英俊是我国台湾地区的一名建筑师。1999年台湾地区南投“9·21”地震后，受社会工作者和人类学家朋友的邀请，谢英俊前往南投县邵族人部落协助部落重建。他带领自己的团队进入灾区，以环保材料与简单工具，与当地人协力造屋，在经费极为有限的条件下完成了社区重建工作。之后谢英俊全身心投入到乡村民居建筑设计和灾后重建等领域。

谢英俊提出了“永续建筑，协力造屋”的理念，并在四川成都投资建厂，推动轻钢材料进行生态农房建设。轻钢材料镀膜后有较强的耐久性，可以使用325—1000年。谢英俊的轻钢体系是在国际上已有的轻钢结构住宅体系的基础上针对国情进行优化改造的产物，只需较少的交接点，而且交接点的咬合更为简化，钢材在现场组装时基本上不需要焊接，只需铆钉铰接，非建筑专业的从业人员也可以轻松参与其中。设计团队进驻后，只需提供一个和传统建筑形式非常相似但又具有开放性的全新钢结构体系，就可以协助当地村民就地取材修盖环保又经济的房屋。这种合作模式把当地传统和工业化建筑材料结合在一起，将建筑中村民无法自行建造但又最关键的部分进行批量生产，以最大限度地降低成本。采用这种合作建房的模式，只需要原先建房费用的一半，并且在不同地区都适用，有助于保持当地原有的文化特色。谢英俊团队先后承接并完成了 2008 年“5·12”汶川地震灾区建设、2009 年台湾地区“八八”水灾原住民房屋重建、2010 年西藏纳木错高原地区牧民安居房建造，以及 2015 年尼泊尔“未来之村”地震重建等。

（四）产业引导模式的效应

在艺术介入乡村建设中，产业引导模式是指从艺术层面带动当地乡村的产业发展。一般较为直接的方法是通过开发旅游业、开展农业观光类项目，吸引人流和促进游客消费，以推动当地经济发展。比如针对当地特产，从食品、手工业、农业、医疗等多方面入手，进行全方位宣传、多途径销售，包括通过网络销售等方式进行经济拓展。如果是自然资源较为丰富的村庄，就可以结合文旅观光、现代化农业、智能生产等途径激发乡村的发展活力，让乡村真正走向富裕。只有结合地方特色打造独特的乡村发展模式，乡村才不容易被未来社会抛弃，才能推动乡村经济的全面发展。

对乡村而言，产业引导模式必须有自上而下的政策性介入，是集设计、音乐、美术等多种艺术形式于一体的综合性、多元化的艺术介入方式，大多表现为由政府主导的乡村旅游文化开发，共同建构乡村意象，以满足现代化进程中城乡民众对原生态文化的心理期待，增强对乡村文化的认同。一般情况下，产业引导模式下的艺术介入多数是由政府发起的，旨在通过艺术的介入振兴乡村经济，保护乡村传统文化，改善乡村居民的居住环境，提升乡村居民的生活质量。例如，广西红窑村少数民族旅游文化开发、江西婺源篁岭旅游文化开发、浙江安吉蔓塘里美丽乡村建设等，都是充分挖掘和利用当地自然景观（如梯田、油菜花、竹海）、人文景观（如民居、村寨、晒秋）、民族歌舞表演、民族传统节日等的优秀案例。该模式的艺术介入方式虽然便于整体打造乡村景观与乡村文化，但也不可避免地会出现商业色彩过浓的问题。如果没有与当地的人文环境和实际情况充分融合，村民只是被动接受文化修复和空间改造，最终可能实现的至多是城市人群对乡村印象的概念化认知，而乡村居民与艺术之间还是会有断层。以下是案例分析。

1. 广东佛山乐从镇鹭洲村

佛山市乐从镇鹭洲村的“60%艺术计划”——乐从蒲公英艺术节，是由中央美术学院城市设计学院发起的，而在丹东市太平湾实践基地举办的“另一种景观”——当代艺术展，则是由鲁迅美术学院当代艺术系发起的，这些都是由高校提案策划办起来的艺术介入乡村建设的实践项目。由于发起人或团体具有专业性，他们会运用一系列系统模式进行创作，从现场调研到因地制宜地提出方案，再到讨论听证，从方案实施落地到通过网络直播论坛等方式将艺术介入乡村建设的实践进行传播和推广，不仅构建了多渠道的沟通交流平台，还让当地村民与社会人士有了直接有效的交流。艺术家们选择和利用当地特色材料、空间及文化资源进行创作，强调与当地村民或观众的交流和对话，正如计划名称中的“60%”一样，这是一种在地性的创作态度，艺术家们只完成作品的60%，剩下的部分需要观众的参与和当地村民的补充。这种模式要求艺术家要善于利用当地材料在当地环境空间进行创作，艺术品分散在乡村各处，不仅有助于作品与观众的多维互动，也有助于平衡艺术家和当地居民的观点差异。

2. 重庆武隆懒坝国际大地艺术季

重庆武隆懒坝国际大地艺术季（以下简称“懒坝大地艺术季”）是一个由政府投资的文化旅游项目。据了解，武隆懒坝国际禅境艺术度假区是重庆市重点文化旅游项目，总投资约30亿元人民币，规划范围为17.6平方千米，位于武隆仙女山核心板块，旨在建成集旅游休闲、艺术鉴赏、身心康养于一体的度假胜地。和日本新潟县“越后妻有大地艺术季”一样，懒坝大地艺术季也在城市辐射区范围内，有着发展文化旅游的地理位置优势。参与该项目艺术家同时聚焦艺术与自然，用艺术的手法介入乡村建设，促进当地旅游发展。比如松本秋则的竹音剧院创作团队以当地竹子为媒介，并选择在一个有50多年历史的土屋里进行展示，从而脱离了在特定的展览场所展览形成的固有氛围，这种在创造性与价值观上的突破直接唤起了乡村居民和观众的记忆情感，使他们与乡村有了有效对话。但这类艺术介入乡村建设的实践项目发展至今有了模式化发展的趋势，艺术所注重的公共性和民众的参与性也变得模式化起来，应该采取措施预防这种情况的出现，以确保艺术介入乡村建设的多元化。

艺术家应充分发挥其专业技能，与当地手工艺人合作，将乡村的传统文化、传统手工艺、器物及其他资源转化为文化创意产品，推动乡村传统文化与地方经济的可持续发展。例如，在湖南大学设计艺术学院领衔的“新通道”项目中，设计师与侗族织娘、瑶族绣娘协同创造文创产品，在协同设计时双方用草图来促进沟通。艺术家还可以为乡村提供旅游服务设计，包括旅游服务开发、管理、运营和营销等。理想的艺术介入乡村建设路径是艺术家从源头就开始参与乡村产业的发展，帮助乡村创立自己的品牌，从生态产品开发（大米品牌）到体验经济行为策划（举办生态狂欢节等体验活动），再到整合营销等，提供一整套的服务设计。

调研发现，有些乡村还注重将艺术与手工艺结合，对土特产和手工制品进行再设计，这也是艺术介入促进乡村经济转型的重要方式。其中比较有代表性的是左靖提出的空间生产、文化生产、产品生产三个实施步骤，目标是复活当地手工艺文化，通过调研、展览、出版、店铺的文化产业经营等方式保留乡村文化。将乡村特产和手工艺文化进行再设计，推向以城市精英消费群体为主的市场，使村庄里的传统手工艺“复活”，并通过消费与现代社会对接，最终形成小规模的发展模式，这也是乡村在寻求发展契机的过程中形成的以文化产业为主导的自救模式。

（五）村民自发模式的效应

村民对自己赖以生存的乡村有着天然的生存记忆和发展要求，因此更能够明白自己需要怎么样的乡村。多数村民希望村庄可以重建和美化，或者通过发展乡村旅游带动村民就地就业，希望艺术的介入能够增加自己的收入，希望能够完善村内道路系统，设置更多的停车位，增加适应不同年龄段的多功能的公共活动空间。

作为乡村生活的主体，村民同样可以成为艺术创作的主体。村民可以自发地发起艺术营造社区运动，由本地人发起的乡村建设，在熟人社会的村落更易获得理解和配合。下面以云南石林“彝族第一村”为例进行分析。

“彝族第一村”是为保护石林风景区而整体搬迁和重建的村落。由于邻近景区，周边旅游资源相对比较丰富，且“彝族第一村”统管石林风景区内的各项经营活动，村民多在景区内工作，并在村内经营食宿、店铺等。他们按照村里的统一安排，对外展现石林文化和撒尼文化，并在乡村建设中积极应用民族艺术。有条件的村民还将自家房屋进行改造，用于开设饭店、民宿，并用彝族刺绣、农民画等进行装饰。片区的管理局和村委会不定时举办摄影、刺绣等培训活动，帮助村民更好地参与周边的旅游活动。

村民们与景区联系紧密，通过学习，更多地认识到了自身所掌握的艺术的重要性，增强了民族自信。对经济收入的需求也促使他们努力提高与外来者交流沟通、展现民族文化的能力。在工作之余，村民也有一定的积极性参与和学习民族文化，经营民宿等。2017—2019 年，大量游客进入村内，周边市场前景良好，村民自发将自家房屋改造成客栈。村民们在兴建和装修房屋方面也花了大量的精力，通过绘制墙面、装修改造等提升乡村的视觉形象，并主动推进火把节、艺术庆典、歌舞乐器表演等活动。他们积极发挥自主创造性，不仅提升了经济效益，也增强了乡村的艺术氛围，从而吸引了更多的游客，由此实现了良性循环。

三、艺术介入乡村建设的原则

艺术介入乡村建设的目的在于重建乡村的社会文化共同体，提升乡村居民的幸福感，促进乡村文化的发展。一般而言，在政治条件许可的情况下，艺术家从乡村居民利益的角度出发，帮助建立乡村社会文化共同体，有利于激发乡村居民的积极性。这种良性的发展模式正是艺术介入乡村建设的价值和意义所在。在艺术介入乡村建设的过程中，必须遵循相应的基本原则，以实现乡村建设的社会诉求。

（一）以乡村为本——因地制宜

前文已经介绍，在艺术介入乡村建设的过程中，很多时候是由艺术家作为主要参与方来实施乡村建设行为。艺术家们在找寻创作元素和拟定创作主题的时候，不必局限于当地的历史文化和民间工艺特色，也可以从乡村生活、当地传说、村民的精神文化等难以被发现的方面入手。同时，艺术家要坚持以乡村为本的原则来进行乡村建设活动，而不是一厢情愿地将艺术家自己的主观感受和设计理念强加给乡村，那种完全脱离乡村实际的介入行为是不可取的。而且，乡村民间工艺可以体现当地特色，是艺术家在创作时最容易入手之处。艺术家在参与乡村建设活动时，不必过于强调某种艺术方式，而应通过多种艺术方式进行综合呈现。例如，可以将当地环境或地方特有的材料、构筑物等作为艺术创作的灵感来源。艺术家应避免陷入个人风格和艺术手法的窠臼，村民和志愿者等其他人群的参与至关重要，不仅有利于艺术家打破自身局限，还可以培养和提升村民参与公共事务的意识。

村民是乡村建设的主体，坚持村民参与是艺术介入乡村建设取得成功的前提。一方面，村民可以在乡村建设活动中给出关键意见；另一方面，村民的未来发展也是艺术介入乡村建设的主要目的。村民作为乡村土生土长的一分子，不仅对乡村有着天然的感情，还是艺术介入乡村建设成效最直观的体验者。艺术介入乡村建设与一般意义上的乡村建设不同的地方是前者相信村民的创造力，艺术家和村民是共同合作的关系。村民在参与艺术介入乡村建设的过程中也会受到艺术家的影响，从而提升对自己乡村的归属感和认同感。艺术家作为外来者，对乡村的了解远没有村民多，村民可以站在乡村的角度给出一些关于乡村建设的意见，而艺术家则能够通过村民的见解和描述，找到乡村特有的元素和闪光点。在这种相互碰撞、相互交流的过程中，艺术家就和村民共同完成了艺术介入乡村建设的实践。

（二）可持续发展——资源再生

乡村建设应当注重可持续发展，与环境保护相协调，在保护当地资源的同时与当地环境相融合。艺术介入乡村建设要尽可能避免破坏生态环境，确保乡村建设的长期性和可持续性。在这个过程中，应采取一系列措施和策略，以实现人与自然的和谐共生，最大限度地减少对环境的负面影响，维护生态系统的稳定和健康。

首先，艺术介入乡村建设应重视乡村生态环境的保护。在艺术介入乡村建设的过程中，应当加强对当地自然资源如水资源、土壤、植被等的保护，避免过度开发和污染。应当积极保护野生动植物资源，提倡生物多样性，保护和修复生态系统，以促进生态平衡和生态可持续发展。

其次，艺术介入乡村建设必须注重节约资源和利用清洁能源，尽可能减少能源消耗和碳排放，以实现对环境的友好和可持续利用，减少浪费和污染，推动绿色、低碳、循环发展。

再次，艺术介入乡村建设必须注重乡村环境的规划与管理。应加强对乡村空间的规划、布局和管理，合理利用土地资源，避免乱占、乱建和过度开发导致的环境破坏。同时，应加强环境监测和评估工作，及时发现和解决环境问题，确保乡村建设的环境友好性和可持续性。

第四，艺术介入乡村建设应注重文化和生态的结合。在艺术介入乡村建设的过程中，要尊重与保护乡村的传统文化和历史遗产，促进乡村文化和乡村生态的有机结合，通过文化创意产业的发展，促进乡村文化的传承与创新，为乡村建设增添生机和活力。

最后，艺术介入乡村建设还要注重教育和宣传。要加强对乡村居民环保意识和绿色生活方式的宣传，增强乡村居民的环保责任感和创新意识，推动绿色乡村的建设和发展。

总之，艺术介入乡村建设应综合考虑自然生态、资源利用、规划管理、文化传承等多方面因素，通过科学规划和有效管理，实现乡村建设与环境保护的良性互动，为乡村的长期可持续发展提供坚实保障。

（三）经济适用性——务实创新

乡村建设项目应当具备经济可行性和可持续发展性，使乡村经济能够良性发展，并带动当地村民的就业和生活水平的提高。应积极引导和鼓励乡村建设项目的创新，吸收新理念，采用新技术，提高乡村产业的竞争力和创造力。

在当今社会，艺术介入乡村建设项目的经济可行性和可持续发展性越来越受到关注。艺术介入乡村建设不仅要注重保护传统文化和生态环境，同时还要顺应时代的变化，主动拥抱创新精神。基于此，积极引导和鼓励艺术介入乡村建设项目的创新就成为至关重要的举措。

在艺术介入乡村建设项目中，引入新技术和新理念至关重要。首先，新技术的应用可以提升乡村生产力，改善生产方式、提高产品质量，促进乡村产业的转型升级。例如，智能化农业设施的引入可以提高农业生产效率，减少劳动力成本，改善农产品品质；而数字化管理系统的运用可以优化资源配置，提高农业生产的智能化水平。这些新技术的运用不仅带动了乡村产业的创新发展，同时也为乡村注入了新的生机与活力。其次，新理念的应用对艺术介入乡村建设也具有重要意义。传统的乡村发展模式往往过度依赖资源开发，而忽视了环境保护和文化传承。当下，倡导可持续发展的理念成为乡村建设的重要方向之一。艺术介入乡村建设通过引入绿色发展理念，将生态保护融入乡村建设规划，不仅可以有效促进当地生态环境的改善，还可以提升乡村的宜居性和吸引力。同时，注重文化传承与创新也是可持续发展理念的重要组成部分。在保护传统文化的基础上，艺术介入乡村建设也必须鼓励文化创新，通过挖掘当地文化资源，推动文化产品开发，为乡村注入更多活力和魅力。

在艺术介入乡村建设项目中，创新是推动乡村发展的重要引擎。创新不仅包括艺术创作的创新和乡村管理的创新，还包括艺术介入乡村建设模式和理念的创新。例如，可以借助互联网平台拓展乡村文创产品市场，推动乡村旅游业的发展；可以通过合作社等新型组织形式，带动农户参与文创产品的产业化经营；等等。这些创新举措为乡村经济注入了新的动力和活力，不仅提高了乡村文创产业的竞争力，也为当地村民提供了更多的发展机遇和就业岗位，有助于激发乡村的活力和创造力，实现乡村经济的良性发展，为乡村带来更多的发展机遇和希望。

（四）区位一体化——协作共赢

艺术介入乡村建设与区域发展一体化是推动乡村振兴的关键策略之一。通过强调乡村与城市、乡村与乡村之间的联系，促进协作与合作，可以实现整体发展，进而实现城乡一体化发展的目标。

艺术介入乡村建设必须与城市发展形成紧密联系。城乡一体化发展是适应当代经济社会发展要求的重要方向。乡村是城市的重要后花园和资源供应地，乡村与城市的联系与合作至关重要。城乡合作可以促进资源的优化配置，共同推动区域发展，实现城乡互利共赢。如城市可以向乡村提供市场、技术、资金及管理经验等方面的支持，促进乡村优势资源的整合与开发；而乡村则可以向城市提供绿色食品、生态旅游等资源，促进城市的可持续发展。

注重乡村之间的联系也是艺术介入乡村建设的重要方面。乡村之间的合作与交流，可以促进资源共享、互利互惠，实现乡村的整体发展。例如，在文化旅游方面，可以通过艺术的介入推动不同乡村的旅游业相互促进，共同塑造乡村旅游的品牌形象，扩大乡村旅游的影响力。

加强乡村与城市、乡村与乡村之间的联系也可以促进人力资源的流动和共享。随着城市化进程的不断推进，乡村人口流失严重，造成了乡村劳动力短缺的问题，而城市劳动力过剩的情况也时有发生。通过加强乡村与城市、乡村与乡村的联系，可以促进人力资源的流动，使劳动力得到合理配置，既缓解了城市劳动力过剩的问题，又解决了乡村劳动力短缺的难题。

艺术介入乡村建设与区域发展一体化有助于实现整体发展和城乡一体化发展的目标。不同地区之间的联系与互动，有助于促进资源的跨区域配置和利用，形成具有拓展性的市场和发展空间，有助于整合各方资源和力量，促进乡村的产业升级和转型，加速移动互联网、大数据、人工智能等新一代信息技术在乡村的落地应用，进而推动城乡一体化发展，实现城乡融合发展。

综上所述，强调乡村建设与区域发展的一体化，注重乡村与城市、乡村与乡村之间的联系，促进协同合作，实现整体发展是推动城乡经济社会协调发展的关键所在。只有全方位地开展合作与交流，整合各方资源和力量，才能实现城乡一体化发展的目标，推动乡村振兴战略的全面实施。

四、艺术介入乡村建设的策略

（一）盘活乡村现有资源

在当前社会发展形势下，乡村振兴已成为国家战略，而盘活乡村资源则是实施乡村振兴战略的基础和关键。盘活乡村资源，既能激发乡村发展的内在活力，提升乡村经济发展的动力与活力，又能促进乡村社会资源的合理利用和再分配，实现乡村公共财富的多元增值，为乡村振兴提供更广阔的空间和更有力的支撑。

首先，盘活乡村资源需要在土地资源方面下功夫。土地资源是乡村资源的重要组成部分，因此合理开发和利用土地资源显得尤为重要。可以通过土地流转、集约化经营等方式，实现土地资源的优化配置，促进乡村土地资源的高效利用。同时，应加强对土地资源的保护，防止荒地、退耕地面积的进一步扩大，确保土地资源的可持续利用。其次，盘活乡村资源需要加强对乡村人才资源的开发。艺术介入乡村建设需要大量富有创新能力和实践能力的人才，因此需要大力开发和培养乡村人才资源。可以通过建立健全人才培养体系、推动城乡人才双向流动机制等方式，为艺术介入乡村建设提供源源不断的人才支持。再次，盘活乡村资源需要注重农产品资源的开发和利用。农产品资源是乡村的重要资源，而盘活农产品资源不仅可以创造更多的就业机会，还能带动乡村经济的发展。可以通过艺术介入农产品加工业、发展特色农业产业等方式，加大对农产品资源的开发和利用力度，提升农产品的附加值，实现农产品资源的再生利用。最后，盘活乡村资源还需要注重乡村文化资源的挖掘和传承。乡村文化资源是乡村振兴的软实力，是乡村特色的重要代表。应当通过加强对乡村文化资源的挖掘、保护和传承，打造具有地方特色的文化品牌，为艺术介入乡村建设提供独特的文化支撑。总之，在艺术介入乡村建设的实践过程中，盘活乡村资源是必不可少的环节。只有全方位、多角度地盘活乡村资源，才能真正实现乡村振兴战略的全面推进。

针对艺术介入乡村建设，盘活乡村资源还需要与城市资源有效对接。城乡一体化发展是乡村振兴的重要方向，应当通过促进城乡资源要素的流动和互通互动，实现城乡资源的有机融合和优化配置，为乡村振兴提供更为有力的支持。在艺术介入乡村建设的实践中，盘活乡村资源需要政府及相关部门在政策、资金等方面提供更多的支持和保障。同时，还要广泛凝聚社会各界的力量，共同参与艺术介入乡村建设工作，为推动乡村振兴提供更为有力的支持。相关部门应以更高的政治站位和更大的政策力度，推动艺术介入乡村建设工作的全面开展，为建设美丽乡村、实现乡村全面振兴贡献更大的力量。

总之，盘活乡村资源是艺术介入乡村建设的重要内容，而实现乡村振兴战略的全面推进也需要从多个方面入手，充分盘活乡村资源，以提升乡村发展的内在活力和潜力，为乡村振兴提供更广阔的空间和更有力的支撑。

（二）坚守乡村文化本色

当前新农村建设的使命之一是在分散的个体经济上重建一个组织带动乡村居民的合作空间，以实现乡村的自我发展。组织建设需要文化的黏合。进行文化建设有利于培养村民的民主意识、参与意识和人文精神，让村庄有文化、有舆论、有道德压力，有生活感。中国的现代教育是植根于城市文明的教育，在一定程度上忽视了乡村文明的价值，这只会让乡村青年离开乡村，驻扎城市，因为他们从未学习与自己所在乡村有关的知识，很难产生对乡村文化的认同。当地历史文化和生活常识的接续，是将乡村转化为文化生产场所的关键，也是让村庄成为村民出得去、回得来的家园的关键。

艺术家在乡村建设中的创作，无论其表现形式如何，都要从乡村寻找切入口。上文也多次提到，艺术家要站在乡村与村民的角度去创作和改造乡村。例如，某位艺术家来到河畔小镇，受到当地民间艺术和手工艺的启发，将当地独具特色的编织工艺融入自己的雕塑作品，让村民重拾对传统手工艺的热爱，从而促进了当地手工艺的传承和发展。又如，某位艺术家在乡村生活中发现了乡土剧的独特魅力，于是以此为创作灵感，将乡土剧的元素融入自己的舞台表演，让当地村民和外来游客共同领略了乡土文化的魅力。这些例子表明，艺术家对当地文化的介入是多方位的，可以通过各种文化元素激发创作灵感，促进当地文化的传承和发展。

在创作构思阶段，如果要让艺术创作被村民接受，就应当从当地寻找艺术创作元素，站在村民的角度，以乡村和当地村民的文化为创作来源。可以作为艺术创作灵感来源的素材有当地村民的生活、需求或意愿，以及当地的历史故事、产业文化、民间文化等。

以下简述艺术家对当地文化的介入，以及在介入乡村建设时应将哪些文化元素作为灵感来源。

首先，从当地村民的生活和实际需求出发，艺术家可以观察和记录当地村民的日常生活场景、农耕劳作、乡村庆典活动等，从中发现独特的题材和创作灵感。比如，艺术家可以通过描绘丰收的景象、村民的日常生活场景等，呈现乡村生活的美好和乡村居民朴实。其次，历史故事是丰富的创作素材。乡村承载着悠久的历史和深厚的文化传统，乡村的历史故事和传统文化是艺术家进行艺术创作的宝贵灵感来源。艺术家可以通过挖掘乡村的历史文化，如历史人物、古老传说、历史事件等，将乡村深厚的历史积淀融入艺术作品，达到文化传承和创作表达的双重效果。再次，产业文化是艺术创作的重要来源。乡村的产业文化是乡村发展的重要支撑，而产业场景、劳作场景等也能成为艺术创作的丰富题材。艺术家可以通过对当地特色产业的描绘，展现乡村劳作的艰辛与乐趣，或者将劳作场景、手工艺制造等融入艺术作品，展现乡村产业文化的风采。最后，民间文化产物也是艺术创作不可或缺的灵感源泉。乡村的民间传统、民俗风情、民间艺术等丰富多彩，具有很大的创作空间。艺术家可以深入挖掘乡村的传统节庆、民间习俗、民间手工艺品制作等，将这些民间文化产物融入艺术创作，为乡村文化的传承和发展贡献力量。艺术家应当从当地寻找艺术创作要素来进行艺术介入，通过对当地村民的乡村生活、需求或意愿，以及历史发展故事、产业文化、民间文化产物等的观察和挖掘，获得丰富的灵感和创作素材，为乡村艺术创作注入更加丰富的内涵和活力。

（三）艺术助力乡村振兴

在乡村，农业风俗文化和传统手工技艺早已深深融入乡村居民的日常生活，但在这种“习以为常”的意识下，这些文化往往容易被忽视。在艺术介入乡村建设中，首先，艺术家凭借敏锐的文化洞察力，与村民共同生活，发现并记录这些容易被忽视的农耕文化，以创新的方式进行传承。其次，艺术家在传统村落的老房子中创办工作室，不仅为老屋注入了新的业态，提供了建筑修缮的技术指导，还改善了乡村的环境，完善了乡村的公共设施，丰富了乡村的公共文化服务。艺术家还通过举办农民艺术节、丰收节等节庆文化活动，为广大乡村居民提供精神滋养和自我表达的平台，帮助乡村居民更新思想观念，提振他们的精神面貌。再次，艺术家通过重建乡村社会道德秩序，让村民回归熟知的礼俗传统，让社会重新认识传统的力量和礼俗的意义，从而实现乡村文明的振兴。总的来说，艺术家在艺术介入乡村建设中发挥着不可或缺的作用，他们的参与，为我国的乡村振兴提供了有力的文化支撑。

（四）多产业融合发展

中国是农业大国，在乡村建设的过程中，不论艺术是否介入，农业作为乡村支柱产业的地位都不应该改变。艺术介入下的乡村建设，除了改善乡村风貌、传承延续乡村文化、提升乡村居民的审美与文化素养、扩大乡村的开放性之外，还应该围绕乡村最核心的问题——农业生产来进行。目前艺术介入乡村建设对乡村经济的提升作用主要体现在服务业、旅游业、手工产业等第三产业方面，对乡村第一产业——农业生产的提升作用并不大，农业生产还停留在单一的生产生活的功能层面，与艺术的产业联动并不明显。在当下，信息交流方便快捷，网络信息服务产业发展迅速，利用网络信息资源，利用艺术的介入挖掘乡村资源进行整合，实现艺术与生产的联动，促进乡村农业生产，提高乡村内生发展的动力，成为艺术介入乡村建设的当务之急。农业生产是乡村居民的主要经济来源，在当下，艺术介入乡村建设应联合第一、第二、第三产业协同发展，推进农业生产的产业化进程，使乡村居民真正成为艺术介入乡村建设的主体。

区域发展需要依靠产业带动，而我国乡村产业结构仍然单一。产业兴旺是解决乡村问题的前提。近年来，艺术家驻留乡村的项目日渐流行，一些成熟的艺术家驻留乡村项目逐渐发展成为艺术产业，为中国乡村发展赋能。当下，文化艺术产业紧密联系着经济市场，它具有高产出、低能耗和无污染等优点，这同乡村的绿色发展不谋而合。艺术家本身就具备文化产品生产与销售的服务产业功能，艺术家的参与和进驻使得乡村发展文化产业以促进经济增长成为可能。艺术家是文化内容的制造者，是文化核心竞争力的生产者，一位能力突出的艺术家甚至能够主宰一个很大的市场。我国许多乡村都有自己的特色农产品，这些特色农产品是乡村经济的主要来源，但是有不少特色农产品由于缺少艺术性的独特包装而处于产业化的瓶颈期。艺术家凭借敏锐的文化嗅觉与强大的创作能力，为乡村的特色农产品提供品牌策划与包装设计，为提升农产品的竞争力和农业的高质量发展提供新思路。

艺术介入乡村建设在促进乡村文化产业发展的同时，还吸引了那些有乡村旅游消费需求的人们的关注，在无形中推动了乡村旅游业的发展。乡村旅游因其独特的地域文化特色和可参与性而广受人们的青睐，这种更加注重视觉和精神的乡村旅游体验给游客焕然一新的感觉。艺术的介入优化了乡村旅游的业态，丰富了乡村旅游的项目，并使其各具特色。而乡村对城镇游客的持续吸引力则为乡村民宿的发展提供了土壤，有利于全面促进乡村消费，振兴乡村经济。例如，浙江宁波东钱湖城杨村将乡村产业与艺术设计融合，使城杨村的产业空间增加了 10 处，年客流量达 28 万人次，产业营业收入近 400 万元，实现了村民增收创收的目标。乡村文化产业的发展进一步丰富了乡村产业结构，为乡村农产品提供了文化附加值，从而增加了村民收入，全面提高了农业效益和乡村竞争力。参与艺术介入乡村建设的艺术家通过深入发掘乡村、农业的多种功能和价值，推动农业、文化产业与旅游业的融合发展，使乡村逐步形成农业全产业链并带动更多农民直接参与和获得收益。

（五）多主体共建共享

在艺术介入乡村建设的过程中，参与者不仅有艺术家、外来商业精英、企业、政府，还有当地村民，后者是乡村建设活动中最为重要的力量，所以，艺术介入乡村建设要坚持共同建设、共同享用，只有坚持多方主体共同参与，多吸取各主体方的意见，才能使艺术介入乡村建设良性发展。

首先，作为知识分子的艺术家要丢弃精英主义思想，将艺术介入乡村建设作为一项开放性的活动，与村民进行交流和沟通。其次，艺术家要融入乡村生活，与村民建立相互信任的关系。这一点不是短时间内可以做到的，需要艺术家循序渐进地介入，这样才能对村民有充分的了解，与村民的交流和沟通才能更顺利，才能站在村民的角度将自己的观点传达给村民。再次，艺术家在向村民传播他们不了解的艺术时，激发其兴趣是关键，只有这样才能提高村民参与的积极性。居高临下地指挥村民是无法让艺术在介入乡村建设中发挥作用的。要真正实现艺术和乡村的融合发展，艺术家就必须融入乡村生活，深入了解乡村，感受当地村民生活中的文化细节，站在村民的立场进行改造，而且村民必须全程参与。

村民参与乡村文化空间的生产、改造和提升，既能充分发挥村民作为乡村建设主体的作用，又能让他们了解乡村文化空间价值的基本诉求，协同促进乡村文化的优化和提升。另外，也只有在村民全过程的参与下，乡村文化才能得到真正的提升，这是乡村文化复兴的关键。村民应把握乡村社会存在的现实和迫切问题，加强与艺术家的协调与合作，共同推进乡村建设。

在艺术介入乡村建设的过程中，流向乡村的资本通常是非公益性的，其在乡村建设过程中往往会片面追求利益的最大化。因此，必须注意政策或决策权的上移，避免完全功利化的资本运作。艺术介入乡村建设固然要向社会资本借力，在经济、社会、资金等方面与企业合作，共同找到良好的支撑点，实现互惠互利、共同发展，但同时也要重视保护和传承乡村文化，防止被利益相关方带偏。

解决上述问题的首要方法是以政府引导为先，构建良好的政策环境与发展框架。如由乡政府牵头为艺术家寻找适宜场地，为工作室的落地保驾护航。最重要的是要从赋能乡村发展的角度，与艺术家和其乡村工作室签订相关合同，促进艺术家与村落产生联系和影响。例如，乡村的新建筑要能与当地人文建筑风格相融合；艺术家工作室必须设立公共艺术空间，以服务村落；艺术家必须利用自己的专业优势培养农民的艺术兴趣；等等。

五、艺术介入乡村建设的要素

艺术介入乡村建设需要在乡村公共空间条件的限定下，复兴乡村文化，传承延续乡村文化，为乡村提供可持续的发展契机。本研究认为，艺术介入乡村建设的要素包括以下三个方面。

（一）艺术介入乡村建设的公共空间要素

在艺术介入乡村建设过程中，要依据乡村原有的自然生态环境，包括地形地貌，在尊重和保护地域性生态的前提下合理布局。宜利用自然林地、农田、果林、水域等，与生产生活相结合，适当地进行艺术化处理，以乡村现有尺度为基础，结合现代生活需要，为乡村优秀物质、非物质文化的传承、活化和持续更新提供空间载体。

近年来，艺术家们走出城市艺术空间，通过在乡村建造艺术空间和举办艺术节等方式，将一系列艺术形式或产品，至少是其相似物带到乡村。项目参与者中不乏建筑师、设计师，他们通过维修、改造村庄中闲置的公共空间，将其变成类似美术馆的艺术空间。艺术家们在这里举办展览，村民成为主要的观众群体。平时，这些空间主要供学习、交流之用。也就是说，艺术介入乡村建设主要介入的是乡村的公共空间。乡村的公共空间不仅是村民聚集的场所，还承担着多种重要的社会文化功能。为了推动当地文化和艺术的发展，乡村公共空间的设计应该采用多种艺术手法，如新颖的空间布局、艺术品的布置及融入当地文化特色的作品展示等，以增强乡村的视觉冲击力，并将其与当地独特的文化标识相结合。

比如在乡村民居建筑的布局、形态、材质和色彩方面，要基于当地的现状和特色，尽可能采用当地的特色植物和建筑材料，以借鉴并吸收中华民族古籍文献、传世画作、传统园林、村落传统建筑中的优秀成分为主，合理借鉴优秀案例，避免生搬硬套。而在乡村的规划和布局上，可以基于功能整合空间，因地制宜，适当改造。如将个别民居转化为特色民宿、餐饮店，这样的功能转换与原住宅的功能相差不大，能直接完成转换，适应乡村整体氛围。对于承担乡村居民各类活动组织与维护管理重任的社区，可以考虑进行功能叠加，发挥游客服务中心的作用。而对一些古村落的原村史馆所在地，可以通过艺术的介入将其转变为村活动中心和图书馆等。

在村庄内部的公共空间，可以利用庭院场地，通过景观的营造和小品设施的布置重塑庭院交往空间的魅力，吸引人们在此停留和进行互动。这种对公共空间环境的介入与优化，既不能破坏原有场地的文脉肌理，又必须将乡村不同于城市的空间美感形式表现出来，既要有地方属性又要有艺术活力，只有这样，才能使艺术的介入符合乡村公共空间的实际需求。在处理乡村的公共空间关系上，要灵活运用地形，发挥地形地貌的优势，在保护乡村生态环境和田园风貌的基础上设置相应的功能节点。比如在地势较低处种植低矮的植物，在地势较高处则种植较高大的花木，以创造视觉高差。可以将有坡度的地块设计为梯田形式，种植乡村特色作物。还可以配合休闲功能需求设置活动广场等，以增添趣味性。另外，对有旅游价值和文化价值的乡村，要加强对古村落、古民居和古建筑的保护与开发利用，注重保留不同地域、不同民族、不同宗教的传统建筑与民居特色，将历史、文化、风俗、价值观等融入人居空间，实现历史与文化、传统与现代的有机结合，最终达成“旧”与“新”、“记忆”与“发生”“发展”的交织碰撞，达成民众多层次、多角度的居住和观赏体验。

许村就是一个很好的例子。其创办者渠岩受到国外艺术村的启发，将许村改造成一个多功能的国际艺术社区，包括酒吧、艺术家工作室、民间工艺品商店、展览中心、艺术酒店等，以提升许村的知名度，促进当地特色旅游业的发展。目前已经完成的有许村国际艺术公社和许村当代美术馆。许村国际艺术公社是 2010 年成立的非营利艺术机构，因许村在 20 世纪 90 年代是人民公社的所在地而得名。实际上，其组成与北京“798 艺术园区”之类的城市艺术中心并无二致，和一般的艺术机构也无多大差异。许村国际艺术公社的日常工作是整理当代艺术家的资料和活动资讯，如建立公社艺术家资料库、维持艺术资料室和图书馆的日常运营、展示和发表作品，进行媒体的推广和出版等。

许村国际艺术公社由保留当地传统格局的走廊入口、中心庭院和后院构成，中间依旧作为公共活动空间，尽头是戏剧舞台，用以举办艺术节开幕式、闭幕式和文艺汇演等活动，其他公共活动空间位于院落的东西两侧。就像北京“798 艺术园区”是由 718 联合厂改造而成一样，许村国际艺术公社的组成空间也全部是在老建筑的基础上整修的，在保留老建筑外观的同时添加了一些现代设备，以达到使用功能的转换。其中艺术家工作室的前身是闲置的旧屋，新媒体会议室的前身是老酒馆，乡村酒吧的前身是老邮局。许村当代美术馆则由村里的老粮仓改造而成，是山西省第一个当代美术馆，占地面积600余平方米，古老的外观结合内部的现代设计，营造了一个公共展示空间。在当地每两年一届的艺术节上，驻地艺术家创作的作品都会参加展览，艺术节开幕式的表演也会在这里进行。

艺术介入乡村建设的物质空间要素要力求介入这种行为在乡村的地理环境和物质空间中，能够发挥本土性的延续与公共空间的营造作用，能够将乡村的自然生态空间展现出地方特色，使乡村的可持续发展与乡村独特景观的营建取得平衡。

（二）艺术介入乡村建设的生活场所要素

城市与乡村的经济差距导致城市居民和乡村居民对艺术的看法截然不同，甚至有不少乡村村民连什么是艺术都不明所以。虽然艺术的呈现方式是作者别出心裁的想法与行为，但这种呈现还是需要基于作者与自然的良性互动，才能较好地达到目标。艺术家可以从乡村的自然环境中获得灵感，乡村的自然环境宁静而温馨，为艺术家的创作提供了理想的氛围。艺术家通过在乡村开设工作室和举办艺术活动，为当地村民的乡村生活增添活力，并逐渐融入乡村成为乡村的一部分。随着活动次数的不断增多和作品知名度的不断提升，乡村对外来游客的吸引力越来越大。所以，艺术家们创作的艺术作品和举办的艺术活动不仅改善了乡村的经济状况、缓解了人口老龄化带来的问题，还给乡村带来了新的生机和活力，国人的协作天性也在这种半自治性质的乡村得到了充分的展示。

艺术家融入当地村民的生活是艺术介入乡村建设的前提。托尔斯泰说：“艺术活动就是建立在人们具有接受其他人的情感感染的能力这一基础上的……情感千差万别，有很强烈的和很微弱的，有意义重大的和微不足道的，有好的和坏的，只要它们能感染读者、观众、听众，它们便是艺术的对象。”乡村生活中的情感是极其丰富的，艺术家在乡村区域寻求的恰恰就是那些积极的、抽象的情感，村民自己往往不会注意到这些细节，但是艺术家可以发现这些元素，将它们记录下来，并通过自己的艺术思维进一步放大。从村民的情感切入是引发村民产生共鸣的开始，因为这是在描述他们的内在精神，而不是只停留于表面的形体塑造，这也是引起村民兴趣的一个切入点。

油坊坪村就是采用这种艺术介入的方法，以空间布局的重新设计为基础，打造出一个充满互动性的艺术乡村景象，使村民能够在日常生活中感受到各种趣味。位于陕西西安蓝田九间房镇的油坊坪村，因其人性化的空间艺术改建，为该村的留守老人提供了沟通交流的活动场所。其所呈现的区域原本是油坊坪村村委会的小广场，由于广场设备简陋、功能单一，所以没有人愿意在此停留。改建后的小广场不仅保留了村庄原本朴实的样貌，还对生活场景进行了合理布局。在艺术介入初期，艺术家们构思了以“回归”为主题的特色行动，因为村庄中最缺乏的往往就是这种可供村民聚集和交流的生活空间。在人群较为密集的广场，主要以半通透室内建筑呈现，空间上能够与室外相连接，且能很好地欣赏到周围秦岭的山貌。秦岭山间的长亭由纯天然的石头建造而成，展现出原始而又粗犷的美。在长亭的另一边，借助扶梯将亭子和田野连接起来，形成另一个空间环境，作为体验传统生活和劳作方式的空间。

从实际效果来看，艺术的表现形式使油坊坪村的空间得到了进一步的优化整合，有效提升了油坊坪村的环境质量。所以说，艺术与乡村建设的融合丰富了乡村生活空间的功能，不仅改善了村民的公共生活，还通过集体娱乐活动促进了乡村经济的发展。

（三）艺术介入乡村建设的精神文化要素

乡村的历史文化不仅包括整个乡村的发展历史，还包括历史中的文物、人物、事件和传说等。历史文化具有一定的故事性，而且因为是地方长期发展流传下来的，所以大多具有当地特色。在大部分情况下，人们多以保存、保护或是记载的方式对待这些历史文化，而站在艺术的角度，则可以将其相关元素提取出来与当下的艺术结合创造出新的文化。这里的“结合”不只是对历史文化的象征性切入，而是从历史文化的内部寻找元素，再通过艺术创作将这些元素展示给人们。这种塑造历史文化的艺术创作可以增强村民对自己乡村的信心，提升其归属感和认同感，应对前文所述的乡村特色文化流失等问题。

冯豆花美术馆是艺术家与贵州遵义桐梓羊磴镇居民接触和交往后，在2014年春节期间进行的艺术介入乡村建设项目。羊磴镇位于渝、黔交界处，2012年，艺术家焦兴涛在此发起了名为“羊磴艺术合作社”的在地艺术实践计划。冯豆花店是镇上一家小规模的豆花店，店内只有几张方桌和几个条凳，用以招待过路村民。冯豆花店的主人是参加过“木匠计划”的冯师傅，和艺术家们很熟，因此同意在不妨碍做生意的情况下将店面改装成美术馆。于是4位艺术家在原本的桌面上雕刻了乡镇生活的常用小物件。展览开幕的日子就是当地“赶场”的日子（北方称“赶集”），而不是另行举办的乡村艺术节，村民在赶场的同时可以来参观展览，顺便在雕刻了作品的餐桌上吃上一碗豆花。艺术家们将艺术领域内发行的艺术类杂志放到冯豆花美术馆，镇上的每个居民都可以拿自己家中的物件来交换，根据物件的价值交换一本或多本不定，每个交换者需要讲出物件曾经被使用的情况，或与自己有关的故事。

美术馆在城市生活中一般是一个文化功能场域，能体现出趣味的分野与社会等级的区隔。而在此刻的羊磴镇乡村，对当地村民来说，冯豆花美术馆已然展现出另外一种特征——无界限的艺术体验空间。这使“美术馆”和“豆花店”的日常营业交织于一体，从而极大地提升了场地的文化价值和意义。村里一家面临倒闭危机的蛋糕店店长看到冯豆花店的热闹，便主动邀请艺术家帮助想方案。几个月后，“西饼屋美术馆”项目也在店长的邀请下开始筹备起来。针对“西饼屋”这个镇上唯一带有舶来文化色彩的店面，艺术家制定了一系列方案来提升它的吸引力，如将20幅表现欧洲城市风光和自然风光的古典油画做成册子，定制生日蛋糕的顾客可以在店内免费拍照，并装框赠送等。于是，在这种艺术介入行为的影响下，每个来店消费的客人都获得了一次在西饼屋“拍纪念照”的机会。这种借助艺术手段增加日常生活中的店面、场景的文化活力，用艺术行为将其转换成具有高度互动效应的艺术空间，将日常行为变为艺术事件，将日常用品变为艺术作品的做法，就是对乡村精神文化的渗入，这种艺术介入乡村建设的方法能够在潜移默化中影响乡村及村民对艺术的感知能力，进而提升村民的文化素养和生活幸福感。

艺术介入乡村文化领域主要是为了营造一种“人文语境”，使村民接受新思维、新观点的引导，即文化启蒙。艺术家把外部的一些现代文明，包括新的艺术潮流等带到乡村，开阔了村民的视野，促进了信息的流通，并由人的集聚引发了新的社会结构与社会认同。艺术家通过传授美术知识、在具体环境中设置艺术作品、对住宅进行设计规划、与农民协作进行美术创作等，提升村民的艺术认识水平，引导村民关注周围的事物，不仅有利于乡村环境面貌的整体改观，还有利于村民性情的陶冶及健康心理状态的养成。例如，新宣传画运动自下而上地对乡村问题进行艺术化宣传，以村民可以接受的艺术方式表达村民心声。同时，艺术家的到来还让当地村民开始关注乡村的价值，村民的乡村自豪感因此得到了有效提升。而在艺术介入乡村建设实践过程中进行的劳动技能培训，则有利于提升当地村民的劳动技能，提高农户的非农产业收入。如我国台湾地区土沟村乡村美术馆的建立使当地村民了解了村庄社区的营造历史，从而产生了强烈的社区自豪感与文化自信。

传统艺术源自农耕文明时期的生活实践，是一定区域、一定历史时期民众集体智慧的结晶，因此，“生活化”是传统艺术最基本的属性。不可否认，当前民间艺术的生活属性正受到挑战，不少民间艺术变成了审美的对象和文化的符号，其功能与价值已经更新。提倡介入性审美，是指通过文献研究、田野调查、藏品收藏等方式，关注其语境化特征，重新把握民间艺术的意义，在具体的活动场域体验民间艺术的意义，努力谋求乡村艺术再生与文化认同之间的平衡。比如，整合民间工匠、设计师、艺术家的共同智慧，营造创意文化氛围，完成品牌内部建构、挖掘品牌个性，创造良好的体验价值；结合情景设计、多维互动体验，发掘整理乡村过去及当下的日常生活方式，以及相关的各类器具、物品、技艺等，进行传统元素的重构，以唤醒与培育村民对乡村文化历史的再思考和再认识，让传统优秀的生活方式重回当下，从而引导民众对民间艺术的情感；同时，契合当代人的生活需要和审美风尚，进行创造性转化，延续其生命。在万物互联时代，借助网络、手机等，通过传承、创新、交流，增加其“能见度”，不仅是对乡土文化的延续与发展，也有利于实现乡土文化的活态化传承，还能引领现代都市生活新的审美风尚。

艺术作为一种乡村建设手段，在乡村公共空间、生活场所和文化保护与传承等方面有着不可或缺的作用。艺术展览、艺术节不仅使乡村环境得到了改善，还丰富了村民的精神生活。艺术家们在将当代艺术引入乡村的同时，也用现代化的思想影响着村民。乡村独特的建筑、饮食、服饰、婚俗、节俗、时令文化，展示了人类在不同自然环境下的生存和生活智慧，具有极强的地域特色和文化异质性。艺术家可提炼出其中具有地方特色的认知元素，全力保留和维护乡村的核心文化遗产，最大限度地利用当地特有材质和传统技艺，构建富有特色的乡村文化体系。在建设乡村公共艺术空间的同时，也要重视当地传统文化的传承，只有当代与传统相互碰撞，才能使村民的思想和文化观念与时俱进。

六、艺术介入乡村建设的实践路径

对于艺术介入乡村建设的实践路径，在 20 世纪初就已经有学者从不同角度进行了归纳和总结。不少艺术家、策展人、建筑师等艺术介入乡村建设的参与者从自身实践经验出发展开个案性研究，以总结艺术介入乡村建设的实践路径。也有学者从社会学、人类学等角度对艺术介入乡村建设展开观察性、综合性研究，以总结归纳艺术介入乡村建设的实践路径。

例如，艺术家、策展人孙振华通过对不同艺术实践项目的整理和总结，提出了 6 种实践路径。这 6 种实践路径分别为游牧采风式、原发融入式、定点周期式、机构驻点式、本土在地式、构筑营造式。孙振华从艺术发起者的角度，对艺术介入乡村建设的不同表现形式进行了概括性总结。本书从艺术介入乡村建设的角度展开分析，主要分析乡村建设过程中需要重点考虑的可能性路径，艺术介入乡村建设的整体诉求并不单单是建设物质上的美丽乡村，还注重乡村的文脉肌理和乡村文化的多样性，以重构乡村社会的精神价值、伦理秩序、审美传统和情感诉求。

本书认为，艺术介入乡村建设的实践路径主要有多元主体合作共建、链接乡村发展内需、深化艺术介入乡村建设机制。

（一）多元主体合作共建

艺术介入乡村建设活动的参与主体主要有四类：艺术家、村民、乡（镇）政府、企业。其中，艺术家这一群体包括设计师、艺术创作者、艺术院校高校师生、社会志愿者等，村民属于被介入的群体。上述四类参与主体在艺术介入乡村建设中发挥共同参与、共建共享的作用，是乡村建设取得成功的前提。村民是艺术介入乡村建设实践中能给出关键意见的群体之一，政府的决策直接影响乡村的未来发展方向，企业能为艺术介入乡村建设提供重要的资金支持，艺术家则使乡村建设的良性发展成为可能。可见，艺术介入乡村建设需要多方主体共同谋划和协同才能达成目标。

1. 提高多元主体参与度

乡村通常缺乏联结老年人参与乡村建设的社会组织，因此，首先要利用老年人时间多的优势，加快本村社会组织的培育，建立具有支撑力的多样化的老年人社会组织，以强化乡村建设的主体力量，推动乡村的可持续发展。其次，政府要真正有所为有所不为，在乡村建设中与其他三类参与主体形成亲密的伙伴关系。再次，政府要健全支持社会组织的相关政策，加大财政支持力度，逐步设立以国家投资为主、以社会捐助为辅的建设基金，共同推动乡村的可持续发展。最后，要加强政府和社会力量的协作，以提高其管理资源的效能。政府要鼓励外来的专业社会组织通过投标、竞标参与乡村建设。

要实现四类参与主体的合作，一方面要加强制度设计，另一方面则要深化法治保障。此外，还要发挥号召性、鼓励性、协商性、指导性软法规范的重要作用，鼓励乡村社会组织制定软法规范。在艺术介入乡村建设的过程中，要激发村民的参与热情，主动联系、对接村民，提升村民的主体意识、参与意识和参与度。

对于企业而言，要充分发挥其在多元主体合作进行艺术介入乡村建设实践中的增效作用，利用自身在科技等方面的优势不断支持乡村的建设与可持续发展。信息技术是支撑乡村社会治理、为乡村建设赋能的有效手段，政府在推进艺术介入乡村建设的过程中，要不断完善科技在乡村建设中的作用，尽可能激发其效能。同时，政府要不断了解多元主体在乡村建设中的诉求，建立和完善乡村建设信息管理系统，以信息技术为支撑，推动多元主体的线上联结，充分发挥其在宣传、教育、引导村民方面的重要作用。

要重视村民主体意识的激活对乡村建设和发展的重要意义。乡村建设离不开村民的参与，乡村建设成果的维护也离不开村民的参与。艺术家要与政府、村民、企业共同配合，通过设立村民议站、制定村规民约、组建村民巡查队伍、开展文明家庭评选、加大政策宣传和思想道德引导等方式，推动村民积极参与共建，推动艺术介入乡村建设的可持续发展。

2. 明确各主体的作用与效能

（1）艺术家。在艺术介入乡村建设的过程中，艺术家应该是发现者的角色，是乡村建设的主体之一，是将传统艺术与现代价值融合的连接者，在艺术介入乡村建设中起引导和启发的作用，在与村民互动、对话的过程中重塑村民的主体性、激发村民的主动性。艺术家以创造物为抓手唤醒村民对自己的价值感，鼓励村民参与、体验、创作地方艺术。在项目实施过程中，艺术介入不是简单的专业技能展示，不是艺术家个人情感的抒发，也不是简单的艺术创作，而是要综合考虑各方面因素，如自然环境、乡村社会情况、村民需求等，与村民进行沟通，仅仅通过创作艺术作品，开办艺术节、开发文创产品、建造乡村美术馆等形式是不够的。艺术家要始终坚持以促进村民全面发展为出发点，以村庄内部资源为依托，从村民的角度介入乡村建设，以解决村民实际问题为核心，用村民理解认同的艺术方式进行改造和创造。同时，还要积极引导村民，促进乡村不断适应社会发展的需要。艺术介入不能局限于乡村本土文化，而是既要立足过去，又要面向未来，因此在创作的过程中，艺术家要坚持历史经验与未来眼光相结合，不仅要站在村民的角度考虑问题，更要站在村民的角度解决问题，用艺术构筑起城市和乡村的桥梁。

（2）村民。村民是乡村自我更新的源头，是乡村发展的主体力量，乡村振兴是全面振兴，不仅要振兴物质文明和生态文明，更要振兴精神文明。因此，艺术介入乡村建设应充分发挥村民作为乡土文化艺术主力军的主体地位。一方面，村民要积极与艺术家、企业、政府沟通，表达自己的想法，与各群体平等合作，共商共建。在遇到不同观念时，村民要正确看待，理性分析，引导艺术家发现实际问题，针对村民生活中的关注点，提出意见和建议，并获得反馈。另一方面，村民要聚焦自身能力的拓展，主动参与艺术创作、住房改造及非遗产品的制作经营。艺术家和政府应主动引导村民参与艺术创作项目，通过技能培训挖掘村民的潜能，使村民在获益的同时提升归属感，从而更愿意投入到后续的乡村建设中。很多村民不是缺乏艺术创造能力，而是缺乏参与艺术创作的机会。艺术家在进行乡村设计改造的过程中，要注重村民自身能力的挖掘，培养村民的创造力，引导村民主动参与艺术介入乡村建设项目。同时，村民自己动手参与艺术创作也会激发村民的创造力，最终提升乡村自我更新的能力。

（3）乡（镇）政府。乡（镇）政府是党和国家政策的宣传者，在乡村建设各主体中起穿针引线的作用，能够通过统筹协调，多方面推进乡村振兴。在艺术介入乡村建设过程中，乡（镇）政府可以起到监督落实各项艺术设计的作用，为基础设施建设提供资金上的支持。在具体活动中，乡（镇）政府的参与也有利于协调各方主体利益。

（4）企业。企业在艺术介入乡村建设中有以下作用：第一，为乡村发展提供物质基础；第二，为乡村提供就业岗位，针对村民开展技能培训，带动村民就业；第三，支持举办乡村文化活动，如支持举办艺术展览和艺术节，甚至将其升级为一个产业来运营，因为对于企业而言，艺术展览与艺术节是能够直接与当地社会接触的资源和机会；第三，引入市场机制，为乡村带来资金、人才、知识和管理等资源，帮助村民提高“造血”能力，促进乡村产业的发展壮大。

3. 提升多主体协同能力

多元主体合作共建结构的稳定性取决于各主体之间的博弈与相互作用情况。在一个共同体中，信任度越高，合作的可能性就越大。因此，要完善艺术介入乡村建设中的多中心治理结构，提升多元主体间的协同合作能力。首先，要营造多元主体间相互信任的大环境，增进多元主体间的互动交流，增强彼此间的协同关系。必须在党委领导、政府主导下，坚持政府和村民、艺术家和设计师等协同共建，达成有效的整合。其次，多元主体还要在精神上凝聚力量，采取平等互助、协商监督、共同合作等形式，避免各参与主体的责任模糊化。针对村民不信任社会组织的普遍情况，一方面，社会组织要主动履行公共服务的职能，积极参与乡村建设，积极开展联结性活动，提升自身的公信力；另一方面，村两委（党支部委员会和村民委员会）不应将社会组织排除在乡村建设主体之外，而应与社会组织加强联动，积极建立伙伴关系，互相扶持。由于部分主体专业能力缺乏，在乡村建设过程中，可以寻求地方环保部门、环保类社会组织的帮助，获得专业力量的支持，增强这部分参与主体的专业能力。

要切实发挥艺术介入乡村建设的作用，就必须融合各参与主体的力量。在具体的艺术介入乡村建设过程中，可以针对不同乡村的情况，将多元主体分为两种组合结构。其一是艺术家与村民组合，适合小范围、微改造的乡村；其二是艺术家、村民、政府和企业组合，适合大范围、整体规划改造的乡村。例如，对于重塑公共空间这种与村民的生产生活息息相关，村民现实可感、参与性强的艺术介入乡村建设项目，可采取第一种组合结构。人居环境属于开放式空间，艺术家可以用相对自由的方式介入，要注意与乡村自然环境的气质相吻合，体现场所精神。而对于融合新旧业态，需要整合第一、第二、第三产业的艺术介入乡村建设项目，可采取第二种组合结构。对于连接网络平台，扩大宣传，以艺术民宿、艺术教育拉动乡村经济的艺术介入乡村建设项目，也可采用第二种组合结构。对于这类艺术介入乡村建设项目，也可采取第一种组合结构。

（二）链接乡村发展内需

艺术家在乡村的创作，无论采取何种表现形式，一定要从乡村中寻找切入口。前文也多次提到，艺术家要站在乡村与村民的角度去创作和改造乡村。以下从四个方面阐述艺术家对乡村文化的介入，以及在介入村民生活的情况下可以将哪些文化元素作为灵感来源，来链接乡村发展内需。

1. 适应村民生活需求

艺术家融入村民的生活是前提，关键在于艺术家要在融入地方生活的情况下，按照村民的生活方式与村民一同生活。北川富朗曾提到：“文化是从生活结构中显示出来的形态。”站在村民的生活角度，艺术家可以发现村民在生活中自然流露的情感，这种情感包括很多方面，如对往日事物的追忆、对亲人的思念、对土地的敬意等。村民自己往往不会注意到这种细节，但是艺术家可以发现并将这些细节记录下来，通过自己的艺术思维进一步放大。从村民的情感入手进行艺术创作是引发村民产生共鸣的开始，因为这是描述他们的内在精神，同时，这也是激发村民兴趣的一个切入点。当然，要实现村民的情感共鸣，让村民真正产生兴趣，艺术家还需要积极与村民进行沟通和交流，协同完成艺术创作。

2. 修复乡村公共空间

乡村公共空间是指乡村中除村民住宅以外的生产、休闲、集会、务农、交通区域，如田地、祠堂、广场、村口、街巷等。艺术家要结合乡村公共空间的功能性修复充分体现乡村特色文化的乡村公共空间。如在祠堂、广场空间的处理上，可以沿用与再现乡村艺术资源，用艺术化的方式来重组和表达传统戏曲、曲艺、舞蹈等，在传统节日举行相关文化活动，以创新的方式结合祠堂、广场等乡村公共空间重新阐释传统习俗。如在具有重要观光价值的农田景观中，艺术家可以以当地特色农业工具与特色农作物、植物、动物为创新源头，提炼出别具一格的艺术符号，将特色农业工具的演变历程用艺术化的方式呈现出来，放置于农耕区域，通过在丰收季节举办丰收艺术节等活动，营造具有农耕文化的艺术氛围。又如可以在村口处设置具有标志性或乡村特色的村口指示牌、标志性景观墙等，通过夸张与变形等艺术表现形式，结合本土材料和趣味性的造型设施，使乡土文化与现代审美结合，提升乡村公共空间的视觉审美效果。

3. 衔接乡村历史文脉

乡村的历史文化承载了整个乡村的发展历史，它包括历史文物、人物、事件及传说等。乡村历史文化具有一定的故事性，而且因为是地方长期发展流传下来的，必然具有当地特色。艺术家可以将这些历史文化或它们的局部、意象、隐含的意义、结构特征等元素提取出来进行艺术化的展现。这种对乡村历史文化的再创造可以增强村民对乡村的信心，提升其归属感和认同感，解决城市化进程中乡村特色文化流失等问题。需要强调的是，艺术对乡村建设的介入，并不是艺术家或设计师单方面的介入，而是基于乡村文化背景和乡村现实条件进行的有目的的、局部性的介入，目的是将民间美术、市集、风俗等乡村传统文化元素在乡村公共空间以艺术的方式进行传播，以衔接乡村历史文脉。

普利兹克建筑奖获得者王澍曾经说："老房子就是活着的历史，历史都没了，还有什么根基?"他格外关注当地手工建造的物质文化遗产的价值。他从乡村中寻找材料设计的乡村建筑，外墙用的就是本地的黄黏土。这些建筑用夯土墙，抹泥灰——夯灰石墙已经是濒临失传的建筑工艺技术，建筑整体呈灰、黄、白三种基调，新村和老村有机结合，融为一体。王澍认为农居问题是很难解决的，随意改动有可能引发村民的抵触情绪，设计师必须不断修改设计方案，积极和村民沟通，在应用旧技术的同时注重创新，寻找当地材料，应用新方法，以此来说服村民接受它。在浙江杭州富阳洞桥镇文村改造项目中，王澍在堂屋的改造上极大地尊重当地村民的生活特点，改造后的堂屋空间比原来大，也是为了保留当地村民的传统生活方式。

另外，表现村民精神生活的民间文化如音乐、舞蹈、武术、剪纸、春联等，也是地方精神文化的产物，是当地村民创造力和智慧的结晶。在这类精神产物中，其形态本身的元素和展示其发展由来的故事都可以成为艺术家创作的灵感来源，艺术家从中汲取创作灵感，通过艺术的手段将乡村塑造成具有当地文化特征的环境。例如，意大利画门小镇瓦罗利亚居民家门上的图画都具有当地传统绘画的特征。这种特征的展现能够增强当地村民的精神归属感，塑造地缘文化价值，起到促进乡村文化复兴的作用。

4. 推动乡村经济增长

乡村经济的持续发展是解决乡村问题的基础和动力，具有艺术潜力或者文化特色的乡村可以发展相关文旅产业，但同时要立足农业基础，进行产业创新，实现农、文、旅融合发展。当前中国乡村以第一产业为主，部分乡村把第一产业与第二产业结合或把第一产业与第三产业结合，但大多效果欠佳。传统类产业以原生的农业生产供给为主，形式单一，急需产业整合与升级；专业类产业多在已有第一产业的基础上以加工业引领产业融合，为农产品销售拓宽渠道，通过艺术赋能，进行特色农产品的 IP 艺术升级和改造，以提升农产品附加值；休闲类产业对乡村的地域特色要求较高，其发展的关键在于能否吸引与留住游客；综合类产业是前三种样态的有机融合，而这类产业需要拓展农业的功能性，通过深挖乡村生态资源、农耕文化等人文自然元素，凸显乡味、野味、农味与韵味，避免乡村的同质化和过度商业化。因此，艺术介入乡村建设必须整合第一、第二、第三产业，培育新业态，探索新的产业模式，完善产品体系，提高服务质量，吸引城镇居民进村消费，推广、促进生态旅游、健康养老、休闲旅游等产业形态的发展，帮助农业增效和增收。

传统乡村以农业生产、交通和居住三个传统功能为基础，如果能够引入物流、休闲旅游和农业观光等新兴功能，打造产业融合、游居一体的乡村功能产业发展模式，将极大地提升乡村产业的变现能力。另外，如果将乡村记忆与文化的传承和艺术结合并与网络连接，也会大大提高村民及社会各界人士参与乡村建设的积极性，增强他们的互动。以艺术为媒介，让传统产业、新兴产业与现代技术进行碰撞，促进乡村地方特色与互联网融合，是推动乡村产业发展，实现乡村经济增长的核心追求，全面助力乡村振兴的理想路径。

（三）深化艺术介入乡村建设机制

深化艺术介入乡村建设机制主要有以下三种途径。

1. 建立多元资金筹措机制

从实际调研情况来看，在投资和经营上，由于没有形成统一的标准，艺术介入乡村建设的投资信心与社会捐赠不足。目前，艺术介入乡村建设的资金筹措存在以政府为核心主导、企业与社会捐赠占据微弱部分、村集体组织资金投入缺位的情况。多元化的治理需要多元化的资金投入保障，因此要构建艺术介入乡村建设的多元主体合作共建格局，各级政府和农村集体经济必须建立完善的财政投入和经营机制，以吸引社会资本的加入，形成多层次、全方位、多元化的艺术介入乡村建设资金筹措模式。一方面，在以政府资金为主要支撑的同时，基层组织要鼓励社会力量协同参与，不断优化艺术介入乡村建设资金的筹措格局。坚持“谁投资、谁经营、谁收益”的理念，吸引各类投资主体和非营利组织参加艺术介入乡村建设。实行个人所得税预缴优惠，促进对乡村的公益性捐助。另一方面，应充分利用村民、村集体组织、合作社等筹资渠道，发挥村民的主体作用，扩大艺术介入乡村建设资金的来源面。针对对政府财政的过度依赖问题，要发动社会组织的力量，以平台的形式吸引外部投资，为美丽乡村的“宜业”创造条件。

2. 明确介入主体结构模式

前文已述，要切实发挥艺术介入乡村建设的作用，就必须融合各参与主体的力量。在具体的艺术介入乡村建设过程中，主要有两种组合结构：一是艺术家与村民组合，二是艺术家、村民、政府和企业组合。可以针对这两种组合结构建立相应的运行机制。第一种是自下而上的村民与艺术家合作机制，由艺术家引导，围绕乡村文化与村民的实际需求进行设计和改造，通过设计物赋能村民，促进村民自治与公共服务质量提升，形成“共同设计—设计作品—赋能村民—主动设计”的循环系统，在这个过程中让村民产生建设乡村的主动性和创造力，自发美化乡村环境，形成村民自治。第二种是自上而下的政府与企业主导、艺术家和村民参与的协同机制。这种协同机制可以通过网络平台调动乡村资源，实现资源整合，发展综合产业，从而带动就业，促进乡村经济发展。

3. 搭建网络互动平台

随着信息技术的进步，移动互联网时代加速到来，城乡之间的信息差距持续缩小。《2022 年数字乡村发展工作要点》的内容显示，截至 2022 年年底，农村互联网的普及率已超过 60%，同时，出现了大量的“淘宝村”“网红村”，推动了当地的农业发展。信息技术为乡村发展提供了新的机遇。在这种背景下，艺术介入乡村建设应当从实体和虚拟两个维度进行考量，借助信息技术，形成线上线下协同规划的体系。例如，可以通过微信公众号来推广、宣传乡村艺术活动，构建互动交流平台，吸引更大范围的群体参与艺术介入乡村建设；还可以打造线上博物馆，将乡村文化传播到更广泛的人群中。信息技术的运用为乡村提供了更广泛的宣传平台，通过艺术介入塑造线上形象、打造乡村品牌，有助于拓展乡村特色产品的销售渠道，吸引人才进村，形成良性循环，解决乡村建设在资金方面过于依赖政府的问题。另外，数字化技术与艺术手段的融合可以对传统文化遗产进行数字化保存和再现；人工智能和虚拟现实技术与艺术手段的融合可以为乡村传统文化提供更具创新性和多样化的传承方式。

面对乡村艺术教育资源不足的问题，可以运用互联网技术降低村民获取艺术教育资源的门槛，让不同年龄段的村民都能接受优质的艺术教育服务，用现代艺术精神激发村民的自我意识和自我价值意识，激发村民追求美好生活的勇气，提升其信心。艺术介入乡村建设多元主体要共同探索"互联网+艺术教育"模式，通过线上、线下联动运营，将抽象的文化价值借助互联网的力量变成现实可感的体验，构建"互联网+艺术教育"的完整闭环。线上提供艺术教育和艺术培训课程，线下打造寓教于乐的数字文化体验空间与实践空间，以乡村本土的语言习惯，通过绘本、多媒体的方式向村民展示乡村的历史文化、民俗风情，激发村民的文化自觉与文化自信。

第六章　总结

艺术介入乡村建设，以其审美性、深刻性、批判性和探索性，日益成为中国乡村文化建设取得突破性进展的重要力量。文化是由物质载体、规则规范、价值范畴构成的结构单元，涵盖了人类创造的一切物质财富和精神财富。在中华民族的文化存在形态中，艺术的特殊性在于它以物质为载体，通过规则规范延伸到价值范畴。这种结构性的存在是中华民族文化和中华民族创造力的重要呈现。今天，要推动中华民族的文化复兴，就必须延续中华民族艺术创作的传统，这也意味着中华民族的文化创造进入了本体性和基础性的层面。

党的十九大报告总结历史经验，鲜明地提出了乡村振兴战略，并认为这是关系国计民生的根本性问题。乡村振兴战略包括乡村产业振兴、乡村人才振兴、乡村文化振兴、乡村生态振兴、乡村组织振兴五个方面，其中对乡村文化振兴的简明要求是“乡风文明”，这是一个较为概括也较为基本的要求。而艺术涵盖了乡村从物质到精神的方方面面，因此，艺术介入乡村建设不仅是重要的，而且是必需的。

一、艺术介入乡村建设的价值意义

（一）艺术介入乡村建设的精神价值

艺术介入乡村建设主要有两个方面的精神价值。

1. 提升村民的主人翁意识

农民的角色在中国的文化经验中一直是复杂而矛盾的，不同历史时期的主流话语对农民有不一样的立场。例如，在 20 世纪二三十年代的乡村建设时期，农民是启蒙的对象；在中华人民共和国成立后的一段时期，农民是学习的对象。

直到 21 世纪，介入性艺术项目才将农民从艺术家的表达工具转变为艺术活动的参与者。这些介入性艺术项目强调艺术对当地的影响，艺术家不仅试图增强农民对自身的意识，唤醒他们与当地的联系，还试图突破艺术领域的局限，让过去被认为自我表达能力有限的农民进入艺术领域，从而表达自我，即使这些表达是混乱的、模糊的、无序的和不成形的。艺术介入乡村建设，一方面是让农民成为生产主体，通过艺术感知的力量促进乡村的觉醒，另一方面是让农民成为艺术主体，通过艺术家与农民的具体合作展示农民的真实处境，前者以结果为导向，后者以过程为导向。但这两个方面都无一例外地以农民为艺术介入乡村建设的主体，在参与乡村建设的过程中，农民的主人翁意识得以提升。

2. 实现乡村的价值输出

近年来，乡村介入艺术建设项目频繁地以项目个展、主题性群展，以及作为模块之一参加年展等形式出现在美术馆空间。介入式艺术打破了过去美术馆呈现的用符合学院艺术期待的“标准”创作的乡村艺术作品。虽然美术馆作为公共空间历来存在，但其并不一直都是公共空间。从理论上讲，自后现代主义以来，“美术馆”可以是任何形式，任何东西都可以矗立或者悬挂在其中，但问题是：美术馆在本质上并不民主，也不是公众舆论的舞台，只有当人们“占领”美术馆时，美术馆才真正成为公共空间。将乡村参与式艺术的生活体验带入美术馆，是对其公共功能的激活。这时，拥有话语权的不再局限于知识分子，还包括少有机会发言的农民，他们的感性被推入这个空间并得到展示，从而进一步增强了其权能和合法性。最重要的是，农民的感性经验与主流艺术观念和现行艺术标准形成了互补。例如，焦兴涛参加了孙振华在湖北美术馆举办的“再雕塑”展览，该展览展示了“汇成雕塑集团”项目，其灵感来自羊蹬艺术合作社，“再雕塑”已成为中国当代雕塑的新语汇。

除了展览，在城市里开一家艺术文化设计店，也能有效地将乡村价值带入城市。例如，安徽黟县碧山工销社的第一个城市窗口西安店于 2019 年 9 月开业，工销社的三层楼面分别开设有生活杂货、匠人工坊、节气厨房和水吧。同年 10 月，碧山工销社与日本 D&DEPARTMENT PROJECT 公司合作，在中国黄山开设了该品牌的第一家专卖店。该品牌以“可持续设计”为环保理念，利用黄山的当地色彩开发了概念产品系列。这些概念产品有助于防范假冒伪劣产品的侵蚀，促进环保且具有地方特色产品的销售，让消费者对乡村形成积极的认知。在经济相对落后的农村地区，这些产品看似微不足道，但从长远来看，它们有助于加强城乡之间的积极联系。

艺术介入乡村建设对于城市空间还有另外一层社会意义——重建关系。今天的城市关系空间已经被物化，人与人之间原本多层次的情感联系被专业化和符号化的利益关系所取代，而艺术介入乡村建设则是“完成一种大家都可分享、每人都可认同的生活样式”。即通过艺术的仪式性、庆典性、参与性，让乡村里的当代艺术形成一种可分享的“自传”——越是私人化的感性经验，越能够引导观众的个体经验，从而引发共情效果。在城市文化“蚕食”乡村文化的今天，乡村文化在城市空间的展示能够给人们带来更丰富的文化理念和感性经验。

（二）艺术介入驱动乡村文化复兴

乡村振兴既要铸魂，也要养魂。乡村振兴离不开乡村文化的自信与繁荣。独具特色的乡村农耕文化经过了长期的积累和塑造，有着自身的内涵和特色。随着社会的快速发展、城市化进程的加快及信息技术的不断进步，乡村文化的根基正在受到冲击。作为乡村振兴的有效手段，艺术介入乡村建设的独特之处在于它可以利用艺术本身的创造力和感染力“唤醒”与“激活”乡村特有的非物质文化，赓续乡村文化传统。新时代中国的乡村建设并不是简单地恢复传统，而是在保留乡村文化独特价值体系的前提下重构乡村文化，使之与新时代城乡一体化发展相适应。

1. 提升乡村的文化自信

当前新农村建设的任务之一就是重新建立以分散的个体经济为基础的组织，推动农民专业合作社的发展，实现农村的自我可持续更新，而新农村建设中的组织建设需要文化的黏合。开展文化建设，有助于培养村民的民主意识、参与意识和人文精神，使乡村有文化、有舆论、有道德压力、有生活意义。中国的现代教育根植于城市文明，在很多时候忽视了乡村文明的价值，乡村文明面临衰亡的危机。在这样的背景下，乡村青年只会离开乡村，到城市定居，因为他们很少能够接受到与所属乡村有关的优秀文化，也就很难形成对所属乡村的文化认同。就这一点而言，拥抱当地的历史、文化和社区的意识，是让乡村成为文化之地——让村民出得去、回得来的关键所在。

举办艺术展览和艺术节是保存与传承乡村文化的有效途径。如许村国际艺术节邀请各方人士来到许村，与同样热衷于展示自己文化和风俗的村民进行互动。艺术节期间，许村举办了手工艺品展销会和艺术品市场，展示并销售村民的剪纸和绘画作品。许村有一位善于捕捉乡村生活的哑巴“画家”王忠祥，他最有代表性的两幅作品是《葬礼》和《洞房花烛》，这两幅作品成为远在苏格兰的艺术家们的收藏品。保存和传承文化的另一种方式是出版，如“碧山计划”出版的《黟县百工》一书，对徽州地区90多种手工艺品的起源、制作工艺、生产季节等进行了探究和“再创造”，并将其与当代设计相结合，寻找转化途径。这些艺术活动不仅增加了当地收入，还提升了村民的文化意识，而让他们认识到乡村的价值正是延缓乡村衰退的关键。

无论是采取何种乡村建设模式，都要在乡村进行一系列互动仪式，艺术介入乡村建设也不例外。科林斯认为互动仪式是一种相互关注的情感和机制，它形成了一种瞬间共有的现实场景，因而会成为群体团结的象征和群体成员身份的符号。通过两个或两个以上的身体在场，经历共同的对象或活动，人们共享情绪或情感。艺术介入乡村建设中举办艺术节的模式是指通过仪式和庆典的形式，作用于村民的主体感受，激发村民的主体意识。比如，羊蹬艺术合作社成员娄金重启“说事室”。“说事室”原本是乡村组织设置的群众反映意见的地方，后来废弃不用了，娄金邀请过往的村民到“说事室”随意聊聊自己的生活记忆或对村子的看法，并给予和聊天时长相应的“话费”。

艺术介入乡村建设还可以进一步整合民间艺人、设计师、画家的智慧，在乡村营造创意文化氛围，创造良好的体验价值。例如，可通过情境设计和多重互动体验，挖掘和整理乡村过去与现在的日常生活元素，以及各种相关的工具、物品和技能，重构传统元素，唤醒和教育村民重新思考与发现乡村文化的历史，增强乡村的文化氛围感，还原传统而朴素的生活方式，将大众的情感引导到民间艺术中，同时兼顾现代人的生活需求和审美，为乡村生活的延续进行创造性转化。这不仅是对祖传技艺的延续和发展，也是对乡村文化生活的创造性再现，能够引领现代乡村新的审美方向。

综上，虽然当代艺术具有城市中心化的特征，乡村的历史文化和现实处境在某种程度上是长期失语的，但艺术介入乡村建设项目为乡村居民提供了认识乡村的文化和历史、促进乡村居民自我表达的空间，有助于提升乡村居民对乡村的认同感和文化自信。

2. 促进城乡间文化交流

艺术介入乡村建设的关键是要保留乡村居民原有的生活方式，通过艺术将乡村与当代社会的发展联系起来、融合起来。这样做不只是为了提升乡村的美感和艺术品位，更是为了通过艺术的介入，恢复乡村礼仪和文明秩序，让文化发挥沟通、交流和凝聚的作用，促进城乡间的文化互动和精神交流，实现当代城市文化与乡村传统文化的融合，进而形成一种文化向心力。通过文化的向心力、感召力和无形的约束力，提高乡村居民的文化自觉性和主动性，充分认识到乡村振兴的重要性，使他们积极主动地参与乡村重建。

正如前面的例子所示，乡村艺术可以吸引众多游客。过去，乡村的传统节日由于乡村本身的封闭性，主要是本村人参加。然而，如果在乡村节庆活动中融入艺术这一文化创造手段，强调活动的开放性，更加注重文化的互动性，城市游客对乡村的了解会更加深入，城乡间的文化会产生更大的互动。与互动模式一样，民族节庆仪式也有因果联系和反馈回路。“仪式是通过多种要素的组合建构起来的，它们形成了不同的强度，并产生了团结、符号体系和个体情感能量等仪式结果。”如“村晚”、乡村艺术节、农民丰收节、民俗文化节等就是典型代表。例如，四川东部地区有正月十四送蟒蟮的习俗。如今，蟒蟮节已从一个祈福消灾的传统节日演变成一个旨在保留浓郁地方色彩和风俗习惯的现代民俗节庆活动。节日当天，村民们提着自制的蘑菇灯，穿过大街小巷来到田间地头，开始点灯游行。听着当地村民唱的歌谣，许多游客也自发加入“送蟒蟮”的队伍，一起走过山间地头，一起在河边祈福，载歌载舞，欢声不断。在这一刻，人们都怀着美好的梦想和希望，期待着来年再次相会。

艺术介入乡村其实是赋予了乡村文化和乡村居民发声的权利，目的是让乡村通过艺术的媒介作用和属性展现自己的文化价值、经济价值，从而吸引外出打工的村民反向流动，回到故乡。这样不仅有助于乡村文化资源的可持续发展，还能促进城乡文化交流，满足乡村居民日益增长的精神文化需求。因此要合理借助艺术手段来保护和传承乡村传统文化，使独具特色的乡村文化资源能够发挥当代价值。

3. 助力乡村的文教发展

艺术介入乡村建设最终的落脚点是以美育人，以文化人。

首先，必须尊重和维护地方文化的差异，深入挖掘优秀的乡土文化。比如搜集整理村规家训、牌匾楹联、俗语格言，用艺术的形式进行创新性展示和表达，不仅要保留珍贵的文化遗产，还要讲好文化遗产的故事，深挖其丰富的道德内涵，从而修复乡村的礼俗秩序和伦理精神，并结合时代要求对乡村传统美德教育资源进行创新，让道德是非标准更加鲜明，在乡村营造向上、向善的氛围，重塑乡村的集体意识，提升乡村的凝聚力。

其次，通过新手段、新形式弘扬和践行社会主义核心价值观，潜移默化地改变乡村居民的思想和观念，发挥艺术的教育功能，培养一批具有现代乡村意识的新型乡村居民。

同时，艺术介入乡村建设还能够通过营造“人文语境”使村民接受新思维、新观念的指引，实现艺术介入对乡村文教事业的助推。例如，台大城乡所（台湾大学建筑与城乡研究所）和许村国际艺术公社是很好的合作伙伴，每年台大城乡所都会组织10余名师生来到许村，他们一边帮助改造民居和公共建筑，一边开展乡村英语教学。许村的另一个合作者是澳大利亚中国当代艺术基金会，他们在许村成立了儿童艺术教育和助学机构，为乡村儿童提供绘画用具和绘画课程。当然，客观上讲，由于人力、周期、资源的限制，艺术在当地经济增长和基础教育方面的力量是十分有限的，而且，新的社会结构和新的社会认同也是人们共同生活的结果。艺术家通过传授艺术创作技能、在特定环境中设置艺术品、设计规划房屋、与农民合作进行艺术创作等方式，提升农民的艺术观念，引导农民关注环境，不仅有利于农村环境的整体改善，也有利于农民情操的陶冶和健康心理的养成。如新宣传画运动就是一种自下而上的对农村问题的艺术捍卫，它以农民能够接受的艺术方式表达了农民的心声。同时，艺术家的出现也引起了当地居民对村庄价值的关注，从而增强了村民对自己家园的自豪感。

（三）艺术介入带动区域经济发展

相较于硬件更新如基础设施更新、建筑改造等的立竿见影，艺术属于“软事业”，它的影响是有延迟性和长期性的。作为为乡村社会创造自我管理资源的物质和文化基础的一部分，艺术介入乡村建设的作用包括拉动旅游经济，促进农村经济转型等方面。

在市场经济中，文化商业化是开启乡土重建良性循环的基础，外来艺术家和游客对本地文化的肯定可以提升当地村民的文化认同，有助于村民自发地组织传统文娱活动。乡村公共空间的建设也有利于改变相对封闭的宗族观念，逐步培养村民的公共意识。艺术介入乡村建设项目带动乡村旅游资源开发的优势在于，其能够为当地文化历史的挖掘与留存提供专业性指导，避免当地陷入粗放开发的误区。在发展旅游经济方面，艺术节和艺术展览等活动吸引了游客和高校师生到当地的农家乐和民宿入住，在当地一些富有特色的文化场所和建筑定期举办的主题活动也成为吸引游客的热点，这些都促进了当地的经济发展和文化保护。在未来，以旅行的方式体验艺术很可能成为社会潮流。以许村为例，外来的艺术家组织联合当地有民宿经营权的农家，对每家每户的民宿提出相关规划要求，在保留老民居外观的基础上添加现代性设施，从而保证驻地艺术家和写生学生的食宿条件，为当地增加持续性收入。

艺术介入乡村建设为振兴乡村产业提供了新的杠杆点。作为乡村文化组成部分的传统乡村手工艺也在媒体艺术的支持下焕发出新的活力，以新的方式丰富了乡村的致富路径。将当代艺术理念与传统手工艺、乡村生活空间等相结合，对乡村物质空间和手工艺品进行“再设计”，是艺术促进农村经济转型的重要途径。其中比较有代表性的是左靖提出的“空间生产”“文化生产”“产品生产”三个实施步骤，在地方政府的支持下，寻找一种可持续发展的模式，吸引社区成员的参与，目标是复活当地手工艺文化，以“调研+展览+出版+店铺”的文化商业模式保留乡村文化，最后实现社区的自治经营。该模式的实质是将本地特产和手工艺文化进行“再设计”，推向以城市中的精英群体为主要消费目标的市场，通过艺术的设计与处理，使村庄里的传统手工艺“复活”，并通过城市精英的消费与现代社会对接。

艺术作为传播媒介，一方面，有利于乡村资源价值的整合，如盘活利用闲置宅基地、旧仓库、荒地等土地资源和建筑资源，对其进行整合更新，使之成为具有经济价值和文化体验价值的户外空间；另一方面，有利于乡村经济实现转型，使村民不再局限于通过农业生产改善自身生存条件，艺术的介入活化了乡村的手工艺品、建筑、居住空间等，村民可以将这些物质资源转化为可观的资金收入，如开发民宿、售卖手工艺品等都能成为村民的第二收入来源，很好地改善了村民的经济条件。很多村民通过发展这种新型服务业，找到了致富的新道路，推动了乡村的文旅经济建设，促进了乡区经济的发展。

二、艺术介入乡村建设的理性反思

前文已述，当下艺术介入乡村建设的理论与实践也面临着现实的冲突和困境。其一是当“介入”这一行为发生，必然就会产生主动和被动的关系；其二是艺术的介入往往是带有精英主义色彩的单方面干预行为，对于乡村是否需要艺术的介入还缺乏考量；其三是艺术介入乡村建设后，一旦艺术家脱离现场，它的效力就会减退，而在媒体的无限复制下，也会出现一些追求噱头的项目艺术，从而负面消耗地方资源。

（一）艺术介入乡村建设的现实冲突与困境

本研究认为，艺术介入乡村建设不应局限于环境和文化的改造，而应以发展的眼光看待乡村建设的过程和现实，厘清艺术介入乡村建设的基本要义，思考艺术介入与乡村现实之间的关系，以及面对外来文化与本土文化的碰撞时村民的接受程度。乡村空间的艺术介入要与乡村空间的动静过程相结合，不能以艺术家个人的审美与艺术需求来追求乡村空间的活化和保护。如何厘清艺术介入乡村建设过程中的主体之间关系，如何平衡艺术与现实需求的关系，是艺术介入乡村建设中的重要问题。必须厘清艺术介入乡村建设各参与主体之间的关系，明白艺术的介入不是纯粹的文化生产，也不是将艺术家个人的审美与艺术需求强加于乡村空间，而应该基于乡村空间的主体需求、乡村空间的可接受性和乡村建设的其他因素循序渐进地进行介入。

1. 艺术家与乡村居民之间的关系困境

近年来，受国外乡村艺术建设经验和国内已有乡村建设经验的影响，一批有艺术理想和乡村文化追求的艺术家开始在一些乡村地区开展乡村艺术建设实践活动。然而，由于城市文化的影响、农村人口的大量减少和人口老龄化的加速，乡村的历史文化遭到破坏，乡土文化和传统习俗受到动摇，甚至面临失传危机，乡村建筑模式逐步被城市化建筑模式所替代。在此背景下，艺术家们呼吁追随乡土文化，保护与延续传统习俗和传统建筑模式，试图唤醒公众对传统建筑作为乡村文化遗产的认识，倡导通过乡村文化产业给农村带来经济效益，无异于画饼充饥，大多无法实现。

现实的情况是，有的艺术家只关注自身艺术活动的开展，希望借助乡村文化发展自己的艺术作品，而村民通常只关注自身的利益，两者的需求并不一致。艺术家有自己的艺术理想和审美要求，不少艺术家以居高临下的主流文化视角看待乡村文化，而忽视了乡村文化所能带来的创造力。这些艺术家来到乡村，并非出于艺术的社会责任感，而是希望在远离城市喧嚣的乡村环境中寻找艺术创作的灵感，实现其对乡村文化的向往。有些艺术家甚至反对当下的城市化进程，而将矛头直指当下城市人下乡的做法。尽管乡村居民对乡村发展的诉求才是艺术介入乡村建设的主要原因，但这些艺术家仍然希望乡村能够在他们的想象中回归大众文化，并用他们的理想主义理念去营造他们理想中的乡村，而忽视了乡村居民在乡村建设中的核心主体地位，忽视了乡村居民的需求和乡村的现实。这种一厢情愿地把乡村作为他们艺术审美需求和理想实现平台的做法，明显忽视了艺术介入乡村建设的本质。

2. 艺术家的艺术理想与乡村现实的矛盾

相对而言，艺术家作为专业人士，在艺术文化功底和社会认知能力上处于更高的层面，能够对乡村问题有更深刻的认识，但作为外来者，他们无法站在乡村居民的角度去思考作为乡村建设核心主体的乡村居民的真正需求及其接受能力，而是一厢情愿地在乡村中保留自己的艺术理想和自己对乡村文化的理解。因此在艺术介入乡村建设过程中，艺术家通常会基于自己的艺术行为是为了延续乡村文化、改善乡村环境、提高村民审美这一出发点，从而根据自己的认知与审美来指导乡村居民的生产和生活，而疏于考虑乡村居民的实际需求。艺术家希望通过自己的艺术行为赋予村庄更多的艺术价值和意义，以实现对村庄的艺术和文化贡献。而站在村民的角度，他们更看重的是艺术家带来的直接利益，而无法真正进入到艺术家对乡村文化的理念和理想中。

例如，在艺术介入乡村建设的过程中，艺术家不应该为乡村空间的建构设定过多的理想和意义，而应该从村民的现实需求出发，用艺术的知识和方法来调和自身艺术贡献与乡村空间现实之间的矛盾，使乡村空间的艺术建构不局限于艺术家实现艺术审美的方式，从而实现乡村空间建设的艺术化。

3. 艺术与乡村现场脱钩

当一个艺术介入项目从乡村脱离时，它会占据其他公共展览空间（个展、巡回展、年度展等）以扩大影响，也会在网络空间（微信公众号、在线更新等）进行宣传，但由于介入乡村建设的艺术作品是因地制宜的，因此当它从现场移出时其有效性会大打折扣，甚至有被符号化的可能。艺术介入乡村建设项目作为一项整体艺术活动，需要以出版物、视频、照片和文字等作为“证据”准确地记录下来。当非中介的干预活动被转移到其他展览空间时，这些“其他展览空间”（可称为“第二现场”）可能会降低介入乡村建设的艺术作品的集中度和关注度。

当下，艺术在将乡村作为介入的对象时，通常会使用摄像机和流媒体进行记录与传播，这使得揭示不可见的乡村成为可能。正如观念艺术只能在画廊中发挥其批判力量一样，这些手段和载体证明了介入艺术在画廊空间之外的存在，并作为展览的一个叙事方面回到画廊空间。正如鲍里斯·格罗伊斯所指出的，当艺术介入社会并成为个人项目时，艺术空间就发生了变化。在原有的艺术空间中，人们假定作品必须是纯艺术的，而在介入性艺术项目中，展出的往往是艺术的文献。此时，真正的艺术不是被明确地表达出来，而是隐含地缺席。这时的媒介也不是代表艺术，而是捕捉和引用艺术。换句话说，艺术空间中的艺术媒介被用来直接回应生活本身——艺术项目中的生活。

具有社会“现场性”的介入艺术一旦离开现场，就脱离了原有的生产语境和文化脉络，成为观赏对象而非体验对象。如何保护这些原本具有场所感与田野性的项目不被制度化和扁平化，是目前展览过程中需要解决的问题。此外，在“第二现场”，这些项目的展出方式往往古板乏味，它主要包括项目发起人的叙述、有关乡村的社会学信息、对设计方案的提案和看似粗陋的照片，无法前往现场的观众将不得不在美术馆空间面对不完整的、被拼凑起来的实践结果。

本研究认为，作为社会介入性项目，介入乡村建设的艺术作品是需要城市中的美术馆空间传播自身的，正如美术史学者权美媛所说的那样，如果仅仅是为了保持“现场性”而拒绝在美术馆内重起炉灶的邀请，艺术创作将会是一个“自我边缘化的行为，只能助长一种自我沉默”。如何设置具有互动性的艺术装置或艺术行为，在“第二现场”调动观众参与的积极性和情感回应，增进观众对介入对象的感知，是未来介入乡村建设的艺术家需要思考的问题。

（二）艺术介入乡村建设的争议与局限

1. 关于艺术介入乡村建设的批评

2014 年，周韵指出“碧山计划”在精英主义的理想化乡村与现实中的乡村之间产生了龃龉，一时引起了争论。通过对碧山长达 40 天的实地考察，在哈佛大学攻读社会学的周韵博士在微博发文《谁的乡村？谁的共同体？：品味、区隔与碧山计划》，质疑“碧山计划”的有效性。

周韵认为，“碧山计划”不仅没有推动“共同体”建设，还反映了知识分子与村民之间的区隔，她对建设艺术“让乡村更像乡村”的合理性提出了质疑。在“碧山计划”中，碧山的猪栏酒吧和碧山书局与村民的现实生活相距太远，艺术家仅限于将自己的美学逻辑强加于村民的生存逻辑中，碧山社区的主体不再是农民，而是知识分子和艺术家。“碧山计划”的美学是非常精英化的，它旨在迎合中产阶级知识分子的兴趣，让他们从喧嚣的城市中得到短暂的喘息，比如在那里可以看到李公明所说的“盛开的油菜花”。但艺术介入乡村面临的最普遍的挑战是，在这些项目中，“实际上当地生产一些土特产使用的是当地村庄的文化符号，但是跟人的心灵的联系还存在着较远的距离”。这不仅是“碧山计划”面临的问题，也是“许村计划”面临的问题。在“许村计划”中，村民们大多只能在许村艺术节的开幕式和闭幕式上表演民俗节目，而艺术节实际上主要是由空降到当地的国内外艺术家完成，与村民的对话或合作并不是其重点。虽然渠岩最初将其想象为村里的公共空间，但这种集展览、艺术、艺术家工作室、图书馆和新媒体中心于一体的综合体，与碧山书局和碧山酒吧一样，存在着成本高昂、与当地村民日常生活脱节等问题。

对艺术介入乡村建设的批评，多是聚焦于“城市与乡村”“艺术家与村民”的二元对立，认为这些项目没有充分尊重村民这个“他者”，而是以精英主义的姿态粗暴地介入当地村落。面对上述对艺术介入乡村建设模式的“控诉”，渠岩强调了自己作为外来者介入许村建设的合法性：“今天的社会已经和民国时期的社会不同了，梁漱溟和晏阳初的经验在今日未必可行，一味地强调以村民为主体、以村民的日常生活为主线，在高度制度化掌控的乡村未必有效，更不用说青壮年流失严重、村中只剩老幼的偏远乡村。”欧宁也予以了回应：“在我看来，他们（指农民）和知识分子群体一样，缺点和长处兼而有之，知识分子想要到农村医治自己身上的‘精英病’实现他们的理想和抱负，农民想要搭上现代化的快车，把土地和祖产变现致富，两者之间各有诉求，只有平等互助，他们才有可能共同生活在同一块土地上。”本书同意学术界的批评，即艺术家对乡村浪漫化、他者化的看法将再次导致乡村的失语，而对现场的社会人类学和非同步的看法将导致对当代乡村现实的漠视。另外，固化对方的身份性，反而会造成更大的隔阂。必须强调的是，地方艺术项目不能脱离地方，艺术家不能脱离乡村居民的日常生活和兴趣。

但是，本书也认为“介入”伴随着冲突，冲突导致变革。乡村居民对城市也有不切实际的浪漫想象，外来者与当地人也有各自的偏见和诉求，但这并不意味着合作是无效的，乡村的利益是他们的共同点。诚然，相比于艺术家对艺术的追求，村民更看重生活，但我们不能忽视的是，这些艺术介入乡村建设项目正是利用了文化艺术的实验性，吸引了外部的文化和经济资源，才恢复了乡村居民的自信心，为乡村的发展提供了新的契机。

2. 项目运行缺乏政策支持

作为乡村建设长期项目的介入式艺术在获得政府赞助和支持的环节面临难题，与艺术介入乡村建设相关法律政策的缺失和滞后，间接导致了艺术介入乡村建设项目的短期性、投机性和浅表性。

一方面，当代艺术长期以来局限在高校和大城市的精英圈子中，基层工作人员不了解当代艺术，更不了解艺术家。另一方面，艺术介入乡村建设项目是“软事业”，需要长期的投入，而且无法立刻看到经济效益。这使得艺术家常常要花费一年甚至更长的时间获得政府、企业和乡村居民等艺术介入乡村建设参与主体的信任，耗时耗力。面对此种现实问题，艺术家更应该看到艺术介入乡村建设项目作为软性的社会工程形式，其价值并不局限于经济上的回报，还包括提升乡村的社会关注度、激发乡村的文化活力等。

3. 介入式艺术的局限

（1）深度和现实性的匮乏。

本研究发现，不少介入乡村建设的艺术项目往往具有相似的面孔，如都有田野调查和资料搜集、学术探讨会、影片放映、艺术庆典活动、聚会和用餐等，并逐渐成为一套现成的模式。

一方面，艺术介入乡村建设项目虽然拥有艺术范畴的社会抱负，但它又达不到人类学家与社会学家的深度和专业度，事实上只能算是准人类学或准社会学的范畴；另一方面，它也达不到有政府背景的规划项目或民间企业家开展的项目的有效性和持久度。本研究认为，在不改变农村生产力和生产关系的情况下，仅通过发展乡村艺术节和农产品设计带动经济发展是不够的，而要根本性地改变村民的生存现状，解决实质性问题，尤其需要政策和制度的跟进。艺术介入乡村建设项目既不像经历过整体商业开发的宏村或西递村，是村民、政府、企业在保证收益前提下的合作，也不像由知识分子带队、由企业投资的“规划下乡”项目，能给村民带来从经济到文化的彻底转变。经济产业仍是保持乡村活力的关键，艺术家团队的温和介入虽然避免使乡村居民成为权力对垒中弱势的一方，但其中有不少项目要么因为缺乏资金而无法持续，要么因为无法真正带领村民走出经济落后的困境而逐渐消磨掉了当地村民的积极性。

此外，艺术节、农家乐和民宿导致的景观化，反而遮蔽了乡村现实，最初的平等合作很容易变成对乡村景观的塑造。而且，艺术介入乡村建设模式调动的是当地的文化和环境资源，在占比更大的普通乡村，这一建设模式显得无能为力。实际上，即使是在作为乡村建设对象的乡村内部，这样的经济带动模式也远远谈不上公平。例如，在许村，能够成为农家乐的农户本身就有额外空间和卫生条件，经过筛选最终只有 70 多家获批农家乐资格，仅占全村村民总户数的四分之一。在那些资源有限、艺术节和农家乐不能开展的乡村，艺术介入乡村建设模式难以惠及。也许只有运用小范围、更深入和更日常的“参与”模式，才能发挥艺术的符号功能，这时它的目的不再是宣传和教化，而是展示中国乡村居民的生存状态和心灵空间。

（2）对美学和观念价值的牺牲。

艺术性和社会性孰轻孰重是介入式艺术的核心矛盾，前者涉及社会影响，后者关系到艺术的品质。本研究认为，介入式艺术最终还是要回归艺术的审美力量，或者说是感性力量，而不能仅仅以社会影响力为诉求。

如果艺术介入乡村建设一味地强调关系和行动性，就会无视审美范畴的更新和可能发挥的效用。当艺术家驻地工作时，他的主要任务往往是赢得当地人的信任和扩大项目的影响，而不是创作艺术作品。不可否认的是，艺术介入乡村建设往往意味着妥协。正如碧沙普指出的那样，人格特质（如适应力、敏捷性、创意和冒险精神）取代了围着视觉打转的“作品”和观念的生产。这显然会损害作品本身的艺术价值。社会介入式艺术奉行的平等原则和身份认同原则，让艺术家为了参与者的理解和参与，放弃了作品本身的形式感和前卫性。而且艺术介入乡村建设项目的运行很多时候仰仗的是外界投资，外界投资在摒弃艺术体制及其标准的同时，也拒斥了视觉分析的批评，从而使这些项目成果给人们留下了广泛、浅薄、单调的印象。正如碧沙普所指出的，牺牲艺术质量成就人们的“认同”反而是对后者的不信任和贬低。

在现实和艺术的两端，本研究倾向于后者，因为介入式艺术尽管宣称自己是“去艺术”的，是介入现实的，但它始终离不开要将自己与其他艺术形式和艺术项目做比较，以突出自己的意义。正如鲍里斯·格罗伊斯所说，文化物的价值是通过它与其他文化物之间的关系决定的，而不是由它与文化物之外的现实之间的关系、它本身的真实性以及某些中介意义所决定的。因此，艺术行动本身不足以为全部的艺术意义担保，介入式艺术需要以坦率、专业的批评和判断去取代和谐的表象。

（三）艺术介入乡村建设的理性回归

羊蹬艺术合作社的发起人焦兴涛从一开始就强调对蔓延在艺术乡村建设中的精英主义的反对，并提出了纲领性的“五个不是”原则：“不是采风、不是体验生活、不是社会学意义上的乡村建设、不是文化公益和艺术慈善、不是当代艺术下乡。”焦兴涛和合作社其他成员十分警惕知识分子介入乡村建设时的“救赎者”态度，羊蹬艺术合作社的艺术项目便是以和村民的关系为起点，于是就有了那场是平等的“参与”而不是粗暴的“介入”的讨论。

“羊蹬计划”的参与者之一王子云在文章中一针见血地指出，艺术介入乡村建设项目“既绑架了艺术也绑架了乡村”，前者指这些项目中艺术的部分直接挪用当地的民间符号，与空降此地的国内外艺术家临时创作的作品进行粗暴的“1+1”叠加；后者指村民希望过上现代化生活的愿景与艺术家的乡村理想相悖的现实。近年来，从事人类学研究的学者也在反思这个问题。如2016年王铭铭在北京大学相关学术研讨会上就谈到知识分子的一厢情愿，他认为从乡村居民的角度出发，信仰与现代化并无冲突，但乡村建设者要“拯救传统，扮成一个英雄”。赵旭东也在文章中指出，“新乡村建设虚构的乡村社会崩解实际只是一种社会形态在转化过程中的一种过渡，而不是一般乡村问题学者所想象的乡村兴衰问题”，即乡村社会作为一种文化和社会形态，其自身是具有转化外来力量的能力的。对于这一点，羊蹬河畔的那尊塑钢警察作品或许就是一个很好的例证。这尊塑钢作品原本是大工业生产出的产品，在乡村居民这里却被赋予了乡村传统信仰的“神性”价值，从而具有了训诫等功能。

还有一部分学者认为艺术没有资格干预乡村的现实，因此在项目中表现出鲜明的反精英主义倾向。例如，羊蹬艺术合作社并没有再造一个城市艺术空间的“副本”，而是将商店直接用作展陈室，将作品融入日常消费的过程。这种倾向还体现在海报招贴中，区别于艺术体制惯习的以白底黑字打印的视觉形式，冯豆花美术馆的简介是邀请当地写大字的师傅在红纸上蘸取黄色颜料书写的，这种做法遵从了当地村民的视觉传播习惯。开张海报的行文也采用了村里发布通知的语气，这种微妙的矛盾感显得诙谐而讽刺。相比之下，许村艺术节的海报并没有采用当地村民惯用的视觉传播形式和语言习惯，而只是添加了一些与当地民俗相关的图案内容，并且在许村艺术公社的入口处也并未采用与当地村民日常生活相关的文字形式。

总体来讲，艺术介入乡村建设的出发点是重建乡村文化共同体，修复乡村的伦理秩序。在艺术介入乡村建设中，艺术是引进各方资源的一种方式。在民国时期晏阳初等乡村建设知识分子的观念影响下，乡村成为需要改造的对象，而对村民的想象也被固化。而持相反观点的学者则认为艺术介入乡村建设的出发点是当下作为个体的乡村居民，艺术呈现的是他们在现实中的生存处境和精神状态。

三、关于艺术介入乡村建设的展望

在乡村振兴的背景下，艺术家们经历了从体验者和报道者到分析者和实践者的角色转变，这也是艺术家进入乡村社区后自我转变的历程。因此，艺术介入乡村建设既面临共性问题，也有地方特色，艺术介入乡村建设的形式也必然具有复杂性和多样性。在此基础上，我们必须关注乡村建设行动的纵向维度和横向维度。一方面，我们必须将乡村建设置于中国近百年来现代化转型的大潮中；另一方面，乡村建设是一项系统工程，我们必须将经济、社会、政治、文化、生态等并列起来，以系统思维进行整体思考。同时，生态文明与高质量发展必须回归乡村的历史文化特质，以整体的理念从横向和纵向两个层面进行共同体重构，以实现乡村的可持续发展。

当下的中国已经进入了后工业化和生态文明时代，但许多地方的发展思路依然停留在工业化时代。在此背景下，我们需要思考艺术介入乡村建设到底需要创造什么样的艺术，在乡村振兴过程中到底需要复兴什么样的“三农”文化；需要反思工业化、城镇化过程中创造的一些理念；需要总结科学经验，及时将制度建设、科技知识和文化理念传递给乡村居民。在新时代的乡村建设中，必须把艺术作为辅助工具，始终围绕中国式现代化来实现真正的乡村振兴，而不是一味模仿西方的现代化建设模式。研究表明，通过艺术手段改善乡村环境在国内外都是可行的，也是必要的，艺术介入乡村建设的成功案例也充分证明了艺术在推动乡村发展中的重要作用。因此，在乡村振兴战略背景下，探索艺术在乡村建设中的应用具有极其重要的意义。

但同时，本研究也认为，艺术介入乡村建设不可避免地存在局限性，比如当它脱离乡村现场时，就削弱了艺术空间内观众的审美体验，而且部分项目由于资金来源的复杂性和困难性，最终走向浅表性和投机性。为此，本研究对艺术介入乡村建设有以下几点展望。

第一，艺术介入乡村建设要以各参与主体的协同工程为指导。合作是各参与主体协同解决问题的过程，各参与主体各有所长，在艺术介入乡村建设中应各展所长，优势互补。乡村建设与艺术参与的主要目标不是获取艺术创作结果，而是通过艺术创作建立功能互动机制，从而加强当地村民的自治，恢复乡村文化的精神。只有公共权力机构、独立的专业组织和协会、相关公民和艺术家共同参与，在坚实的法律框架内相互协调和控制，才有可能建立起制衡、协调和有利反馈的艺术介入乡村建设模式。尤为重要的是，艺术介入乡村建设一定要有乡村居民的持续参与，只有乡村居民持续参与，艺术介入乡村建设才能维持已有的成果，也才能取得进一步发展。乡村居民的参与权主要是在政治推进、经济需要中得到保证。参与艺术介入乡村建设的外部力量要带头推动不同年龄、性别、身份的乡村居民参与乡村建设。艺术家、企业家、地方政府和乡村居民要共同努力，各展所长，让乡村居民成为乡村建设实践的中心环节，激活乡村居民的参与权，避免单一主体力量的“单打独斗”，打造以村民为中心、一专多能的乡村建设艺术团队。

第二，艺术介入乡村建设必须尊重乡村现有的资源条件和社会文化背景。艺术介入不是单纯的大拆大建，而是要从乡村的实际出发，分析乡村居民的现实需求。比如在艺术介入乡村建设的过程中，优秀的民间传统艺术本来就源于乡村的自然、生产、文化等，具有强烈的乡村属性，如果一味地将其作颠覆性的改变，就会破坏现有的乡村秩序等，而乡村文化的这种独特性和吸引力正是乡村艺术体系发展的基础。例如，赵光亮云南石林的乡村改造中创作的壁画就采用了极富地域特色的“牛头树”样式，并与“阿诗玛”等民间故事相结合，共同构成了乡村的艺术场景。艺术介入乡村建设既要考虑到当地乡村社会的状况，如管理程序、生产方式、生产资料等，又要兼顾艺术的服务性和批判、反思的意义。除此之外，同样重要的是要关注普通乡村居民的表演和艺术作品。工业化的发展和科学技术的进步进一步释放了生产力，许多偏远的乡村可以利用网络和现代物流销售传统手工艺品，文化传承人通过媒体传承知识、传播文化，知名度也会越来越高，这将有利于乡村旅游业的发展，推动乡村振兴。总之，艺术介入乡村建设的最终目的是让村民成为乡村建设的主人，实现村民的文化自觉——“村民的自我建设”。每个介入乡村建设的艺术的主题都应该彰显和还原乡村原有的审美价值，而不是陷入艺术生产和乡村建设的同质化。

第三，艺术介入乡村建设需要在商业资本运作、提高艺术水平和发展地方自我组织之间取得平衡。要建立各参与主体的利益共享机制，以解决利用本地资源开发文化创意产品的问题。要促进发达地区大企业与欠发达地区中小企业的合作，鼓励手工生产方式与工业化生产方式相结合，以解决文化创意产品成本高的问题。要建立版权保护制度，以解决艺术介入乡村建设中模仿和剽窃严重的问题。艺术家应充分了解乡村的实际情况和乡村居民的需求，在项目启动前对项目的主题进行相应的调查和研究，以解决艺术与乡村脱节的问题。同时，鉴于工业化耗时长、见效慢，可以借鉴已有的成功经验，促进发达地区与欠发达地区进行资源合作，为长期投资做好准备。在艺术介入乡村建设的过程中，必须尊重乡村的差异性。不同类型的乡村有不同的产业化路径，例如，文化底蕴深厚的乡村适合发展人文旅游、旅游纪念品设计、非遗生产性保护等文化旅游业；具有区位优势的村庄可以改善城乡互动，发展休闲旅游；自然条件优越的村庄可以发展生态旅游；没有明显优势的村庄可以通过艺术创造特色来发展旅游；等等。

本研究认为，艺术介入乡村建设是一项系统性、复杂性的工程，只有实事求是，一切从乡村实际出发，才能真正推动乡村的可持续发展，实现新时代的乡村振兴。

附录 “艺术介入美丽乡村建设研究”课题调研报告

2020年7月至12月，受国务院研究室农村经济研究司委托，南京工程学院承担了“艺术介入美丽乡村建设研究”课题的调研工作。课题组在梳理相关理论与案例的基础上，实地考察了我国具有代表性的美丽乡村典型，如浙江安吉灵峰街道剑山村蔓塘里村、大竹园村、碧门村，江苏南京江宁谷里街道徐家院村、江宁街道黄龙岘村，江苏无锡惠山镇，江苏苏州周庄镇、角直镇，江西婺源江湾镇上晓起村、篁岭村。这些村的美丽乡村建设各具特色，主要有休闲旅游型、产业发展型、生态保护型、城郊集约型等10种类型。通过调研我们发现，改革开放以来，尤其是党的十八大以来，在党的政策指引和扶持下，各地不断加大投入和科技赋能，各地的美丽乡村建设取得了丰硕的成果。特别是近几年，艺术介入美丽乡村建设的成效日益凸显，不少有识之士也对艺术介入美丽乡村建设达成了共识。

一、调研方法

本次调研按照理论研究、案例分析、实际应用的基本框架进行，从理论和实践两个层面展开。本研究所采用的调研方法有文献研究法、多案例比较研究、田野调查（实地观察法）及半结构访谈法等。

（一）文献研究法

通过查阅国内外相关著作和期刊论文，了解“介入”的内涵和本质，吸收借鉴艺术介入乡村建设所涉及的地理、生态、建筑、文化、艺术、哲学、美学等多个学科的相关研究成果。由于该课题的新兴性和即时性，相关人员尽可能多地引用与课题相关的新闻报道及网络资源等，以掌握前沿信息，有针对性地开展研究。本课题的参考文献并不局限于理论文本资料，还包括大量的图片资料，从多个视角和层面对艺术介入乡村建设进行解剖和研究，在报告的形成过程中也借助了图片，以达到图文并茂、一目了然的效果。

（二）多案例比较研究

艺术介入乡村建设是一项实践性活动。近年来，各地已有各种试点，有典型的，也有平凡的，有轰动一时的，也有很快就销声匿迹的。一般而言，个案研究是对单个或多个案例的描述性分析研究，是对某种现象的认识，有一定的局限性。本课题采用多个案比较分析法，注意研究对象的典型性和多样性，根据最大化变异原则挑选多个典型个案，既有国内的，也有国外的，既有发达地区的，也有欠发达地区的，国内的个案涉及东、西、南、北多个省份，以期形成对艺术介入乡村建设实践的整体理解。

（三）田野调查法

本课题采用田野调查法对实施艺术介入乡村建设的村庄进行实地调查。本次选取的乡村多位于江苏及周边省份，如浙江、江西等。这几个省份的地形地貌由平原、水域、低山丘陵构成，气候同时具有南方和北方的特征，具有多样性和代表性。本课题的调查内容相对宽泛，既了解艺术介入的方式，如艺术展览、乡土风物伴手礼、非遗研习传承坊等，也具体研究村居的规划、环境及建筑的营造手法等，从哲学自然观、文艺美学意境到乡村聚落的规划布局、建筑形态、视觉连续性、空间与结构、装饰纹样等，对所调研的传统乡村与文化整体进行要素性分解和多层次剥离，并研究其内在联系，从而为乡村建设艺术化创设做好基础积淀。

（四）半结构访谈法

课题组成员通过走访乡村，深入接触访谈对象，并力求有广泛的代表性，这些访谈对象包括村镇领导和工作人员、村民代表（包括乡村教师、文化能人、返乡创业人士等当地精英，参与乡村建设工作的村民等）、艺术家、景观设计师、建筑师、企业代表、高校师生、志愿者组织等。访谈围绕“艺术活动对村子造成了怎样的影响?”“乡村建设前后村子发生了怎样的变化?”“是否愿意投入艺术介入乡村建设工作?”“是由专业的艺术家来进行景观营造好还是保留原有结构好?”“是艺术家指导文创产品好还是艺术家本人驻村进行艺术创作好?”“艺术介入乡村建设过程中是否存在不和谐、不配合的现象?”“外来人员（包括建设者和参观者）是否给村民生活带来影响? 是积极影响还是消极影响?”“长期来看，你认为艺术介入乡村建设这种模式是否能够持久?”等展开有针对性的访谈。

二、典型案例调研

（一）浙江省安吉县典型案例

1. 大竹园村

浙江安吉大竹园村在 10 年前是一个经济薄弱村，村民唯一的收入来自卖竹子。乡村自然景观布局杂乱，民居排列无序，房屋间距非常小。因为空间不合理，村中交通也非常不便，无法行车，仅能步行，发展的需求使得各种矛盾交织频发。随着安吉美丽乡村示范村项目的进行，2017 年，浙江省将大竹园村作为农房改造试点工程开始建设。通过政府的牵头，建筑设计师和一些美术院校的师生前来助力，开始为大竹园村注入艺术元素。（图 1）

图 1　浙江安吉灵峰街道大竹园文化礼堂（作者自摄）

因为该地原有的泥塑工艺已被列入非物质文化遗产名录，为突出这一文化特征，建筑师及设计师为当地的泥塑艺人修建了泥塑馆，馆中既有工作坊，也有作品展示空间。在家家户户的围墙上，艺术家们也花费了许多心思，或用彩色夯土墙，或展开手绘涂鸦，让艺术的细胞融入乡村的局部，处处体现出乡村独特的美。

乡村处处可见的水塘，在大竹园村也被打造得非常巧妙，原本污浊的水塘经过整治和规划，引入山上流下的泉水，水流哗哗，水塘清澈见底，村民们又回到了水塘边，一边洗衣洗菜，一边聊聊身边美事，常常引得游客的驻足与称羡。

大竹园村的不少民房已经破败，设计师便拆除重建，重新规划其内外部布局。在改建的同时注意保留原有的乡村记忆和特色，比如极力保留水塘边的一棵垂柳，因为留住它就相当于留住了乡愁，这种设计也让村民们感到非常温暖。少小离家的游子回到村中，看到这棵柳树一下就找到了心中的那个家。

现今大竹园村名声在外，政府人员、高校师生、设计师还有大批游客争相前去参观，村里的许多民居也被改造成民宿与农家乐。当地曾经几近消失、失传的手工酿造米酒、手打年糕等传统美食纷纷走出村庄，被游客带往大江南北。

2. 碧门村

碧门村位于灵峰街道东南天目山东支山脉环抱的山坞中。碧门村，顾名思义，是打开山门满眼皆为绿色的意思，因为当地山上都是竹子，四季常青。2017 年，响应“中国美丽乡村建设”号召，灵峰街道管委会召集相关专家学者进行研讨，确定了“生态立村、工业强村、文明兴村”的乡村建设原则，以产业发展为支撑，努力创建最美示范村，使艺术的内涵融入传统的竹工艺中，为当地的竹制品增添艺术的翅膀，使之飞向远方。(图 2)

图 2　浙江安吉灵峰街道碧门村竹产业文化发展服务中心（作者自摄）

艺术介入乡村建设团队首先大力挖掘竹文化，在村委广场东侧新建碧门村竹产业文化发展中心，并设置了竹文化展厅，作为竹工艺品产销一体销售平台。由于该中心位于安吉通往杭州的道路侧旁，所有开往杭州的车辆都能轻易瞥见，加上设计师将竹材料用于建筑，使得建筑本身散发出独特的艺术气质，更是迅速吸引了路人的关注。

安吉是中国十大竹乡之一，在碧门村，当地居民基本都有自己的小型竹制品加工作坊。一根竹子，用途广泛，竹根做根雕，竹竿制地板、凉席，竹梢、竹鞭做成工艺品，就连传统竹产业中的废料如竹粉、竹节等也得到了最大化的利用，被加工成竹地板和竹炭系列产品。外来者的关注与购买欲望提高了乡村艺术家创作的积极性，他们与专业的艺术家展开合作，奋力研发，推陈出新，新奇的竹工艺创新制品层出不穷，原来单一的竹凉席、竹筷子等初级竹制品逐渐发展成为竹制艺术品的盛宴。他们还利用网络平台宣传销售竹制艺术品和乡村生活理念。目前，该村已成为淘宝名村，不仅实现了销售额的突破，还带动了当地旅游经济的发展。

起初，碧门村建筑纷乱错杂，毫无美感和突出之处，加上几乎家家都有小型作坊，竹原料乱堆乱放，竹屑纷飞，村内环境可想而知。艺术家与高校师生进驻后，献计献策，尝试了许多方法，将生产场所与居住场所进行了功能区分，工厂的面貌和村民的居住环境因此焕然一新。此外，为丰富村民的文化生活，提升村民的艺术素养，设计师还在村中修建了戏台，以丰富村民的文化生活，为游客带来地方文化的深层体验。

通过艺术介入乡村建设，碧门村实现了生产方式和生活方式的转变，甚至已经默默地散发出它的艺术气息，不仅成为本村村民的幸福家园，还引起了周边村落的羡慕与仿效，吸引了旅游者的驻足凝望。

（二）江苏省南京市典型案例

徐家院村位于江苏省南京市江宁区谷里街道西部，紧邻江宁美丽乡村绿道，在谷里现代农业园内，总面积约 46.3 公顷。该村为明朝大将军徐达后人的聚集村落，因徐姓人在此筑院耕作、繁衍生息而得名，是江苏省首批特色田园乡村试点之一。

2016 年，受南京市规划局江宁分局委托，南京大学城市规划设计研究院有限公司对徐家院村进行规划设计。通过对徐家院村现状的调研与分析，结合当地现代农业的发展优势和村庄产业基础，规划提出了“三园共建，三产联动”的总体规划思路，把“渔耕樵读”“耕读传家”和书院文化融入徐家院村的空间建设和乡风文明建设，最终将徐家院村打造成具有农耕书院特色的田园乡村。艺术家对徐家院村的艺术化营造主要包括以下几个方面的内容。

在自然资源的运用方面，延续乡村田园肌理，结合片区地形地貌，分别对菜地、圩田、水塘、岗地的原有面貌和板块进行特色梳理，规模化、多样化种植农业产品，既有蔬菜瓜果，又有郁金香、百日菊等奇花异卉，兼顾经济实用性和旅游观赏性，形成乡村版的大地农业艺术景观。在乡居建筑的改造上，注意庭园与果园、菜园的共建，优化村庄院落，提取村庄现有建筑艺术元素，通过农房改造、微田园种植、文化植入等方式丰富乡居院落功能，既保护了村庄的特色，又把院落的肌理延续到文化教育设施和公共服务设施中。在景观设计上，结合村庄现有耕读传家的文化背景，借助村庄外围“水八仙”的种植基础，对水面进行生态整治，扩大“水八仙”的种植范围，将“水八仙”的艺术造型融入景观装置的设计，并设置游径、石桥、科普展示牌等，以提升徐家院村的文化品位和村民的文明意识。

在传承和弘扬村庄文化方面，徐家院村注重传统文化肌理的保护，精心保护好村里的老房屋、大树、祠堂等有形的村庄文化承载物，改建原有的徐家文化大院，把它作为村史展示、村民活动和议事的公共空间。同时，艺术家与当地政府及文化精英联手，挖掘徐家院村的村风家训、名人轶事，逐步凝聚成有时代特色的乡贤文化，并传承当地的鱼圆制作技艺、舞旱船、民歌、锣鼓等非物质文化遗产。如今的徐家院村，溪水潺潺，粉墙黛瓦，繁花似锦，成了声名远播的美丽乡村。(图 3)

图 3 江苏南京江宁谷里街道徐家院村入口（作者自摄）

参考文献

专著类

[1] 纪园园．收入差距、总需求不足与经济增长研究［M］．上海：上海社会科学院出版社，2021.

[2] 费孝通．乡土中国［M］．北京：人民出版社，2015.

[3] 金兆森，陆伟刚，李晓琴，等．村镇规划［M］．4 版．南京：东南大学出版社，2019.

[4] 周彦华．艺术的介入：介入性艺术的审美意义生成机制［M］．北京：中国社会科学出版社，2017.

[5] 梁漱溟．乡村建设理论［M］．上海：上海人民出版社，2006.

[6] 阿诺德·贝林特．艺术与介入［M］．李媛媛，译．北京：商务印书馆，2013.

[7] 卡特琳·格鲁．艺术介入空间：都会里的艺术创作［M］．姚孟吟，译．桂林：广西师范大学出版社，2005.

[8] 周全华．马克思主义中国化学术史［M］．广州：广东人民出版社，2018.

[9] 本书编委会．中国美丽乡村建设政策汇编［M］．北京：经济管理出版社，2017.

[10] 彭吉象．艺术学概论［M］．北京：北京大学出版社，2019.

[11] 渠岩．艺术视界：渠岩的文化立场与社会表达［M］．南京：东南大学出版社，2014.

[12] 王光利．乡土文化元素与乡村景观营造研究［M］．北京：九州出版社，2021.

[13] 余翠娥，谷禾．农村社会学［M］．北京：中国社会科学出版社，2021.

［14］《村镇规划建设与管理》项目组．村镇规划建设与管理：上卷［M］．北京：中国建筑工业出版社，2020.

［15］《村镇规划建设与管理》项目组．村镇规划建设与管理：下卷［M］．北京：中国建筑工业出版社，2020.

［16］杨华．陌生的熟人：理解21世纪乡土中国［M］．桂林：广西师范大学出版社，2021.

［17］安永刚．乡村振兴背景下的文化景观和生态智慧［M］．北京：中国农业出版社，2021.

［18］周兆安．数字重塑乡村社会关系和结构［M］．湘潭：湘潭大学出版社，2022.

［19］许哲瑶，杨小军．乡村景观改造图解［M］．南京：江苏凤凰美术出版社，2023.

论文类

［1］唐任伍．乡村建设的历史逻辑、价值内涵和未来图景［J］．人民论坛·学术前沿，2022（15）：18-31.

［2］郭占锋，黄民杰．文化失调、组织再造与乡村建设：从梁漱溟《乡村建设理论》论起［J］．中国农业大学学报（社会科学版），2021，38（01）：83-96.

［3］赵卫卫，李媛媛．从美丽乡村建设到乡村振兴战略：新时代我国乡村政策演进研究［J］．湖北文理学院学报，2022，43（4）：24-30.

［4］王春辰．“艺术介入社会”：新敏感与再肯定［J］．美术研究，2012（4）：25-30.

［5］刘姝曼．艺术介入乡村建设的回首、反思与展望：基于“青田范式”的人类学考察［J］．民族艺林，2017（4）：5-13.

［6］谢仁敏，司培．艺术介入美丽乡村建设的逻辑机理和实现路径［J］．四川戏剧，2020（6）：28-32.

［7］张朝霞．乡村振兴时代“艺术乡建”创新实践策略：一个艺术管理学的观察视角［J］．北京舞蹈学院学报，2021（4）：89-95.

［8］刘斐．艺术介入乡村振兴历史经验的若干思考［J］．艺术百家，2022，38（6）：43-49.

［9］渠岩．“归去来兮”：艺术推动村落复兴与“许村计划”［J］．建筑学报，2013（12）：22-26.

［10］尚莹莹．从“碧山计划”窥探我国艺术介入乡村建设现状［J］．美与时代（城市版），2015（8）：10-13.

［11］秦芳，陈耀华，李路平．乡村振兴背景下传统村落的适应性治理策略：以普洱景迈山传统村落为例［J］．城市发展研究，2023，30（4）：105-113.

［12］杨志疆．艺术的世外桃源：韩国 Heyri 艺术村的规划与建筑设计［J］．新建筑，2010（4）：96-100.

［13］张孝德．中国乡村文明研究报告：生态文明时代中国乡村文明的复兴与使命［J］．经济研究参考，2013（22）：3-25，54.

［14］董占军．艺术设计介入美丽乡村建设的原则与路径［J］．山东师范大学学报（人文社会科学版），2021，66（1）：101-108.

［15］张琴，肖芒．乡村振兴的历史溯源、现实困境与路径选择［J］．农业经济，2023（5）：55-56.

［16］赵霞．传统乡村文化的秩序危机与价值重建［J］．中国农村观察，2011（3）：80-86.

［17］赵建军，胡春立．美丽中国视野下的乡村文化重塑［J］．中国特色社会主义研究，2017（6）：49-53.

［18］陈艺允，陈超慧．乡村文旅视角下乡土文化景观的叙事性设计研究：以浙江丽水岩下村为例［J］．现代农业研究，2021，27（3）：63-65.

［19］上海财经大学长三角与长江经济带发展研究院“江南文化”课题组．传承非遗活态 共建美丽乡村：上海市浦东新区新场镇新南村［J］．上海农村经济，2023，（11）：36-37.

［20］叶汉钦，殷家琳．探究乡村振兴和传统村落地方记忆复兴的平衡：以上海闵行浦江镇革新村为例［J］．农村实用技术，2019（2）：10-11.

［21］潘鸿．对山区农业基础设施建设的思考：以贵州省纳雍县为例［J］．现代农业科技（种子与种苗），2013（16）：303，305.

［22］傅英斌．多维关怀下的综合乡建：贵州中关村实践［J］．建筑

技艺，2017（8）：36-45.

[23] 王慧，刘健. 乡村艺术实践对乡村振兴的助力作用研究 [J]. 美与时代（城市版），2022（2）：113-115.

[24] 董国娟，荆琦. 艺术介入乡村建设的实践与策略研究：以皖南村落为例 [J]. 山东农业工程学院学报，2021，38（10）：67-71.

[25] 郭永平. 乡村振兴背景下艺术乡建的实践与反思 [J]. 广西民族大学学报（哲学社会科学版），2021，43（04）：129-137.

[26] 陈婷婷，王逸凡. 空间生产语境下乡村艺术营造规划实施路径研究 [C] //中国城市规划学会. 人民城市，规划赋能：2023 中国城市规划年会论文集（16 乡村规划）. 武汉：武汉大学城市设计学院，2023.

[27] 郭海鞍. 文化引导下的乡村特色风貌营建策略研究 [D]. 天津：天津大学，2017.

[28] 尹爱慕. 艺术介入乡村建设多个案比较研究与实践 [D]. 长沙：湖南大学，2017.

[29] 陈睿婷. “艺术介入”在乡村景观环境设计中的应用研究 [D]. 合肥：合肥工业大学，2020.

[30] 陈研然. 公共艺术介入传统村落的在地性研究 [D]. 合肥：合肥工业大学，2020.

[31] 张宛彤. “参与”和“乡建”：21 世纪以来中国当代艺术介入乡村的两种模式 [D]. 天津：天津美术学院，2020.

[32] 胡熙苑. 南京地区传统村落的空间形态研究 [D]. 南京：东南大学，2021.

[33] 李慧舒. 当代公共艺术在中国乡村的可行性发展研究 [D]. 沈阳：鲁迅美术学院，2021.

[34] 田丽军. “艺术介入乡村”空间路径研究：以六家畈 1952 文创园建设为例 [D]. 合肥：安徽大学，2021.

[35] 田雨薇. 建筑师在贵州乡建中的设计实践及作品解析研究（2010—2019 年）[D]. 昆明：昆明理工大学，2021.

[36] 朱张茵. 公共艺术介入乡村环境建设的方法与模式研究：以湖北鄂西地区石桥坪村为例 [D]. 武汉：湖北美术学院，2021.

[37] 崔魁. 美丽乡村建设视域下农村多元主体合作共治研究：以青

岛市 L 村为例［D］. 济南：山东大学，2022.

［38］刘健. 艺术家工作室设计赋能美丽乡村创建模式研究［D］. 西安：西安理工大学，2022.

［39］陶蓉蓉. 乡村旅游业升级中的艺术介入研究［D］. 南京：南京艺术学院，2022.

［40］余季莲. 艺术手段介入乡村振兴研究［D］. 武汉：湖北美术学院，2022.

［41］慈湘. 村民的艺术乡建：基于石林彝族撒尼村落的人类学研究［D］. 昆明：昆明理工大学，2023.

［42］何宇. 公共艺术介入关中乡建的创作方法研究［D］. 西安：西安建筑科技大学，2023.

［43］魏宛君. 艺术助力乡村文化建设的创意思考：以关中鄠邑区蔡家坡忙罢艺术节为例［D］. 西安：西安音乐学院，2023.